OLIVIE BLAKE

ALLEIN
MIT
DIR
IN DER
UNENDLICHKEIT

Roman

Aus dem amerikanischen Englisch
von Carola Fischer

PENGUIN VERLAG

Die Originalausgabe erschien 2022
unter dem Titel *Alone with you in the ether*
bei Tor Books, New York.

Penguin Random House Verlagsgruppe FSC® N001967

1. Auflage
Copyright © 2020 by Olivie Blake
Published by arrangement with Tor Publishing Group. All rights reserved.
Copyright © der deutschsprachigen Ausgabe 2024 by Penguin Verlag
in der Penguin Random House Verlagsgruppe GmbH,
Neumarkter Straße 28, 81673 München
Dieses Werk wurde im Auftrag von Tom Doherty Associates durch die
Literarische Agentur Thomas Schlück GmbH, 30161 Hannover, vermittelt.
Redaktion: Catherine Beck
Umschlaggestaltung: Favoritbuero, München,
nach einem Entwurf von Jamie Stafford-Hill
Umschlagabbildungen: © Daniel Prudek
Satz: Buch-Werkstatt GmbH, Bad Aibling
Druck und Bindung: GGP Media GmbH, Pößneck
Printed in Germany
ISBN 978-3-328-60328-3
www.penguin-verlag.de

Für das alte Du,
von dem alten Ich

INHALT

EINE HYPOTHESE

Besonders zu Anfang gab es Zeiten, in denen Regan versuchte, den genauen Moment zu bestimmen, als alles den unausweichlichen Kollisionskurs eingeschlagen hatte. Momente waren für Regan ungemein wichtig geworden. Es war Aldo, der die Formen und Pfade ihres Denkens verändert hatte, und so trug er jetzt wahrscheinlich die Schuld daran, dass sie alles in Bezug auf die Zeit betrachtete.

Ihre eigene Hypothese war recht einfach: Es gab einen einzelnen Moment, der für jede Ereignisfolge danach verantwortlich war. Regan war nicht so wissenschaftsbegeistert wie Aldo – und sicher auch nicht so ein Genie wie er –, aber ihre Auffassung von Kausalität war durchaus methodisch. Alles war eine Konsequenz, die sich von einem festen Eintrittspunkt aus wellenartig ausbreitete, und es war ein Spiel für sie geworden (wahrscheinlich von ihm gestohlen), den Ursprung aufzudecken.

Hatte es in dem Moment begonnen, als Aldo ihr in die Augen geblickt hatte? Als er ihren Namen ausgesprochen oder ihr seinen genannt hatte? War es der Moment gewesen, als sie zu ihm gesagt hatte: Steh auf, du kannst hier nicht sitzen, oder hatte es überhaupt nichts mit ihm zu tun? Konnte selbst dieser Moment das Ergebnis von etwas sein, das Tage, Wochen, gar Lebzeiten zuvor begonnen hatte?

Bei Regan lief alles auf Heiligkeit hinaus. Zwischen den Museumsführungen schlenderte sie gern durch ihre Lieblingsabteilungen im Art Institute, die sie normalerweise passend zur

Religiosität ihrer Stimmungen auswählte. Was nicht heißen soll, dass sie speziell von religiöser Kunst angezogen wurde; meist beabsichtigte sie, ihre geheimen Sehnsüchte mit dem im glänzenden Rahmen angebeteten Gott (der manchmal, aber nicht immer Gott war) in Einklang zu bringen. In frühen katholischen Gemälden suchte sie nach Ehrfurcht. In modernen Werken nach Raffinesse. In zeitgenössischen nach der Dynamik der Erschütterung. Die Gottheiten hatten sich im Laufe der Zeit verändert, der Akt der Hingabe jedoch nicht. Das war die Qual der Kunst und der fortwährenden Vergötterung ihrer Schöpfung. Für jedes Gefühl, das Regan heraufbeschwören konnte, gab es Künstler*innen, die das Gleiche auf wunderschöne Weise durchlitten hatten.

Das Umherschlendern war an dem Tag eine klare Sache – eine Konstante, wie Aldo sagen würde –, nicht aber die Waffensammlung. Wenn sich Regan in der Vergangenheit zu einem Besuch der Waffensammlung entschlossen hatte, dann, weil sie für die Heiligkeit des Zwecks stand: Hier gab es keine Frivolität. Stattdessen aber die Ironie des Friedens: leere Waffenhülsen, schreiend rote Wände, Fossilien der Eroberung. Es erinnerte sie an eine Zeit, in der sich die Menschen während der Gewaltausübung noch in die Augen sahen, was ein paradoxes Gefühl der Genugtuung in ihr hervorrief. Es war intim, weil es das nicht war. Es war religiös, weil es das nicht war. Es war schön, im tiefsten Inneren, es war pervertiert, seelenlos und hässlich, und daher spiegelte es etwas Masochistisches in Regan.

Die Wahl der Waffensammlung an dem Tag schloss auch *Signifikanz* mit ein; sie hatte, kosmisch betrachtet, die wellenartige Wirkung von *Konsequenz*. Aber was war dann die Ursache gewesen? War sie Aldo begegnet, weil das Schicksal absichtlich eingegriffen hatte oder weil sich ihrer beider Art zu grübeln bereits so sehr glich? War es ausgedacht, Gott, der aus einer Maschine herabstieg, oder lag es daran, dass sie leer war, wo er leer war, und beide daher unweigerlich danach strebten, Erfüllung zu finden? War es wichtig, wo es begonnen hatte, und würde es wichtig sein, wo es endete? Entweder war es sehr wichtig, weil alles eine Konsequenz von etwas war und daher das, was aus ihnen werden würde, gewissermaßen vorherbestimmt war –, oder es war völlig unwichtig, weil Anfänge und Enden nicht so bedeutsam waren wie die Momente, die hätten geschehen, oder die Folgen, die hätten eintreten können. Entweder war es alles, die ganze Geschichte zu kennen, zurückzublicken und ihre Form zu sehen, während man an ihrer Peripherie stand; oder es war nichts, weil die Dinge als Ganzes weniger fragil waren und dadurch weniger schön als die Bruchstücke innerhalb des Rahmens.

Am Ende würde Regan die Antwort kennen. Nachdem sie von dort, wo sie sich befunden hatte, um eine Ecke gebogen war, würde sie erkennen, dass es weniger auf die Frage des Zeitpunkts ankam, sondern mehr auf die Hingabe an den Moment, ab dem es kein Zurück mehr gegeben hatte. Am Ende ging es immer um Zeit, so wie es schon am Anfang gewesen war.

Denn ausnahmsweise befände sich in einem Moment, der entweder alles oder nichts war, noch jemand anderes in Regans Universum, und von da an würde alles so sein, wie es war, nur ein klein wenig anders.

Erster Teil

Die Momente davor

D er Tag davor war nichts Besonderes. Er war nur deshalb besonders, weil er so gar nicht besonders war, oder vielleicht, weil er sich sehr bald als gar nicht besonders zeigen würde. Im Rückblick war immer alles seltsamer – eine komische kleine Konsequenz der Zeit.

Aldo, der nicht sehr häufig mit seinem Nachnamen, Damiani, angeredet wurde und noch seltener mit seinem Vornamen Rinaldo, hatte fünf Minuten vor seinem Auftritt stummer Meditation einen Joint gedreht. Den rollte er zwischen den Fingern und starrte ins Nichts.

SETTING: Die Luft an diesem Nachmittag ist auf eine Art frisch und unbewegt, wie es in Chicago nur etwa eine Woche lang Mitte September vorkommt. Am Himmel scheint hell die Sonne, und die Blätter am Baum über ihm sind weitgehend reglos.
HANDLUNG: ALDO hebt den Joint an seine Lippen und befeuchtet das Zigarettenpapier.

Der Joint war nicht angezündet, weil er nachdachte. Er war in diesen Park gekommen, um ein Problem zu lösen, während er auf dieser Bank saß, und er hatte dort schon zehn Minuten lang gesessen. Davon hatte er neuneinhalb nachgedacht und vier gedreht, und jetzt war er seit gut dreißig Sekunden beim Fake-Rauchen. Muskelgedächtnis, hatte Aldo immer gefunden, war der Schlüssel zum Öffnen jeglicher Tür, die nicht aufgehen wollte. Für ihn war der Akt des Problemlösens definitiv eine Frage des Aberglaubens.

ALDO blickt ins Publikum. Da ihm nichts auffällt, was unstimmig wäre, sieht er wieder weg.

Der Mechanismus seines Rituals war einfach: Den Joint an die Lippen setzen, einatmen, ausatmen, die Hand sinken lassen. Das war die Formel. Formeln verstand er. Er führte den Joint an seine Lippen, sog tief ein und stieß ins Nichts wieder aus.

EINE BRISE streicht durch das Blätterdach über ihm.

Aldos rechter Daumen klopfte auf seinen Oberschenkel und schlug den Takt von Griegs *In der Halle des Bergkönigs*,

Einsatz Soundtrack.

der dann seine restlichen Finger ansteckte. Sie trommelten gegen den Stoff seiner Jeans, ungeduldig, während seine linke Hand weiterhin die Bewegung des Rauchens imitierte.

Aldo dachte über Quantengruppen nach. Speziell Hexagone. Es war seine feste Überzeugung, dass das Hexagon die bedeutendste Form in der Natur war, nicht nur wegen, aber auch nicht vollkommen ohne Bezug zu seiner Vorliebe für die *Apis* – allgemein bekannt als die Honigbiene. Bezeichnenderweise ahnte ein Großteil der Menschen nicht, wie viele Bienenarten existierten. Die Hummel war langsam und dumm genug, um sich streicheln zu lassen, was irgendwie süß war, wenn auch nicht ganz so interessant.

DER ERZÄHLER, EIN ALTERNDER, ARTHRITISCHER MANN IM BESITZ VIELER BÜCHER: Wir unterbrechen Ihre sorgfältige Prüfung von Aldo Damianis intrusiven Gedanken für einen notwendigen akademischen Einblick. Der große Kurt Gödel, ein Logiker des zwanzigsten Jahrhunderts und Freund von Albert Einstein, glaubte, dass eine kontinuierliche Flugbahn von »Lichtkegeln« in Richtung Zukunft bedeute, dass man immer zum selben Punkt in der Raumzeit zurückkehren könne. Es ist Aldo Damianis grundlegende These, dass sich diese Kegel auf eine systematische, vielleicht sogar vorhersagbare Weise entlang hexagonaler Bahnen bewegen.

Hexagone. Quantengruppen. Symmetrie. Die Natur liebte das Gleichgewicht, insbesondere die Symmetrie, erreichte sie aber nur selten. Wie oft brachte die Natur Perfektion hervor? Fast nie. Mathe war anders. Mathe hatte Regeln, endlich und konkret, aber dann ging es einfach weiter. Das Problem und der Kick abstrakter Algebra bestanden darin, dass Aldo sie mehr als sieben Jahre lang gründlich studiert hatte, und er könnte sie noch weitere sieben Millionen Jahre studieren und würde immer noch fast nichts verstehen. Er könnte unzählige Lebenszeiten mit dem Studium der mathematischen Grundlagen des Universums verbringen, und das Universum würde immer noch keinen Sinn ergeben. In zwei Wochen könnte es schneien, es könnte seitlich regnen, und dann wäre dieser Park nicht mehr für ihn verfügbar. Er könnte für das Nichtrauchen verhaftet werden oder jeden Moment sterben, und dann müsste er im Gefängnis nachdenken oder überhaupt nicht mehr, und das Universum würde weiterhin ungelöst bleiben. Seine Arbeit würde niemals erledigt werden, und das allein war schon tragisch, belebend, perfekt.

Auf die Minute pünktlich

AUS ALDOS HOSENTASCHE: ein Vibrieren, das das Publikum im selben Augenblick instinktiv in die eigene Tasche greifen lässt.

rief sein Vater an.

Aldo verstaute den Joint in seiner Hosentasche und zog sein Handy hervor. »Hallo?«

»Rinaldo. Wo bist du?«

Darauf gab es eine lange Antwort und eine kurze, und wahrscheinlich würde Masso auf beiden bestehen. »Bei der Arbeit.«

»Meinst du die Uni?«

»Ja, Dad. Ich arbeite an der Uni.«

»Hm.« Das wusste Masso bereits, aber danach zu fragen, war ein weiteres Ritual. »Worüber denkst du heute nach?«

»Bienen.«

»Ah. Das Übliche also?«

»Ja, so was in der Art.« Es war nie leicht zu erklären, woran er gerade arbeitete. Auch wenn es nett von seinem Vater war zu fragen, wussten doch beide, dass er fast nichts von dem begriff, was Aldo zu sagen hatte. »Ist alles in Ordnung, Dad?«

»Ja, ja, alles gut. Wie fühlst du dich?«

Es gab eine richtige Antwort auf diese Frage und viele, viele falsche. Ganz ähnlich den Quantengruppen wurde diese Frage nicht leichter, je häufiger man sie Aldo stellte. Tatsächlich war es so: Je öfter er die Szenarien durchspielte, desto mehr veränderten sich die Variablen. Wie fühlte er sich? Es war ihm schon früher schlecht gegangen. Es würde ihm wieder schlecht gehen. Das würde in der gleichen Weise zyklisch und schwankend verlaufen wie das Wetter. In zwei Wochen würde es regnen, dachte er.

DER WIND weht etwas stärker und pfeift durch das Blattwerk.

»Mir geht's gut«, sagte Aldo.

»Schön.« Masso Damiani war Koch, alleinerziehender Vater und immer besorgt, in dieser Reihenfolge. Masso dachte oft über das Universum nach, auf die gleiche Weise wie Aldo, nur anders. Masso fragte das Universum, wie viel Salz er ins kochende Wasser geben sollte oder ob diese oder die andere Rebe die süßesten Früchte hervorbrächte. Er wusste, wann die Pasta fertig war, ohne hinzusehen, wahrscheinlich wegen des Universums. Denn Masso besaß die Gabe der Gewissheit und benötigte keinen Aberglauben.

Aldos Mutter, eine quirlige Dominikanerin – zu jung fürs Muttersein und zu schön, um lange an einem Ort zu bleiben –, war nie sehr präsent gewesen. Wenn sie das Universum je nach etwas gefragt hatte, dann, so stellte sich Aldo vor, hatte sie wahrscheinlich bekommen, was sie wollte.

»Rinaldo?«

»Ich höre zu«, erwiderte Aldo, obwohl er damit meinte: *Ich denke.*

»Hm«, sagte Masso. »Hast du das Museum ausprobiert?«

»Vielleicht morgen. Heute ist es schön draußen.«

»Wirklich? Das ist gut. Selten.«

SCHWEIGEN.

Masso räusperte sich.

»Sag mir, Rinaldo, was machen wir heute?«

Aldos Mund zuckte leicht. »Du musst das nicht immer machen, Dad.«

»Es hilft doch, oder nicht?«

»Ja, natürlich, aber ich weiß, dass du zu tun hast.« Aldo blickte auf seine Armbanduhr. »Bei dir ist es doch fast Mittagszeit.«

»Trotzdem, zwei Minuten habe ich. Ungefähr.«

»Zwei Minuten?«

»Mindestens.«

ALDO summt vor sich hin, während er nachdenkt.

»Also«, sagte Aldo. »Ich glaube, heute sind wir vielleicht mal auf dem Meer.«

»In welchem Jahr?«

Er überlegte. »Wann war der Trojanische Krieg?«

»Ungefähr ... im zwölften Jahrhundert vor Christus?«

»Ja. Das passt.«

»Dann kämpfen wir also?«

»Nein, wir laufen aus, denke ich. Sind unterwegs.«

»Wie ist der Wind?«

»Schwach, befürchte ich.« Aldo nahm den Joint wieder zwischen die Finger und rollte ihn langsam hin und her. »Wir könnten wohl ziemlich lange auf dem Meer sein.«

»Nun, das werde ich dann wohl morgen herausfinden müssen.«

»Du musst das nicht machen, Dad.«

Das sagt ALDO jeden Tag.

»Stimmt, vielleicht mach ich's nicht.«

Und MASSO ebenso.

»Was gibt's heute als Tagesgericht?«, fragte Aldo.

»Ach, Porcini. Du weißt doch, um diese Jahreszeit serviere ich gern Trüffel.«

»Dann halte ich dich nicht länger davon ab.«

»Okay, gute Idee. Gehst du jetzt zurück?«

»Ja, ich muss bald unterrichten. Um drei.«

»Gut, gut. Rinaldo?«

»Dad?«

»Du bist brillant. Sag deinem Verstand, er soll heute nett zu dir sein.«

»Okay. Danke, Dad. Viel Spaß mit den *funghi*.«

»Na klar.«

Aldo beendete das Gespräch und steckte das Handy zurück in seine Hosentasche. Leider keine Antworten heute. Noch nicht. Vielleicht morgen. Vielleicht übermorgen. Vielleicht viele Monate, Jahre, Jahrzehnte lang nicht. Glücklicherweise gehörte Aldo nicht zu den »Jetzt sofort«-Menschen. Früher hatte das die anderen in seinem Leben frustriert, aber inzwischen war er die meisten von ihnen losgeworden.

Er blickte über die Schulter zu seiner Maschine,

REQUISITE: eine 1969er Ducati Scrambler

die mühelos zwischen Autoverkehr und Fußgängern hindurchglitt und, soweit es Aldo betraf, auch durch Zeit und Raum. Warum irgendein Mensch lieber ein Auto als ein Motorrad besaß, ging über seinen Verstand, außer man konnte nicht mit der Möglichkeit eines Unfalls leben. Einmal hatte er sich den Arm gebrochen, das hatte seitlich an der Schulter Narben hinterlassen.

Wenn er einer dieser »Jetzt sofort«-Menschen wäre, würde er wahrscheinlich auf sein Motorrad steigen und direkt in den Lake Michigan rasen, weshalb es vermutlich das Beste war, dass das nicht der Fall war. Aldo war ein »Vielleicht morgen«-Mensch, also verstaute er den Joint wieder in der Hosentasche und nahm seinen Helm von der Bank.

ALDO steht auf und holt tief Luft, wobei er über Hexagone nachdenkt.

Biegungen, dachte er. Eines Tages würde er in eine Kurve fahren, und auf der anderen Seite wäre etwas anderes; etwas, das dem hier sehr ähnlich war, nur um einhundertzwanzig Grad verschieden. Er mimte eine Boxbewegung nach links, schlug einen linken Haken und stieß dann mit dem Fuß gegen das Gras.

Vielleicht wäre morgen alles anders.

———

Währenddessen hatte Regan genau diesen Tag damit begonnen, dass sie aus dem Schlaf hochgefahren war.

SETTING: Ein luxuriöses großes Schlafzimmer. Schuhe wurden irgendwo liegen gelassen, Kleidungsstücke einfach hingeworfen. Was auch immer hier passiert ist, keine Mutter würde es gutheißen.

HANDLUNG: REGAN schielt zum Wecker, der katastrophale 14 Uhr 21 anzeigt.

»Scheiße, das kann doch wohl nicht wahr sein«, verkündete Regan dem Zimmer.

Neben ihr drehte sich Marc mit einem Stöhnen herum und schaffte es mit Ach und Krach, eine Reihe unverständlicher männlicher Laute auszustoßen. Regan hielt sie für eine Version von »Tut mir leid, Liebling, was ist los?« und antwortete dementsprechend.

»Ich komme zu spät.«

»Wozu?«

»Meinem beschissenen Job, Marcus«, erwiderte Regan, ließ

ihre Beine unter der Bettdecke hervorgleiten und stand taumelnd auf. »Diese Sache, die ich von Zeit zu Zeit mache, weißt du?«

»Gibt es im Art Institute nicht diese … was sind die bloß«, brummte Marc und vergrub das Gesicht wieder im Kissen. »Du weißt schon, diese kleinen … Radiodinger. Für Leute, die keine Schilder lesen können.«

»Die Audioguides?«, fragte Regan und hielt sich eine Hand an die Schläfe. Ihr Kopf verurteilte ihre schlechten Entscheidungen vehement mit einem entschiedenen Pochen. »Ich bin kein laufender Audioguide, Marc, ich bin Museumsführerin. Erstaunlicherweise könnte es den Menschen auffallen, wenn ich nicht da bin.«

DIE ERZÄHLERIN, EINE FRAU MITTLEREN ALTERS MIT EINER SCHARFEN INTOLERANZ GEGENÜBER UNSINN: Charlotte Regan hat einen Abschluss in Kunstgeschichte und würde wahrscheinlich sagen, dass sie selbst auch ein bisschen gepinselt hat, was in vielerlei Hinsicht untertrieben ist. Das College hat sie als Klassenbeste beendet, was früher mal für niemanden eine Überraschung war, ausgenommen vielleicht ihre Mutter, die den Spitzenplatz eines Liberal-Arts-Studiengangs für das Äquivalent des, sagen wir, Gewinnens einer Hundeschau hielt. Zu den Dingen, die Charlotte Regan nicht war, zählte ihre Schwester Madeline, die die beste Absolventin ihres Medizinstudienjahrgangs war, aber das gehört hier natürlich nicht zum Thema. Derzeit ist Charlotte Regan Museumsführerin am Art Institute von Chicago, eine begehrte Stellung in einem der ältesten und größten Kunstmuseen der Vereinigten Staaten. Charlottes Mutter würde sagen, dass es eher ein besseres Ehrenamt als ein richtiger Job sei, aber noch mal, das tut jetzt nichts zur Sache.

Obwohl viele Dinge Regan #*blessed* sein ließen,

DIE ERZÄHLERIN, MISSBILLIGEND: Das meint sie sarkastisch.

darunter in erster Linie ihre Haare, die bezeichnenderweise perfekt waren, und ihre Haut, die gewöhnlich den Folgen ihres Lebensstils standhielt. Allgemein gesprochen war sie dafür geschaffen, spät aufzuwachen und aus der Tür zu stürzen. Ein Schwung Mascara erfüllte den Zweck, vielleicht dazu ein rosafarbener Lip Stain für ihre hohen Wangenknochen, nur damit sie nicht ganz so leichenblass aussah. Sie holte eines ihrer schwarzen Etuikleider hervor sowie ein Paar schwarze flache Ballerinas und schob sich mit ein paar Drehungen den Claddagh-Ring auf den Finger. Dann griff sie nach den Ohrringen, die sie nach dem Collegeabschluss aus dem Zimmer ihrer Schwester geklaut hatte: die kleinen tränenförmigen Granate, mit denen ihre Ohren aussahen, als weinten sie ganz langsam Blut.

Sie hielt inne, um mit ausgefeilter Ambivalenz ihr Spiegelbild zu betrachten. Die dunklen Ringe unter ihren Augen wurden merklich schlimmer. Glücklicherweise hatte ihre Mutter ihr die ostasiatischen Gene für ewige Jugend vererbt, und ihr Vater hatte ihr einen Treuhandfonds eingerichtet, der die Menschen zweimal darüber nachdenken ließ, ob sie sie zurückwiesen, also war es eigentlich nicht weiter wichtig, ob sie geschlafen hatte oder nicht. Regan steckte sich ihr Namenschild an die Brust, wobei sie sich nur einmal in den Daumen stach, und sah auf, um das Endprodukt zu überprüfen.

»Hallo«, sagte sie zum Spiegel und übte ein Lächeln. »Ich bin Charlotte Regan, und ich werde heute Ihre Führerin durch das Museum sein.«

»Was?«, fragte Marc groggy.

»Nichts«, erwiderte sie über die Schulter.

Letzte Nacht hatten sie gevögelt, mit mäßig erfolgreichem Ergebnis, obwohl Marc nie besonders hart wurde, wenn er sich so viel Kokain reingezogen hatte. Aber zumindest war sie mit ihm nach Hause gegangen. Zumindest war sie überhaupt nach Hause gegangen. Es hatte einen Moment gegeben, in dem sie sich vielleicht dagegen entschieden hätte; als ein hinten in der Ecke stehender Fremder die interessantere Wahl hätte sein können, woraufhin sie ein kleines Defilee in seine Richtung riskiert hätte. Es hätte nur ein gehauchtes Lachen gebraucht, ein durchtriebenes *Nimm mich mit nach Hause, Fremder*, wäre dann nicht alles ganz einfach gewesen? Es gab eine Million spinnenartige Netze von Möglichkeiten, in denen Regan nicht nach Hause gekommen war, nicht mit ihrem Freund geschlafen hatte, nicht rechtzeitig für die Arbeit aufgewacht war, überhaupt nicht aufgewacht war.

Sie fragte sich, was sie da draußen in diesen ganzen Spiegelscherben ungelebter Leben machte. Vielleicht gab es eine Version von ihr, die um sechs Uhr aufgewacht und auf dem Seeuferweg joggen gegangen war, obwohl sie das bezweifelte.

Dennoch, es war schön, es in Erwägung zu ziehen. Es bedeutete, dass sie immer noch Kreativität besaß.

Diese Version ihrer selbst, rechnete Regan, hatte fünfzehn Minuten, um zum Art Institute zu gelangen, und wenn sie an die Unmöglichkeit der Dinge geglaubt hätte, hätte sie es für unmöglich gehalten. Glücklicher- oder unglücklicherweise glaubte sie an alles und nichts.

Sie befingerte die blutigen Tränen ihrer Ohrringe und wirbelte herum, wo sie Marcs Gestalt unter den Laken ausmachte.

»Vielleicht sollten wir uns trennen«, sagte sie.

»Regan, es ist sieben Uhr morgens«, erwiderte Marc mit gedämpfter Stimme.

»Es ist beinahe halb drei, du Flachzange.«

Er hob den Kopf und blinzelte. »Welcher Tag ist heute?«

»Donnerstag.«

»Hm.« Wieder vergrub er das Gesicht im Kissen. »Okay, natürlich, Regan.«

»Wir könnten jederzeit einfach, ich weiß nicht, andere Leute treffen?«, schlug sie vor.

Mit einem Seufzer wälzte er sich herum und stützte sich auf die Ellbogen. »Regan, kommst du nicht zu spät?«

»Noch nicht«, antwortete sie, »aber das werde ich, wenn du willst.« Sie wusste, er wollte nicht.

»Wir wissen beide, dass du nirgendwohin gehst, Süße. Deine ganzen Sachen sind hier. Du hasst Umstände. Und du müsstest wieder Kondome benutzen.«

Sie zog eine Grimasse. »Stimmt.«

»Hast du deine Tabletten genommen?«, fragte er.

Sie blickte auf ihre Armbanduhr. Wenn sie in fünf Minuten losginge, käme sie wahrscheinlich noch rechtzeitig.

Sie überlegte, was sie in fünf Minuten tun konnte. *Das hier funktioniert nicht, ich bin nicht glücklich, es war schön mit dir* – das würde wie lange dauern, dreißig Sekunden? Marc würde nicht weinen, ein Zug, der ihr an ihm gefiel, also wäre es auch nicht schrecklich unangenehm. Dann hätte sie noch viereinhalb Minuten, um die wichtigsten Dinge zusammenzusuchen und in eine Tasche zu werfen, wofür sie in Wirklichkeit nur zwei bräuchte. Blieben also zweieinhalb Minuten übrig. Ach, aber dreißig Sekunden für Tabletten, das vergaß sie immer. Fünf Sekunden fürs Einnehmen, aber ungefähr zwanzig, um ausdruckslos auf die Döschen zu starren. Blieben … was konnte sie mit den restlichen zwei Minuten anstellen? Frühstücken? Es war beinahe halb drei Uhr nachmittags. Frühstück kam nicht infrage, zeitlich gesprochen, und außerdem war sie nicht sicher, ob sie schon etwas essen konnte.

Eine Bewegung auf dem Wecker ließ darauf schließen, dass sich Regans fünf Minuten zur Flucht auf vier reduziert hatten. Das würde jetzt zu einer furchtbaren Zeitbeschränkung führen, insofern sie nicht neu kalkulierte, neu plante. Ihre Prioritäten verschob.

»Ich muss etwas erledigen«, sagte sie plötzlich und wandte sich ab.

»Trennen wir uns?«, rief Marc ihr nach.

»Heute nicht«, erklärte sie ihm und schnappte sich die orangefarbenen Döschen von ihrem angestammten Platz neben dem Kühlschrank, bevor sie ins Badezimmer ging. Sie stellte die Tabletten beiseite und zog sich auf das Waschbecken, hob ein Bein hoch, sodass ihre Ferse auf der Marmorfläche ruhte, und ließ eine Hand unter ihren nahtlosen Stringtanga gleiten, während sie mit der anderen, freien Hand ihr Handy entsperrte. Pornos hatten sie noch nie angetörnt, denn die fand sie irgendwie … verstörend unraffiniert. Sie zog das Geheimnisvolle vor – gierte danach wie nach einer Droge –, daher rief sie eine passwortgeschützte Mitteilung auf ihrem Bildschirm auf.

DAS ERSTE FOTO ist eine körnige Aufnahme von einer unscheinbaren männlichen Hand unter einem kurzen Rock, wo sie lasziv zwischen den schlanken Kurven weiblicher Oberschenkel ruht. Das zweite ist ein Schwarz-Weiß-Bild von zwei sich aneinanderpressenden weiblichen Körpern.

Das, beschloss Regan, war es wert. Das war die bessere Entscheidung. Sie hätte ihre Beziehung beenden können, sicher, doch stattdessen hatte sie diese vier Minuten. Nein, dreieinhalb. Doch sie kannte ihre Körperlichkeit gut und wusste daher, dass sie nur drei bräuchte, höchstens. Damit hatte sie noch mindestens dreißig Sekunden übrig.

In der ihr verbleibenden Zeit konnte Regan etwas für sie sehr Typisches tun, wie etwa ihr Höschen in Marcs Jacketttasche stecken, bevor sie ihm einen Abschiedskuss gab. Das würde er später am Abend finden, wahrscheinlich während er mit irgendeinem Manager im Maßanzug plauderte. Daraufhin würde er sich in eine Toilettenkabine schleichen und ein Foto von seinem Schwanz für sie machen. Vermutlich würde er eine Gegenleistung erwarten, aber höchstwahrscheinlich würde sie dann schon schlafen. Oder vielleicht wäre sie gar nicht nach Hause gekommen. Was für ein Geheimnis, ihr zukünftiges Ich! Die Möglichkeiten waren faszinierend profan und doch, irgendwie, perfekt endlos, was der Euphorie sehr nahe kam.

Sie kam, verbiss sich das Gefühl und atmete aus.

Fünfundvierzig Sekunden.

REGAN greift nach der Tablettendose und sagt nichts. Sie fragt sich, wie lange es dauern wird, bis sie wieder etwas fühlt.

––––––

Aldo machte seinen Doktor in theoretischer Mathematik, was ein breites Spektrum an Reaktionen hervorrief, je nachdem, wem er es erzählte. Fremde zeigten sich üblicherweise beeindruckt von ihm, wenn es auch eine ungläubige Bewunderung war. Die meisten Leute dachten, er mache Witze, da Menschen, die so aussahen wie er, normalerweise nicht ohne jede Ironie einen Satz wie »Ich mache meinen Doktor in theoretischer Mathematik« aussprachen. Sein Vater war stolz auf ihn, aber blindlings, da ihn die meisten Dinge, die Aldo den größten Teil seines Lebens gesagt oder getan hatte, verwirrt hatten. Andere waren nicht überrascht. »Du bist einer von diesen schlauen Wichsern, stimmt's?«, fragte Aldos Dealer häufig und wollte immer etwas über die Chancen, dieses oder jenes zu gewinnen, erfahren, und obwohl Aldo ihn stets daran erinnerte, dass Statistiken eine praktische Anwendung waren, sprich *angewandte* Mathematik, zuckte sein Dealer nur mit den Achseln und stellte eine Frage zum Leben im Weltall (Aldo wusste nichts über das Leben im Weltall) und händigte ihm die verlangte Ware aus.

Die Studierenden konnten Aldo nicht ausstehen. Die wahrhaftig Begabten tolerierten ihn, aber die anderen – die Studienanfänger, die Analysis nur belegten, um die nötigen Anforderungen zu erfüllen – hassten ihn definitiv. Er verschwendete nur wenige Gedanken auf den Grund dieser Ablehnung, was wohl ein Teil des Problems war.

Aldo war auch kein besonders guter Kommunikator. Deshalb hatte er mit den Drogen angefangen, weil er ein ängstliches Kind, dann ein depressiver Teenager und schließlich, für kurze Zeit, ein total Süchtiger gewesen war. Im Laufe der Zeit hatte er gelernt, seine Gedanken für sich zu behalten, was am leichtesten gelang, wenn seine Gehirnaktivität in Kategorien aufgespalten war. Sein Verstand war wie ein Computer mit diversen geöffneten Programmen, von denen einige im Hintergrund Denkarbeit leisteten. Meistens vermittelte Aldo anderen Menschen nicht den Eindruck, dass er zuhörte – ein Verdacht, der im Allgemeinen zutreffend war.

»Exponentielle und logarithmische Funktionen«, sagte Aldo ohne Einleitung, als er in den schlecht beleuchteten Unterrichtsraum trat

SETTING: Ein Unterrichtsraum in der Universität.

und wie üblich das Verlangen verspürte, mit einem Hechtsprung durch die Fenster der Lehranstalt zu verschwinden. Er war genau eine Minute zu spät und kam, in der Regel, niemals zu früh. Wäre er auch nur einen Moment eher da gewesen, hätte er eventuell mit seinen Studierenden interagieren müssen, was weder er noch sie wünschten.

»Hatte jemand Probleme mit der Lektüre?«

»Ja«, sagte einer der Studierenden in der zweiten Reihe.

Wenig überraschend.

»Wofür genau wird das benutzt?«, fragte der Student.

Aldo, der sich seine Hände lieber nicht durch praktische Anwendungen schmutzig machte, verabscheute diese Frage ganz besonders. »Zur grafischen Darstellung bakteriellen Wachstums«, antwortete er aus einer Laune heraus. Er fand lineare Funktionen banal. Meist wurden sie dazu benutzt, Dinge zu vereinfachen und auf ein grundlegendes Verständnisniveau zu reduzieren, obwohl nur wenige Dinge auf der Welt vollkommen unkompliziert waren. Schließlich war die Welt naturgemäß entropisch.

Mit wenigen Schritten war Aldo beim Whiteboard, das er hasste, obwohl man sich zumindest nicht so dreckig machte wie an einer Kreidetafel. »Wachstum und Verfall«, sagte er und zeichnete schnell ein Diagramm, bevor er $g(x)$ danebenkritzelte. Historisch betrachtet würde diese Vorlesung für sie alle extrem frustrierend werden. Aldo fiel es schwer, sich auf etwas zu konzentrieren, das so wenig Aufmerksamkeit erforderte; umgekehrt fanden es seine Studierenden schwierig, seinem Gedankengang zu folgen. Er bezweifelte, dass man ihn zum Lehrbeauftragten befördert hätte, wenn die Fakultät nicht händeringend Dozenten gebraucht hätte. Seine Leistungen als Lehrender waren alles andere als herausragend gewesen, aber zum Leidwesen aller (ihn eingeschlossen) war Aldo auf seinem Gebiet brillant.

Die Universität brauchte ihn. Und er brauchte einen Job. Seine Studierenden würden sich also einfach anpassen müssen, genau wie er.

Für Aldo bewegte sich die Zeit im Unterrichtsraum regelmäßig im Schneckentempo. Mehrmals wurde er von Fragen unterbrochen, die er aufgrund der Richtlinien der Universität nicht als dumm bezeichnen durfte. Er löste gern Probleme, richtig, aber Unterrichten fand er eher ermüdend als herausfordernd. Sein Gehirn näherte sich den Dingen nicht auf eine leicht zu beobachtende Art; ohne Absicht übersprang er einzelne Schritte und war dann gezwungen, wieder zurückzugehen, gewöhnlich, weil er ein gequältes Räuspern in seinem Rücken vernahm.

In gewissem Maße war ihm klar, dass Wiederholung für die Aneignung von Grundwissen notwendig war – ausgiebiges Boxtraining hatte einen Teil seines selbst auferlegten Entzugs ausgemacht, daher wusste er, wie wichtig es war, immer wieder die gleiche Übung auszuführen, bis sein Kopf hämmerte und die Glieder schmerzten – aber das änderte nichts an seinem Bedauern. Es änderte nichts an seinem Wunsch, diesen Raum zu verlassen, um eine Ecke zu biegen und eine vollkommen andere Richtung einzuschlagen.

Theoretisch gesprochen, jedenfalls.

———

Mit der ersten Tour des Tages kamen ein älteres Ehepaar, zwei Frauen in ihren Zwanzigern, eine Handvoll deutsche Touristen und, wie Regan sich verstohlen vergewisserte (da sie es sich zur Gewohnheit gemacht hatte, unabhängig von ihrem Interesse am Ergebnis, nach Ringen Ausschau zu halten), ein verheiratetes Paar etwa Mitte dreißig. Der Ehemann starrte sie an, armer Loser. Sie kannte diesen speziellen Blick, der ihr nicht mehr besonders schmeichelte. Als Teenager hatte sie angefangen, ihn zu ihrem Vorteil zu nutzen, aber jetzt bewahrte sie ihn nur zwischen ihren anderen Werkzeugen auf. Kreuzschlitzschraubenzieher, Tuschpinsel, Farbsättigungsskala, die Anziehung von Männern, die nicht zu haben waren; das war alles die gleiche Kategorie von Funktionalität.

Dieser Ehemann war gut aussehend, gewissermaßen. Seine Frau hatte ein hübsches, aber unscheinbares Gesicht. Wahrscheinlich sah der Ehemann, ein »guter Fang« aufgrund einer Position, hinter der Regan einen pragmatischen Job wie Versicherungsmakler vermutete, die Mischung chinesischer mit irischen Zügen in Regans Gesicht und hielt es für einen gewissen exotischen Kitzel. In Wirklichkeit hätte sie die genetische Kombination von der Hälfte der derzeitigen Besucher*innen des Art Institute sein können.

»Sicher werden viele von Ihnen das Werk von Jackson Pollock erkennen«, sagte Regan und deutete auf das Ölgemälde auf Leinwand *Greyed Rainbow* hinter sich.

DIE ERZÄHLERIN, EIN TEENAGERMÄDCHEN, DAS KAUM ZUHÖRT:

Das Bild *Greyed Rainbow* von Jackson Pollock ist im Grunde nur eine schwarze Oberfläche mit grauen und weißen Klecksen Ölfarbe und, keine Ahnung, noch anderen Farben am unteren Ende. Es ist abstrakt oder so.

»Eines der auffälligsten Merkmale von Pollocks Kunstwerken ist, wie taktil sie erfahrbar sind«, fuhr Regan fort. »Ich möchte Sie ermutigen, einen Schritt vorzutreten, um die Tiefe des Gemäldes aus der Nähe zu erleben; die Farbschichten besitzen eine ausgeprägte Festigkeit, die Sie nirgendwo sonst finden werden.«

Die *Ehefrau* trat näher heran, betrachtete auf Regans Vorschlag hin gespannt das Bild, und die anderen folgten ihrem Beispiel. Der *Ehemann* zögerte und verharrte in Regans Blickrichtung.

»Ein Wunder, dass man das überhaupt Kunst nennt, nicht wahr? Ich könnte das malen. Teufel auch, ein sechsjähriges Kind könnte das.« Der Blick des *Ehemanns* glitt zu ihr. »Ich wette, Sie würden das viel besser hinkriegen.«

Regan schätzte, dass er einen durchschnittlich großen Schwanz hatte, und auch wenn das allein noch nicht zwangsläufig problematisch war, die Tatsache, dass er wahrscheinlich nicht wusste, was er damit anstellen sollte, war es schon. Ein Jammer, da er eigentlich ganz hübsch war. Er hatte ein sympathisches Gesicht. Vermutlich war er unglücklich mit seiner Collegeliebe verheiratet. Regan wäre sogar von seiner Freundin auf der Highschool ausgegangen, da das für Leute mit dieser gedehnten Sprechweise aus Minnesota relativ normal war, aber er sah aus wie ein Spätzünder. Ihr fielen die schwachen Unebenheiten von Aknenarben auf seiner Stirn auf, ein Detail, das die meisten Menschen wohl übersahen – aber in der zehnten Klasse wäre ihnen das nicht entgangen, und Regan entging es auch nicht.

Mehrere Möglichkeiten standen zur Auswahl. Zum Beispiel könnte sie ihn in einer Toilettenkabine vögeln. Immer eine Option und nie der Erwägung wert. Sie wusste, wo sie ungestört sein konnte, wenn sie es wollte, und er wirkte, als wäre er schon ein- oder zweimal zuvor fremdgegangen, daher müsste sie im Vorfeld nicht groß sein Gewissen beruhigen.

Sicher, wenn sie einen mittelmäßigen Schwanz wollte, der war erbärmlich leicht zu finden, ohne *diesen* mittelmäßigen Schwanz zu nehmen. Dass er unter all den Dingen im Museum seine Konzentration auf Regan als Objekt seiner Wahl richtete, sagte weit mehr über ihn aus als über sie.

Es könnten vergnügliche zehn Minuten sein. Andererseits hatte sie schon mehr Spaß in weniger Zeit gehabt.

»Jackson Pollock war stark von der Sandmalerei der Navajo

33

beeinflusst«, sagte Regan, den Blick immer noch fest auf das Gemälde gerichtet. »Bei der Arbeit mit Sand«, erklärte sie, »ist der Schaffensprozess genauso wichtig wie das fertige Werk, im Grunde sogar noch bedeutsamer. Sand kann jeden Moment fortgeweht werden. Innerhalb von Stunden, Minuten, Sekunden kann er verschwinden, deshalb dreht sich der Schaffensprozess um den Moment der Katharsis. Die Ehrerbietung liegt im *Schaffen* von Kunst – man ist Teil seiner Schöpfung, aber dann überlässt man es der Zerstörung. Was Native Americans mit Sand vollbracht haben, machte Jackson Pollock mit Farbe, und vielleicht ist das nur eine inhaltsleere Interpretation. Tatsächlich hat er niemals offen zugegeben, ihre Techniken übernommen zu haben – was einleuchtet, da sein Werk viel eher eine Aneignung denn eine Hommage ist. Aber könnten *Sie* das auch?«

Sie wandte sich um und sah zu dem *Ehemann*, ersparte ihm aber einen desinteressiert musternden Blick.

»Sicher, vielleicht«, fuhr sie fort, und seine Mundwinkel zuckten vor Missvergnügen.

Die Kunst sieht aus der Nähe immer ganz anders aus, oder nicht?, überlegte sie zu sagen, unterließ es aber. Jetzt, da er wusste, dass sie eine Schlampe war, würde er nicht mehr vorgeben zuzuhören.

Schließlich endete die Tour, so wie alle Touren. Der *Ehemann* ging mit der *Ehefrau* fort, ohne irgendwelche Museumsführerinnen gevögelt zu haben (von denen sie wusste, denn die Nacht war noch jung). Regan machte sich für die nächste Führung bereit, spürte ein Summen in der Tasche ihres Blazers, das ihr verriet, dass Marc das für ihn hinterlassene Höschen gefunden hatte.

Alles war so zyklisch. So vorhersagbar. Einmal hatte Regans vom Gericht bestellte Psychiaterin sie gefragt, wie es für sie sei, am Leben zu sein,

DIE ERZÄHLERIN: Die ganze Sache war ehrlich gesagt so dumm.

und Regan hätte gern geantwortet, dass es sich, auch wenn es nie genau das Gleiche war, dennoch auf einer gleichmäßigen Umlaufbahn zu bewegen schien. Alles führte zu allem anderen und folgte dabei den gleichen Mustern, wenn man nur nah genug hinsah. Manchmal hatte Regan das Gefühl, sie würde als Einzige hinsehen, aber sie hatte der Ärztin eine akzeptablere Antwort gegeben, und sie waren beide zufrieden nach Hause gegangen, oder so. In erster Linie hatte Regan Durst verspürt, eine Folge ihrer kürzlich erhöhten Lithiumdosis. Nur ein wenig dehydriert, und schon würden die Tabletten sie freudig mit dem Tatterich bedenken.

»*Der heilige Georg und der Drache*«, sagte Regan und wies die nächste Gruppe auf das Gemälde hin. Der Teenagersohn einer Familie auf Chicagobesuch glotzte auf ihre Brüste, und seine jüngere Schwester ebenfalls. Das hat keine Eile, wollte Regan ihr sagen. Sieh nur, wie verzerrt die Werke des Mittelalters sind, weil es keine Perspektive gibt; weil die Menschen früher einmal die Welt betrachtet und all ihre Schönheit in sich aufgenommen haben und sie dennoch nur flach sahen.

Viel hat sich nicht verändert, ging Regan durch den Kopf, um das Mädchen zu beruhigen. Sie sehen dich näher, als du bist, aber du bist außer Reichweite, weiter weg, als du oder sie es sich vorstellen können.

————

Aldo wohnte in einem Gebäude mit Lofts, in dem zu Beginn des zwanzigsten Jahrhunderts eine Druckerei untergebracht gewesen war. Anfangs hatte er näher bei der University of Chicago gewohnt, auf der Südseite der Stadt, aber die Ruhelosigkeit hatte ihn gen Norden nach South Loop getrieben und dann ein Stückchen weiter östlich nach Printers Row.

SETTING: Printers Row ist ein Viertel südlich des Innenstadtbereichs von Chicago, das als The Loop bekannt ist. Viele Gebäude in diesem Gebiet wurden früher von Druckereien und Verlagshäusern genutzt, sind inzwischen aber in Wohnungen umgewandelt worden.

An diesem Abend war es warm, die Luft gab noch den Gastgeber für die Spuren sommerlicher Feuchtigkeit, und Aldo entschloss sich, das für einen abendlichen Lauf zu nutzen. Zwar wohnte er nicht besonders weit vom Seeuferweg,

DER ERZÄHLER, EIN FANATISCHER CUBS-FAN: Kein Ort in Chicago ist zu weit vom Seeuferweg entfernt!

aber häufig zog er es vor, in den Straßen der Stadt zu laufen. Das Hämmern seiner Schritte auf dem Pflaster ähnelte manchmal zu sehr einem Pulsschlag. Ohne Unterbrechung war das beunruhigend, ließ ihn sich seiner Atmung zu sehr bewusst werden.

Das, und außerdem war der Weg am See oft voll.

Nach seinem Lauf waren Schattenboxen, Boxsack-Workout, gelegentlich auch Sparring dran. Aldo trainierte auf kein konkretes Ziel hin, aber vermutlich wäre er bereit, wenn es sich zeigte. Schon immer war er von Natur aus drahtig und dünn gewesen,

DER ERZÄHLER: Einer von diesen dünnen kleinen Scheißern wie mein Cousin Donnie, was?

und es fehlte ihm an Ego und angestauter Wut. Allgemein gesprochen würde Aldo wahrscheinlich nicht in einen Straßenkampf geraten und erst recht keinen offiziellen Boxring betreten. Er wurde nur von Zeit zu Zeit gern daran erinnert, dass er sich die Option von Adrenalin und Schmerz bewahrt hatte.

Nach etwa drei Stunden würde er nach Hause kommen und in der Küche einige Hühnchenbrüste heraussuchen, wahrscheinlich auch Spinat und definitiv Knoblauch, für den er keine Presse benutzte (in Würfel geschnittener Knoblauch war ein Verbrechen, wie sein Vater ihm viele Male gesagt hatte, ein Gräuel, wegen seines mangelnden Geschmacks. Wenn es um Knoblauch ging, erklärte Masso, so musste er zerdrückt oder im Ganzen belassen werden – keine Ausnahmen).

Nur wenige Leute kamen in Aldos Wohnung, aber wer da gewesen war, hatte ausnahmslos eine Bemerkung über seine spärlichen Besitztümer gemacht. Ein offenes, geräumiges Loft mit roten Ikeaschränken und modernen Edelstahlküchengeräten, und Aldo besaß genau einen Topf und eine Pfanne. Zwei Messer: ein Santoku-Messer und ein Schälmesser. Sein Vater hatte immer behauptet, mehr brauche man nicht. Aldo besaß weder einen Dosenöffner noch einen Eiswürfelbehälter. *Tatsächlich* nannte er eine Nudelmaschine sein Eigen, obwohl er Ravioli und Tortellini lieber auf die Art zubereitete, die seine Nonna zudem für die einzig richtige hielt. Adalina Damiani hatte sowohl ihrem Sohn als auch ihrem Enkelsohn das Kochen beigebracht, doch während es für Masso eine religiöse Erfahrung war, hob Aldo es sich lieber für besondere Gelegenheiten auf, oder für Heimweh. Obwohl seiner Erfahrung nach die meisten Menschen Religion auf genau die gleiche Weise betrachteten.

In Nächten, in denen Aldo nicht schlafen konnte (also den meisten), stieg er aufs Dach hinauf, um anzuzünden, was von dem Joint in seiner Jackentasche übrig geblieben war. Er wählte speziell die Sorte Marihuana aus, die für körperliche Schmerzen und Unbekümmertheit bestimmt war und somit das Geplapper in seinem Hinterkopf beschwichtigte. Seine Knochen würden ihre hektischen Bewegungen zumindest für diesen Abend einstellen, und der Rausch würde sich zwangsläufig wie ein leises Summen in seinem Körper anfühlen, während er auf der Suche nach etwas Neuem war, mit dem er die Leerstellen füllen könnte.

UND JETZT, MEINE DAMEN UND HERREN, freuen wir uns, Ihnen ... die Gedanken von Aldo Damiani vorstellen zu dürfen!

Summen. Bienen. Die Flügel einer Honigbiene schlugen 11 400-mal in der Minute, wodurch das Summgeräusch entstand. Bienen waren für Fleiß und Organisation bekannt; siehe auch den Ausdruck »Arbeitsbiene«. Das und Entschlossenheit: der kürzeste Weg – *a beeline*. Aldo war in ähnlicher Weise auf ein Ziel fokussiert, wenn auch mit den Gedanken abschweifend. Auf einem ausgestoßenen Atemzug schwebte er hinaus und trieb aufs Meer hinaus.

Morgen würde er etwas anderes ausprobieren müssen, da sein Problemlösen an dem Tag nicht sehr erfolgreich gewesen war. Im Bienenkorb der Stadt hatte er mehrere Lieblingsplätze, und üblicherweise wechselte er zwischen ihnen hin und her. Das oberste Stockwerk der öffentlichen Bibliothek war ein Atrium, das Winter Garden genannt wurde, obwohl Aldo den Grund dafür nicht verstand. Die Gestaltung war nicht auf eine bestimmte Jahreszeit ausgerichtet, aber der Raum war angenehm weitläufig, besaß eine gewisse Nähe zu Gipfeln und Himmelsgewölbe, und er war häufig leer. Die Betonbalken, die die Glasdecke in der Höhe stützten, kamen in hexagonalen Schatten auf ihn herab, und wenn er sich richtig unter sie hinstellte, würde ihm vielleicht ein neuer Gedanke kommen. Ansonsten gab es immer noch den Lincoln Park Zoo oder das Kunstmuseum. Dort war häufig ziemlich viel los, aber das versierte Auge konnte immer noch versteckte Ecken ausmachen.

DER ERZÄHLER: Lauter Andeutungen, Süßer!

Aldo atmete den Geschmack von Angebranntem aus, wovon ein dünner Film seine Zunge bedeckte, und nahm das glimmende Endstück des Joints aus dem Mund. Er hatte so viel Summen, wie er brauchte, und Schlaf erschien diese Nacht zwecklos.

Aldo mochte das Gefühl zu schlafen nicht. Es ähnelte sehr dem Gefühl, tot zu sein, was ein unkomplizierter und daher beunruhigender Zustand war. Er fragte sich, ob Bienen so empfanden, wenn ihre Flügel zu schlagen aufhörten. Obwohl, er überlegte, ob das je der Fall war. Er dachte nach, was eine Biene täte, wenn sie wüsste, dass ihr Lebenswerk zum Ökosystem raffinierter Toasts beitrug. Würde das ausreichen, um sie zum Aufhören zu zwingen? Fraglich.

Aldo ging in seine Wohnung zurück, fiel aufs Bett und starrte auf die Lichtschiene über ihm. Abwechselnd öffnete er erst ein Auge, dann das andere. Er könnte lesen, unter Umständen. Einen Film anschauen. Er könnte alles machen, wirklich, wenn er wollte.

11 400 Schläge in der Minute waren schon echt was Besonderes.

Er schloss die Augen und ließ seine Ideen frei umherschweifen, während er sich dem Sirren und Summen seiner Gedanken überließ.

———

39

»Also, Charlotte …«

Regan riss sich am Riemen, um nicht zusammenzuzucken, was ihr letztlich gelang, und entschied sich stattdessen dafür, im Sitzen die Füße zu verschränken und sich leicht abzuwenden, mit Blick aus dem Fenster. Es reizte sie, die Beine übereinanderzuschlagen – sich vollkommen zusammenzufalten –, aber einige Gewohnheiten konnte man nicht mehr verlernen, und ihre Mutter hielt es in dieser Hinsicht mit Queen Elizabeth: keine übereinandergeschlagenen Beine. Regan vermutete, dass sie auch gezwungen worden wäre, Strumpfhosen zu tragen, wenn irgendjemand sich die Mühe gemacht hätte, welche in ihrer Hautfarbe herzustellen.

»Wie sind deine Stimmungen in letzter Zeit?«, fragte die Ärztin. Sie war eine sehr nette Frau, zumindest wohlmeinend, und war gleich zu Beginn der Therapie zum Du übergegangen. Regan gegenüber hatte sie eine tröstende, matronenhafte Art und einen Busen, an den sich ihrer Vorstellung nach Enkelkinder schmiegten. »In unserer letzten Sitzung hast du gesagt, du würdest dich manchmal ruhelos fühlen.«

Regan wusste genug über die Praktiken der klinischen Psychologie, um zu erkennen, dass »Ruhelosigkeit« in dieser konkreten Umgebung ein Codewort für »Manie« war, was wiederum ein Code für »wieder in ihre alten Gewohnheiten verfallen« war – zumindest, wenn ihre Mutter zum Übersetzen hier gewesen wäre.

»Mir geht's gut«, erwiderte Regan, was kein Code für irgendetwas war.

Tatsächlich *ging* es ihr gut. Der Spaziergang vom Art Institute hierher, als sie am Grant Park vorbei in Richtung Streeterville gelaufen war, hatte ihr Freude gemacht. Auf den Straßen wimmelte es von Menschen, und das gefiel ihr. Es wirkte sehr lebendig und voller Möglichkeiten, nicht wie dieser Raum.

Häufig wählte Regan eine längere Strecke, wenn sie alle zwei Wochen auf dem Weg zu ihren Sitzungen bei der Psychiaterin war. Dann ging sie in Gedanken versunken an all den Türen vorüber, in die sie hätte eintreten können, während die Läden schlossen und die Restaurants sich zu füllen begannen. Sie hatte darüber nachgedacht, was sie an diesem Abend essen wollte – Pasta hörte sich gut an, andererseits hörte sich Pasta immer gut an, und so oder so, Prosecco klang besser – und ob sie es am nächsten Morgen zur Yogastunde schaffen würde, als ihr plötzlich wieder einfiel, dass sie noch ihr Handy checken musste.

DIE ERZÄHLERIN, EINE GELIEBTE ERZIEHERIN AUS DEM KINDERGARTEN:
Regans ständige Unerreichbarkeit war früher einmal eine sorgfältig verfeinerte Praxis, die allmählich zur Gewohnheit wurde. Als Regan noch jünger war, war sie auf die Aussicht eines Anrufs oder einer Nachricht versessen gewesen; es bedeutete in erster Linie Aufmerksamkeit. Es bedeutete, dass sie die Leerstelle in den Gedanken eines anderen gefüllt hatte. Nach einer Weile begann sie zu begreifen, dass Macht darin lag, wenn sie ihren Wert für andere herabsetzte. Sie fing an, sich selbst Grenzen zu setzen; sie würde ihr Handy zehn Minuten lang nicht checken. Dann zwanzig. Schließlich würde sie Stunden dazwischen verstreichen lassen und darauf achten, ihre Gedanken auf etwas anderes zu richten. Wenn die anderen gezwungen waren, auf ihre Zeit zu warten, dachte sie, dann hätte sie ihnen nicht so viel von sich selbst zu verdanken. Inzwischen hat Regan eine dermaßen große Begabung fürs vollkommen Unzuverlässigsein entwickelt, dass die Leute es als Schwäche bezeichnen. Sie ist stolz auf deren Fehlannahmen, denn das heißt, dass die Menschen sich immer für dumm verkaufen lassen.

»Wie läuft es mit deinem Freund?«, fragte die Psychiaterin.

Auf Regans Handy war das erwartete Dickpic von Marc eingegangen, und er hatte die weißen Calvin-Klein-Boxershorts getragen, die Regan, einige Wochen nachdem sie zusammengezogen waren, für ihn gekauft hatte.

DIE ERZÄHLERIN: Marc Waite und Charlotte Regan lernten sich vor ungefähr eineinhalb Jahren in einer Bar kennen, damals, als Reagan mit einer Freundin eine Galerieeröffnung plante. Sie hatte die Location ausgewählt, die Künstler*innen bestimmt und die Werke, und dann hatte sie Marc kennengelernt. In den Toilettenräumen des Hancock Signature Room war er vor ihr auf die Knie gegangen und hatte sie geleckt – und Regans Meinung nach hatte man von der Damentoilette im fünfundneunzigsten Stockwerk aus den besten Blick auf die Stadt –, als sie eine Sprachnachricht von ihrem Vater erhielt, in der er referierte, wie unpassend er das von ihr gewählte Ausstellungsthema, Lug und Trug der Schönheit, für jemanden fand, der nur haarscharf an einer Gefängnisstrafe wegen Wirtschaftsverbrechen vorbeigeschlittert war. »Es gibt Aufrichtigkeit, Charlotte, und dann gibt es noch Hybris«, hatte er auf ihrer Mailbox gewettert. Tatsächlich hatte sie die Nachricht erst fast drei Tage später abgehört.

»Wie heißt dein Freund? Marcus?«

»Marc«, antwortete Regan, das zog er vor. »Ihm geht's gut.«

Was der Fall war, im Allgemeinen. Marc war irgendwas bei Hedgefonds. Er verlangte nicht sehr viel von Reagan, was ideal war, denn in der Regel gab sie nicht sehr viel. Wenn sie einander überdrüssig wurden, sprachen sie einfach nicht mehr. Sie waren gut darin, den Raum des jeweils anderen einzunehmen. Häufig betrachtete sie ihn als ein Accessoire, das gut mit allem harmonierte: eine Art magischer Stimmungsring, der sich jeder Persona anpasste, die sie gerade ausfüllte. Wenn sie Stille wünschte, schwieg er. Wenn sie reden wollte, war er generell bereit, ihr zuzuhören. Wenn sie Sex wollte, was häufig vorkam, war er leicht zu überzeugen. Irgendwann würde sie ihn heiraten, und dann würde alles, was sie ausmachte, in seinem Namen verschwinden. Partys würde sie als Mrs Marcus Waite besuchen, und niemand würde je irgendetwas über sie erfahren. Sie konnte ihn sich wie einen Mantel der Unsichtbarkeit über die Schultern werfen und vollkommen aus dem Blickfeld verschwinden.

Nicht, dass das sein Wunsch war. Wenn Regan eines bereitwillig von sich sagte, dann, dass sie eine Zierde war, ein glanzvolles Novum, ein Partytrick. Sie stand im Mittelpunkt, wenn sie es wünschte, geistreich, charmant und tadellos gekleidet, aber dieser Schlag Mädchen wurde langweilig, wenn es keine Überspanntheiten oder Makel gab. Die Welt nahm sich gern eine schöne Frau vor und begeisterte sich lauthals für den Charme ihrer einen Unvollkommenheit; Marilyn Monroes Maulwurfsblindheit oder Audrey Hepburns Unterernährung. Aus dem gleichen Grund hatte Marc kein Problem mit Regans Vergangenheit. Es machte ihm nichts aus, dass sie es einmal nötig gehabt hatte, sich neu zu erfinden; sie bezweifelte, dass er sich für sie interessieren würde, wenn er sich selbst nicht durch ihre Fehler erhöhen könnte.

»Dann habt ihr euch in letzter Zeit gut verstanden?«

»Ja«, antwortete Regan. »Uns geht's gut.«

Sie verstanden sich immer, denn das erforderte am wenigsten von ihrer Energie. Marc hielt einen Streit für eine schlechte Investition seiner Zeit. Er lächelte gern, wenn Regan diskutierte, und ließ sie sich selbst auspowern.

»Und deine Familie?«, fragte die Psychiaterin.

Regans Mailbox hatte zwei Sprachnachrichten enthalten: eine von ihrer Psychiaterin, die sie bat, eine Stunde früher zu ihrer Sitzung zu kommen (sie hatte die Nachricht nicht bekommen und war zur üblichen Zeit erschienen, was in Ordnung war, es war niemand gestorben), und früher am Abend noch eine von ihrer Schwester.

»Ich weiß, du wirst das hier bestimmt so einen Monat lang nicht abhören«, sagte Madeline, »aber Mum und Dad wünschen sich, dass du zur Party anlässlich ihres Hochzeitstages nach Hause kommst. Gib mir nur Bescheid, ob du jemanden mitbringst, okay? Im Ernst, mehr brauche ich nicht. Schick mir einfach eine Nachricht mit einer Nummer. Eine oder zwei, aber keine ist inakzeptabel. Und sende mir bloß nicht wieder lauter kryptische GIFs, das ist nicht so komisch, wie du denkst. Wirst du das Wickelkleid tragen, das du dir gerade gekauft hast? Denn ich hatte vor … ah, warte, Carissa will mit dir sprechen.« Eine Pause. »Schatz, du kannst mir nicht erst sagen, dass du mit Auntie Charlotte sprechen willst, und dich dann weigern.« Noch eine Pause. »Liebling, bitte, Mommy ist jetzt gerade sehr müde, und du wirst alle deine Sticker für gutes Benehmen verlieren. Möchtest du mit Auntie Charlotte reden oder nicht?« Eine lange Pause und dann ein schrilles Kichern. Ein Seufzer: »Okay, in Ordnung, egal. Carissa vermisst dich. Obwohl, unglaublich, dass ich das sagen muss, aber bitte kauf ihr kein Kaugummi mehr, der Erdnussbuttertertrick hilft auch nur bedingt. Mein Gott, sie ist genau wie du als Kind, das schwöre ich. Also, bye, Char.«

Regan dachte an Carissa Easton, die wahrscheinlich einen Spitzenhaarreif trug, vielleicht mit Schleifen, und ein Samtkleid, dessen Waschanleitung chemische Reinigung verlangte; nicht schlicht »chemische Reinigung«, was die beste Methode war, sondern »*Professionelle* chemische Reinigung«, was die exklusive Methode war – und eine Unterscheidung, die Madeline Easton, geborene Regan, kannte.

DIE ERZÄHLERIN: In Wirklichkeit war Carissa Regan nicht sehr ähnlich. Einerseits vergötterte ihre Mutter sie, und außerdem war Carissa Einzelkind, oder zumindest das zukünftig älteste Kind. Eines Tages wäre Carissa mehr wie Madeline, und genau aus diesem Grund achtete Regan darauf, ihr regelmäßig Kaugummi zu schicken.

»Ihnen geht's gut«, sagte Regan. »Meine Eltern feiern nächsten Monat groß ihren Hochzeitstag.«

»Ach so?«, fragte die Psychiaterin nach. »Der wievielte ist es denn?«

»Der vierzigste«, erwiderte Regan.

»Das ist sehr beeindruckend. Es muss guttun, eine so stabile Partnerschaft im nahen Umfeld zu haben.«

DIE ERZÄHLERIN: Regans Eltern schliefen in getrennten Zimmern, seit sie zehn Jahre alt war. Regans Ansicht nach war es sehr leicht, eine Ehe zu führen, wenn man in völlig voneinander getrennten Lebensbereichen agierte. Hätte sie ihre Eltern als Mengendiagramm darstellen sollen, wären die einzigen drei Dinge in der Mitte gewesen: Geld, Madelines Erfolge und Wege, Problemkind Charlotte in den Griff zu kriegen.

»Ja, es ist wundervoll«, sagte Regan. »Sie sind füreinander geschaffen.«

»Ist deine Schwester verheiratet?«

»Ja, ihr Mann ist ebenfalls Arzt.«

»Oh, ich wusste gar nicht, dass deine Schwester Ärztin ist.«

»Doch, ist sie. Kinderchirurgin.«

»Oh.« Es war ein *Oh, wie beeindruckend,* so wie gewöhnlich.

»Ja, sie ist sehr klug«, erklärte Regan.

Geschwisterrivalität war nichts Neues, obwohl Regan nicht unbedingt das Bedürfnis verspürte, ihre Schwester herabzusetzen. Es war nicht Madelines Schuld, dass sie die bessere Tochter war.

Regan betastete ihre Granatohrringe und dachte darüber nach, was sie sagen würde, wenn sie ihre Schwester zurückrief. Marc zu ihren Eltern mitzubringen, war das Letzte, was sie wollte, und ganz sicher nicht zu dieser Feier. Ihre Eltern konnten ihn nicht ausstehen, aber nicht auf eine unterhaltsame Weise und gewiss nicht aus Sorge um sie. Sie verachteten ihn, weil sie auch Regan nicht besonders mochten, außerdem war es förmlich mit den Händen greifbar – zumindest für Regan –, dass ihre Meinung mehr oder weniger so ausfiel: *Zumindest ist Marc reich genug.* Er war nicht wegen ihres Geldes hinter Regan her, und das ließ sie erleichtert aufatmen.

Madeline hielt Marc für prollig, aber Reagan fand Madelines Mann passiv und uninteressant. Er vereinte die schlimmsten Eigenschaften von Ärzten in sich, interessierte sich nur für die Diagnose, konnte nicht mit kranken Menschen umgehen. Marc hingegen hatte einen Schlafzimmerblick und ein ansteckendes Lachen, und hatte er schon mal erzählt, wie er einen Wettbewerb im Ziegenmelken gegen einen Einheimischen aus Montreux verloren hatte?

Also, ja. In Regans Erfahrung gab es immer Raum für Meinungsverschiedenheiten.

»Wie auch immer«, sagte die Psychiaterin. »Was macht deine ehrenamtliche Tätigkeit?«

»Läuft gut«, sagte Regan.

Die Ärztin meinte den Job als Museumsführerin, durch den Regan zumindest in das Reich der Kunst aufgenommen worden war, selbst wenn sie das Fach nicht mehr an der Uni studierte oder selbst künstlerisch arbeitete. Hin und wieder besah sie sich die Kunstwerke und spielte mit dem Gedanken, einen Pinsel zur Hand zu nehmen oder direkt nach der Arbeit Ton kaufen zu gehen. Ihre Hände wollten unbedingt beschäftigt sein, irgendetwas zu tun haben, aber jedes Mal, wenn sie sich in letzter Zeit hinsetzte, schien ihr Kopf einfach abzuschalten.

»Hast du schon darüber nachgedacht, was du als Nächstes machen willst?«

Als Nächstes. Die Menschen zerbrachen sich ständig den Kopf darüber, was sie als Nächstes tun könnten. Andere Leute waren stets dabei, ihre Zukunft zu planen, voranzukommen, und nur Regan schien zu bemerken, dass sich alle nur im Kreis drehten.

»Vielleicht gehe ich zur Kunsthochschule«, antwortete Regan. Eine sichere Antwort.

»Das ist eine Idee«, sagte die Psychiaterin anerkennend. »Und wie kommst du mit der neuen Dosierung zurecht?«

Neben dem Kühlschrank fristeten fünf durchsichtig orangefarbene Tablettendosen ihr Dasein. Regan schluckte drei morgens und drei abends (das Lithium nahm sie zweimal ein). Eines der Medikamente, ein Name, den sie sich wahrscheinlich niemals würde merken können, war noch relativ neu und ungefähr so schwierig hinunterzuschlucken wie bestimmte Aspekte ihrer Persönlichkeit. Wenn sie vor der Einnahme nur wenig gegessen hatte, wurde ihr unweigerlich schlecht. Wenn sie diese Tabletten zu spät abends schluckte, waren ihre Träume so wild, dass sie beim Aufwachen nicht mehr wusste, wo sie war. Normalerweise blickte sie das Döschen grimassenziehend an, bevor sie schließlich

47

nachgab, es öffnete, die Tabletten auf ihre Zunge legte und sie mit einem Schluck abgestandenem Champagner hinunterschluckte.

»Meiner professionellen medizinischen Einschätzung nach ist Charlotte Regan krank«, lautete die Diagnose der Psychiaterin, die ihre Anwälte (oder genauer gesagt ihr Vater) engagiert hatten. »Es handelt sich hier um eine junge Frau, die gut ausgebildet, intelligent, talentiert und in einer sicheren und liebevollen Umgebung aufgewachsen ist, mit der Fähigkeit, einen großen gesellschaftlichen Beitrag zu leisten. Doch es ist meine professionelle Überzeugung, dass sie sich wegen ihrer depressiven und manischen Schübe leicht von anderen auf Abwege bringen lässt.«

Normalerweise wanderte die Tablette mit dem staubigen, bitteren Geschmack von Wiederholung in den Magen hinunter. Regan war ein spontaner Mensch, der nun an eine stupide Routine gefesselt war – morgens und abends, hinzu kam noch die monatliche Blutuntersuchung für den Fall, dass die Tabletten, die sie gesund machten, beschlossen, sie stattdessen zu vergiften –, obwohl sie auch das der Ärztin nicht unbedingt übel nahm. Verärgerung schien ein sinnloses Unterfangen und erforderte, wie die meisten Dinge, einen viel zu hohen Energieaufwand.

Am späten Abend würde Regan diese und die anderen Tabletten einnehmen und dann ins Schlafzimmer hinübergehen, das sie mit Marc teilte. Die Wohnung war sein Ort, voll mit seinen Sachen und nach seinem Geschmack eingerichtet – er hatte sie schon besessen, als Regan eingezogen war, und seitdem hatte sie sich nicht die Mühe gemacht, irgendetwas zu besorgen –, aber sie konnte verstehen, warum er sie darin haben wollte.

DIE ERZÄHLERIN: Regan ist überzeugt, dass es zwei Wege gibt, um Männer zu manipulieren: Entweder lässt eine Frau sich vom Mann verfolgen, oder sie lässt sich auf eine Art von ihm verfolgen, die ihm das Gefühl gibt, der Verfolgte zu sein. Marc gehört zu den Letzteren, und er liebt sie auf die gleiche Art, wie sie Kunst liebt, was für Regan eine angenehme Form der Ironie darstellt. Doch selbst wenn man alles über die Schaffensweise eines Kunstwerks weiß, sieht man doch immer nur die Oberfläche.

»Ich fühle mich viel besser«, sagte Regan, und die Psychiaterin nickte erfreut.

»Ausgezeichnet«, erwiderte sie und kritzelte etwas auf ihren Notizblock. »Dann sehe ich dich wieder in zwei Wochen.«

Regan würde ins Bett gehen, bevor Marc an diesem Abend nach Hause käme, was (ohne, dass sie es wusste) die Gelegenheit für ihren letzten normalen Tag wäre. Sie würde so tun, als schliefe sie, wenn er sich nackt an sie schmiegte. Außerdem würde sie die Wohnung schon für ihre Yogastunde verlassen haben, bevor er aufwachte, und der Tag würde wie gewohnt weitergehen: mit Tabletten, Wasser, einem dürftigen Frühstück und dann ab zum Museum. Schließlich würde sie entlang der Varianten eines idealisierten Jesus' im Mittelalterkorridor bis zum Ende der Ausstellung europäischer Kunst wandern. Die Waffensammlung hatte rote Wände, ganz anders als die neutralen Farbtöne der anderen Räume, und in der Mitte war ein körperloser Ritter in Rüstung ausgestellt, der genauso in der Zeit erstarrt war wie Regan, während alles andere drumherum weiterlief.

Da drinnen wäre alles gleich, genau wie immer, bis auf einen Unterschied.

An dem Tag würde sich noch jemand anderes in der Waffensammlung aufhalten.

———

Damit das klar ist: Regan war nicht die Einzige, die über die Kausalität des Ganzen spekulierte. Aldo war ein chronischer Grübler, sein Nachdenken hatte etwas Zwanghaftes, und daher waren Krisen über die Sinnhaftigkeit und die Folgerichtigkeit der Dinge bei ihm ziemlich alltäglich.

Aber im Gegensatz zu Regan, der er noch nicht begegnet war, konnte Aldo das Konzept des Nichts geduldig ertragen. Leere stieß Regan ab und erfüllte sie mit größter Angst, aber Aldo hatte das Konzept der Null schließlich akzeptiert. Auf seinem Fachgebiet waren Lösungen (wenn auch nicht vollkommen unmöglich) nur schwer zu erreichen. Antworten, wenn sie überhaupt kamen, brauchten Zeit, weshalb Beständigkeit Aldos Spezialgebiet war. Er besaß das Talent der Beharrlichkeit, das bestätigte auch seine Krankengeschichte.

Am Abend, bevor er ihr begegnete, hatte Aldo sich mit der Tatsache abgefunden, dass er nie eine Erleuchtung haben würde, und wenn doch, wäre es nicht wichtig. Das war das Riskante an der Zeit: Die Kenntnis oder Unkenntnis von Dingen konnte sich von Tag zu Tag ändern.

An diesem Tag war Aldo von einer ganzen Reihe von Dingen voll und ganz überzeugt: dass zwei und zwei vier waren. Dass von allen mageren Proteinen Hühnchen am leichtesten zu bekommen war. Dass er innerhalb der Beschränkungen einer eventuell hexagonalen Struktur der Raumzeit gefangen war, aus der er vielleicht nie entkommen würde. Dass morgen so aussehen würde wie gestern, wie Freitag in zwei Wochen, von heute aus betrachtet, wie letzten Monat. Dass er niemals zufrieden wäre. Dass es in zwei Wochen, in aller Vorhersagbarkeit unvorhersagbar, regnen könnte und daher alles, indem es sich änderte, gleich blieb.

Am nächsten Tag würde er sich anders fühlen.

DER ERZÄHLER, EINE ZUKÜNFTIGE VERSION VON ALDO DAMIANI, DIE NOCH NICHT EXISTIERT: Wenn man ein neues Wort lernt, sieht man es plötzlich überall. Der Verstand beruhigt sich mit der Annahme, es sei Zufall, aber das ist es nicht – es ist die wegfallende Ignoranz. Das zukünftige Selbst wird immer das sehen, wofür das gegenwärtige Selbst blind ist. Das ist das Problem der Sterblichkeit, was in Wirklichkeit ein Problem der Zeit ist.

Eines Tages wird Regan zu Aldo sagen: Es ist unglaublich menschlich, was du tust, und zunächst wird er denken: Nein, das ist nicht wahr, wegen der Bienen.

Aber schließlich wird er es verstehen. Denn bis zu diesem Abend war Aldo mit nichts zufrieden gewesen, doch irgendwann würde er durch sie lernen: Nicht die Beständigkeit erhält uns am Leben, sondern das Fortschreiten, das wir nutzen, um uns zu bewegen.

Denn alles ist immer das Gleiche, bis es das, urplötzlich, nicht mehr ist.

DER ERZÄHLER: Wenn ich gewusst hätte, dass ich am Morgen Charlotte Regan begegnen würde, hätte ich vielleicht ein paar verschissene Stunden geschlafen.

In der Mitte des Raums saß ein junger Mann im Schneidersitz auf dem Fußboden. Er zeichnete etwas in ein Notizbuch. Anfänglich wurde Regan eher von seiner Tätigkeit (akribisch) als von seinem Aussehen (von ihrer Position im Türrahmen nicht deutlich zu erkennen) abgelenkt, aber eins führte zum anderen, und schließlich drängte sich ihr unvermeidlich die Schlussfolgerung auf, dass er einen unfassbar schrecklichen Haarschnitt verpasst bekommen hatte. Seine Frisur, ein braun-schwarzer Mopp dicker Locken, war mehr als nur das Ergebnis schlechter Behandlung. In Regans Vorstellung erhob sie sich zu einem institutionellen Versagen: ein Konstruktionsfehler. Immer wieder strich er sich Strähnen aus dem Gesicht, was Regan mehr für eine verärgerte Reflexbewegung als für Angeberei hielt.

In dem Moment, als Regan sich daran erinnerte, dass sie auch da war, trat sie ein paar Schritte vor.

»Verzeihung, aber du kannst hier nicht sitzen«, begann sie zu schimpfen, stockte aber, nachdem sie ihren Gedankengang verloren hatte, als sie die Zeichnungen des jungen Mannes erspäht hatte. Auch aus der Entfernung konnte sie sehen, dass es ein strenges, präzises geometrisches Muster war, von dem Teile schraffiert oder vollständig ausgemalt waren.

Die ganze Figur war mit so gleichmäßigen und überlegten Linien gezeichnet, dass die Kugelschreiberspitze sich in den Papierblock darunter gebohrt hatte, wo sie schwache Furchen hinterließ und das Blatt sich kräuselte.

»Was zeichnest du?«, fragte sie ihn, und er sah auf.

Seine Augen waren von einem Haselnussbraun, das von einem auffallenden Grün überlagert wurde; ein krasser Gegensatz zu seiner Haut. Auch war ihr Blick etwas leer, als hätte er Mühe, seine Aufmerksamkeit von etwas anderem loszureißen.

»Hexagone«, sagte er, und dann: »Du siehst nicht aus wie eine Charlotte.« Sie blickte auf ihr Namenschild. »Ich werde nicht Charlotte genannt. Warum Hexagone?«

»Ich arbeite an etwas.« Er hatte eine interessante Stimme, schärfer als erwartet und auch etwas rauer. Wenn er einen Witz erzählen müsste, so vermutete Regan, würden die meisten Leute im Raum ihn nicht kapieren. »Heißt du überhaupt so?«

»Ja«, erwiderte sie. »Warum sollte ich lügen? Und außerdem«, wiederholte sie, »du kannst hier nicht sitzen.«

»Ich weiß nicht, warum du lügen solltest. Ich weiß nur, dass es nicht richtig zu sein scheint.«

»Warum Hexagone?«, fragte sie erneut.

»Ich versuche, etwas zu lösen.« Diese Antwort war eine Nuance besser als die, die er ihr zuvor gegeben hatte, wenn auch nicht wahnsinnig erhellend.

»Das funktioniert besser, wenn ich etwas mit den Händen mache, und Hexagone sind leicht zu zeichnen. Und relevant. Ich würde rauchen«, bemerkte er nebenbei, »aber ich glaube, das ist hier verpönt.«

»Zigaretten sind total out. Und sie sind schlecht für die Gesundheit. Und du kannst hier nicht sitzen.«

»Das weiß ich. Keine Zigaretten.« Er hob den Kopf und blinzelte irgendwohin, und reflexartig spähte Regan in die gleiche Richtung – hielt Ausschau nach dem, was er sah, was mit ziemlicher Sicherheit nichts war –, bevor sie sich sammelte und ihre Aufmerksamkeit wieder ihm zuwandte.

»Was versuchst du zu lösen?«, fragte sie.

»Zeitreisen«, antwortete er, und sie blickte erstaunt.

»Was?«

»Also, Zeit. Aber der Eternalismus geht davon aus, dass wir in der Raumzeit zu demselben Ort zurückkehren können«, sagte er, weder geduldig noch ungeduldig. Die gleiche Frage musste ihm schon früher gestellt worden sein, obwohl es ihn anscheinend nur wenig kümmerte, was sie, und wahrscheinlich auch die anderen vor ihr, von seiner Antwort hielten. »Die Leute sind anderer Meinung, aber von einem theoretischen Standpunkt aus betrachtet, kann man dem Gedanken eine gewisse Realisierbarkeit nicht absprechen. Nicht, dass man sich jemals schneller als die Zeit bewegen könnte«, erklärte er ihr, oder der Luft um sie herum, »das ist ausgeschlossen. Man würde in Stücke zerfetzt werden. Aber Wurmlöcher, solche Sachen, das ist um der Argumentation willen plausibel. Die allgemein bekannteste Theorie besagt, dass eine kontinuierliche Flugbahn von Lichtkegeln, falls es sie gibt, kreisförmig wäre, aber das ist höchst unwahrscheinlich. In der Natur gibt es keine perfekten Kreise. Hexagone hingegen kommen recht häufig vor.«

Er riss den Blick von der gegenüberliegenden Wand los und wandte seine Aufmerksamkeit widerstrebend ihr zu.

»Bienen«, sagte er.

»Bienen?«, echote Regan skeptisch.

»Ja, Bienen«, sagte er. »Hexagone. Zeit.«

Er *klang* nicht verrückt, aber es war auch nicht so, dass er nicht wie ein Irrer geklungen hätte.

»Du glaubst, dass Bienen das Geheimnis der Zeitreise kennen?«, fragte sie.

Das schien er hochgradig unsinnig, vielleicht sogar beleidigend zu finden. »Natürlich nicht. Ihre Gehirne sind nicht dafür geschaffen, Überlegungen anzustellen. Eine nutzlose Evolution«, murmelte er vor sich hin, »aber hier sind wir.«

Er schlug sein Notizbuch zu und stand abrupt auf.

»Wenn du nicht Charlotte genannt wirst, wie dann?«, fragte er.

»Rat mal.«

»Charlie. Chuck.«

»Sehe ich aus wie eine Chuck?«

»Mehr wie Chuck denn wie Charlotte.« Er schien sie nicht aufzuziehen, obwohl sie sich nicht entscheiden konnte, ob dieser Umstand es besser oder schlechter machte.

»Wie heißt du?«, entgegnete sie, und dann, nachdem sie sich eines Besseren besonnen hatte: »Nein, warte. Lass mich raten.«

Er zuckte die Achseln. »Dann mal los.«

»Ernest. Hector. Nein, ich wette, es ist ein total normaler Name wie David«, sagte sie mit unbestimmter Kampflust, »und du kannst ihn nicht leiden, stimmt's?«

»Nein, das stimmt nicht«, erwiderte er. Und dann: »Wie ist dein Nachname?«

Eigentlich hatte sie nicht die Absicht gehabt, irgendwelche persönlichen Fragen zu beantworten, aber während der vergangenen zwei Minuten hatte er Talent bewiesen, sie auf dem falschen Fuß zu erwischen. »Regan.«

»Aha.« Er schnippte mit den Fingern. »Das ist es. Das ist dein Name.«

»Gibst du mir einen Namen?«

»Nein, aber das ist der Name, den du benutzt«, erwiderte er. »Das ist total entspannt, wie du ihn benutzt. Man kann sehen, wie sich die Variablen zusammenfügen.«

»Das kannst du sehen?«

»Ja«, antwortete er, und es war keine Angeberei. Er sagte es in der gleichen Art, wie er von einer Grippeerkrankung hätte berichten können, und auf eine ähnliche Weise glaubte sie ihm. »Ich bin sicher, andere Leute auch.«

»Dann sag mir, wie du heißt«, forderte sie ihn auf.

»Rinaldo«, erwiderte er.

Sie kniff die Augen zusammen.

»Das ist es nicht«, sagte sie, und seine Mundwinkel zuckten leicht.

»Nein«, sagte er. »Ich werde Aldo genannt.«

Aha. Er hatte recht. Sie konnte den Unterschied hören. »Rinaldo und wie weiter?«

»Damiani.«

»Bist du so italienisch, wie du klingst?«

»Beinahe.«

»Beinahe, aber nicht ganz.« Regan bemerkte seine Gesichtszüge, seine Haarstruktur und Hautfarbe und ordnete ihn gemäß den Schichten der Porträtmalerei in eine Kategorie ein. Eine italienische Herkunft erforderte natürlich ein anderes Pigment als, zum Beispiel, eine nordeuropäische, aber für Aldo, schätzte Regan, würde sie einen noch sehr viel satteren Farbton als selbst die dunkelste Schattierung des mediterranen Olivs benötigen. Wenn sie beabsichtigte, ihn zu malen, was sie nicht vorhatte, wäre noch eine Farbauflage im Sienaerde-Ton erforderlich oder eine ausgeprägt rötliche Glanzfarbe.

»Meine Mutter ist Dominikanerin«, sagte Aldo, was alles erklärte.

»Und sie hatte kein Problem damit, dass dein Vater dir diesen ausgesprochen italienischen Namen gegeben hat?«

»Sie war nicht da, um ihn abzuhalten«, erwiderte er.

Auch das war nüchtern gesagt. Heute ist die Sonne herausgekommen. Seine Mutter hatte ihn verlassen, als er noch ein Baby war. Vielleicht war er eine Art Genie. Er war … schätzte Regan, eins neunundsiebzig, vielleicht eins achtzig. Nicht übermäßig groß, aber gewiss nicht klein. Außerdem trug er eine Menge Leder für jemanden, der gerade in der Waffensammlung eines Kunstmuseums Hexagone zeichnete.

»Was ist los mit dir?«, fragte sie. »Warum Zeitreisen?«

»Ich bin gern mit einem Langzeitproblem beschäftigt«, antwortete er.

»Was, wie ein Computerprogramm?«

»Ja.« Sie hatte es witzig gemeint, aber er definitiv nicht.

»Bist du so 'ne Art Mathe-Nerd?«

»Eine bestimmte Art Mathe-Nerd, ja.«

Er fuhr sich mit den Fingern durch die Haare, die oben am Kopf eindeutig zu lang waren.

»Hoffentlich hast du nicht viel Tip für diesen Haarschnitt gegeben«, bemerkte sie. »Er ist nicht sehr gut.«

»Das war mein Vater, als ich das letzte Mal zu Hause war. Er hat nicht viel Freizeit.«

Nun, jetzt kam sie sich wie ein Miststück vor.

»Warum zeichnest du hier drinnen?«, fragte sie.

»Ich mag es hier«, sagte er. »Und ich habe eine Jahresmitgliedskarte.«

Also war er kein Tourist. »Warum?«

»Weil ich es hier mag«, wiederholte er. »Hier drinnen kann ich denken.«

»Es wird doch voll«, hob sie hervor. »Lärmig.«

»Ja, aber es ist die richtige Art Lärm.«

Je länger sie ihn ansah, desto attraktiver wurde er. Er hatte eine interessante Kieferpartie. Er schlief nicht gut, so viel war offensichtlich. Die Schwellungen unter seinen Augen waren dunkellila. Sie fragte sich, was ihn nachts wach hielt und wie sie hieß. Oder wie er hieß. Oder vielleicht waren sie alle namenlos. Er war ein Rätsel, was interessant war. Er tat oder sagte nie genau das, was sie dachte, dass er es tun oder sagen würde, obwohl auch das nach einer Weile auf seine eigene Art voraussagbar werden könnte.

Er hatte einen hübschen Mund, dachte Regan. Sie blickte auf seinen Kugelschreiber, der an der Seite Bissspuren aufwies. Das hätte sie sich denken können. Sie stellte sich vor, wie das Plastik zwischen seinen Zähnen eingeklemmt wurde und seine Zunge darüberfuhr.

Ein leichtes Schaudern ergriff sie.

»Du arbeitest hier?«, fragte er.

»Ich bin Führerin«, antwortete sie.

»Du siehst zu jung aus, um Führerin zu sein.«

Alles, was er sagte, war klug begründet, knapp und voller Gewissheit.

»Ich bin älter, als ich aussehe«, informierte sie ihn. Dieser Fehler kam öfter vor.

»Wie alt bist du?«

»Meine Verhaftung plus drei Jahre«, antwortete sie launig.

Er verhehlte nicht seine Neugier; sie hatte sich gefragt, ob er sich das zugestehen würde. »Verhaftung wofür?«

»Fälschung. Diebstahl.«

Verwundert sah er sie an, und sie sonnte sich in seiner sprachlosen Unschlüssigkeit.

Dann blickte er auf seine Armbanduhr.

»Ich sollte gehen«, sagte er, als er die Zeit registrierte oder möglicherweise das Konzept der Zeit an sich, ein Thema, über das er sich, wie sie gerade kurz zuvor erfahren hatte, viele Gedanken machte. Er griff nach dem Rucksack, der zu seinen Füßen lag, was ihr gar nicht aufgefallen war. Daran war ein Motorradhelm festgemacht. Die Existenz eines Motorrads war eine Erklärung für das Leder, selbst wenn es sonst nichts erklärte. Er schlug sein Notizbuch zu und legte es in seinen Rucksack, ein Allerwelts-modell, das schon einigermaßen abgenutzt war. Darin steckte ein Lehrbuch, ein dickes, wie *Janson's History of Art*, und Regan schüttelte den Kopf.

Wenn sie ihn malen sollte, dachte sie, würde ihr niemand glauben.

Sie sagte nichts, als er sich den Rucksack über die Schulter warf, obwohl er, kurz bevor er einen Schritt an ihr vorbei machte, einen Moment innehielt, da er mit einem Gedanken spielte.

»Vielleicht sehe ich dich wieder«, sagte er.

Sie zuckte die Achseln. »Vielleicht wirst du das.«

Sie meinte – natürlich – das »vielleicht« von all dem. Anschei-nend sagten sie beide, dass es logistisch gesehen wieder passieren könnte. Zweifellos hatten ihre Betätigungsfelder eine Tendenz, sich zu überschneiden. Das wäre genau genommen Zufall. Wenn es passierte, würde Regan einen echten Grund haben, ihn wie-derzuerkennen. (Anstatt des Gefühls, das sie jetzt bloß hatte.)

Er hatte sehr definierte Augenbrauen für jemanden mit so vielen diffusen Zügen. Das, und natürlich sein Mund, den man einfach gesehen haben musste. Mit einer charakteristischen Delle oberhalb der Lippe in Form einer gekrümmten Schräge, sodass es aussah, als wäre er regelmäßig zwischen verschiedenen Ausdrücken gefangen. Zweifellos hatte er eine orale Fixierung, überzeugte sich Regan, als sie beobachtete, wie seine Hand re-flexartig an seinen Mund fuhr. Er hatte gesagt, dass er rauche, und das schien zu stimmen. Von allen Dingen, die ihr an ihm aufgefallen waren, schien dies die zutreffendste (und vielleicht auch die einzige) Eigenschaft von ihm zu sein. Anscheinend gehörte er zu den Menschen, die gern etwas zwischen den Lip-pen hatten.

Einmal befeuchtete er sie, während er etwas musterte, das nicht unbedingt ihr Gesicht war, und dann kratzten seine Zähne leicht über seine Unterlippe.

»Ciao«, sagte sein Mund, und dann war er weg.

Regan drehte sich zu der leeren Stelle, wo Aldo gestanden hatte, und runzelte die Stirn. Plötzlich schien der Raum nicht mehr so ruhig zu sein, ständig wurde man gestört, und sie spürte, wie sich ihre Stimmung der neuen Besucherfrequenz anpasste, daher beschloss sie, eine andere Abteilung aufzusuchen. Vielleicht zeitgenössische Kunst. Pop Art. Sie könnte eine Zeit lang auf die grellen Farben kommerzieller Leere starren, während sie sich wieder sammelte. Ihr blieben noch mindestens zehn Minuten von ihrer Pause, dachte sie, als sie einen Blick auf ihre Armbanduhr warf und sich wieder mit der Zeit vertraut machte.

Dann drehte sie sich um und ging hinaus, der Moment war zeitweilig vorüber.

In Anbetracht seines Studiums hatte Aldo schon viele Male über die Existenz eines Multiversums nachgedacht, aber immer wieder den Eindruck gehabt, dass es irgendwie unnötig verkopft war und auch etwas unbefriedigend. Wenn er zum Beispiel in der Waffensammlung die unzähligen Fäden dessen, was als Nächstes kommen könnte, in der Hand gehalten hätte – wenn er einfach einen von ihnen ausgewählt hätte, während die anderen Versionen seines Selbst unermüdlich irgendwo anders weitermachten –, dann blieb die Zeit zwangsläufig linear. Wozu nutzte eine Auswahl, wenn er doch immer nur ein mögliches Ereignis zu einer Zeit erleben konnte? Nein, multiple Aldos, die mit multiplen Charlotte Regans sprachen, waren nicht die bessere Alternative. Sondern ein Aldo und eine Charlotte Regan, und beide begegneten einander auf einer Art geometrisch berechenbarer Schleife, einem Loop.

Beim Hinausgehen summte das Handy in seiner Hosentasche, er zog es heraus und blieb auf den Eingangsstufen des Art Institute stehen.

»Hallo Dad.«

»Rinaldo«, sagte Masso, »wo bist du heute?«

»Im Museum.« Aldo spähte über seine Schulter dorthin, wo er gewesen war. »In der Waffensammlung.«

»Ah. Dann warst du heute produktiv?«

Aldo dachte darüber nach.

Es war nicht so, dass Charlotte Regan ihn *unterbrochen* hätte, nicht unbedingt. Natürlich hatte sie ihn unterbrochen, aber ohne irgendwie aufdringlich zu sein. Tatsächlich war sie sehr leise. Nicht ihre Stimme (die war perfekt zu hören), aber ihre Bewegungen, ihre Fragen. Er nahm an, dass manche Leute das Eleganz oder Haltung nannten, aber diese Begriffe hatte er nie so recht verstanden. Es war eher so, als gäbe es zwischen ihm und der Außenwelt einen schmalen Spalt, und den hatte sie lautlos gefüllt, weniger wie ein Stück, das in die Lücke eines anderen passt, sondern mehr wie eine Flüssigkeit, die in eine Tasse gegossen wird.

»Wohl so durchschnittlich.«

»Nun, es ist Freitag, Rinaldo. Hast du heute was vor?«

Im Fitnessstudio war es freitagabends immer ruhiger, was Aldo gefiel.

»Nur das Übliche. Heute Nachmittag Unterricht, und am Wochenende muss ich einiges arbeiten.« Prüfungen, die benotet werden mussten, was nie so schlimm war wie der Aufschrei, der darauf folgte. Außerdem musste er für Montag noch eine Vorlesung vorbereiten.

Er bezweifelte, dass sein Vater wirklich dachte, er werde etwas außer der Reihe unternehmen; wahrscheinlich tat Masso ihm den Gefallen, ihn daran zu erinnern, welchen Wochentag sie hatten. Das war Massos Art, sich um ihn zu kümmern, und Aldo tat seinem Vater den Gefallen, auf seine Fragen angewiesen zu sein. Es beruhigte sie beide.

»Und wo sind wir heute, Rinaldo?«

Aldo dachte an Charlotte Regans geschwungene Hüftlinien. Ihr Kleid hatte einen asymmetrischen Saum, voller scharfer, klarer Linien. Es stand ihr, da auch sie groß war und viele Linien besaß. Sie erinnerte ihn an die Gebäude, die am Flussufer errichtet worden waren. Sie waren Spiegel der Landschaft, schön und elegant und diskret in ihrer Widerspiegelung des Wassers.

»In einer Stadt«, sagte Aldo.

»Einer großen Stadt?«

»Ja.«

»Und haben wir uns verirrt?«

»Nein.« Wir sind nur geschrumpft. »Sag mal, Dad.« Plötzlich war Aldo etwas eingefallen. »Wie lange kommen die Leute normalerweise für Fälschung ins Gefängnis?«

»Wenn sie was fälschen, Geldscheine? Meinst du Geldfälscher?« Zwar hatte er nicht daran gedacht, sie danach zu fragen, aber er ging davon aus. »Ja.«

»Ich weiß nicht«, sagte Masso. »Schwer vorstellbar, dass die Leute das heutzutage noch hinbekommen.«

Masso klang abgelenkt.

»Ist bei dir alles in Ordnung?«

»Ah … jaaaaa, kein Grund zur Sorge.«

Aldo setzte seinen Helm auf und hob ein Bein über sein Motorrad. »Wirklich?«

»Na ja … eine Lieferung ist heute Morgen nicht eingetroffen.« Masso fuhr jemanden mit unverständlichen Worten grob an und kehrte dann zu dem Telefongespräch zurück. »Wo waren wir?«

»Dad«, sagte Aldo, »wenn du zu tun hast, musst du dich nicht melden.«

»Weiß ich, weiß ich. Aber ich tu's gern.«

»Das ist mir doch klar.« Aldo blickte zum Himmel, wo ein dunkler Schatten herbeizog. »Ich geh jetzt besser, Dad. Es regnet gleich.«

Als Masso und Aldo sich voneinander verabschiedeten, fielen einige Tropfen. Herbst in Chicago bedeutete für gewöhnlich, dass aus den Tropfen rasch sturzflutartiger Regen wurde. Aldo, der in den Randbezirken von Los Angeles aufgewachsen war und bis zu seinem Umzug in den mittleren Westen nicht gewusst hatte, dass

Regen ein horizontal auftretendes Phänomen sein konnte, war nie adäquat darauf vorbereitet. Vielleicht hätte er in der Welt, in der er Charlotte Regan zu einem Kaffee eingeladen hätte (ein Getränk, das er nicht mochte, und ein Treffen, das ihm wahrscheinlich keinen Spaß machen würde), auch den Bus genommen.

Aus diesem Grund war das Multiversum so unzufriedenstellend, dachte Aldo. Er konnte nicht seitlich in eine Version von sich eintreten, die auf Regan vorbereitet war, aber möglicherweise hätte er es irgendwo anders, in einem anderen Winkel der Zeit, ganz anders geplant.

Als er zum Unterricht kam, war er vollkommen durchnässt.

»Exponentielle Gleichungen«, begann er ohne Umschweife. Seine Jeans klebte an der Vorderseite seiner Oberschenkel. Er wandte sich zur Tafel, nahm den Marker in die Hand und fröstelte leicht.

DER ERZÄHLER, EIN STUDENT, DER GERADE EINGETROFFEN IST: In Chicago kann man sich nie richtig auf die Witterung vorbereiten.

———

»Regan. Kommst du?«

Sie sah auf, und ihre Hand verdeckte automatisch das Display ihres Handys. »Wohin?«

Marc deutete über die Schulter. »Toilette.«

Die Aufforderung war zu beiläufig, um eine Einladung zum Sex zu sein. Er musste Drogen gemeint haben.

»Geh du schon voraus«, sagte sie. Er nickte und beugte sich vor, um sie auf die Stirn zu küssen.

»Was machst du da?«, fragte er und zeigte auf ihr Handy.

»Nichts. Nur Instagram.«

Er zuckte die Achseln, zwinkerte ihr zu und ging mit einem seiner Freunde weg.

Sie wartete, bis er verschwunden war, bevor sie ihr Handy erneut entsperrte, sich auf der Sitzbank zurücklehnte und auf die Google-Suchergebnisse für Rinaldo Damiani schaute. Soweit sie das sagen konnte, war er nicht in den sozialen Medien unterwegs (bei LinkedIn wurde er als Student der University of Chicago geführt, was angesichts des Lehrbuchs einleuchtete), aber die Bewertungen auf einer Seite namens *ratemyprofessor.com* erregten ihre Aufmerksamkeit.

Rinaldo – Aldo – hatte jämmerlich schlechte Ergebnisse. Seine Gesamtbewertung war 1,4 von fünf. Nur 7 % der Bewertenden gaben an: »Würde ich wieder belegen«, und der Schwierigkeitsgrad lag bei 4,8. Seine Tags waren eine Katastrophe: »Macht euch auf was gefasst«, »knallhart bei den Noten«, »Unterricht völlig unverständlich«, »unglaublich unsympathisch«.

Die Rezensionen waren sogar noch hasserfüllter: »Damiani ist ein Arsch«, geißelte ein Student, der beschrieb, wie unflätig Aldo seine Bitte um Verlängerung abgewiesen hatte.

»Mit JEDEM, WIRKLICH JEDEM ANDEREN LEHRER seid ihr besser dran«, lautete ein anderer Kommentar.

In einer ansatzweise schmeichelhaften Rezension stand: »Damiani ist wirklich verflucht schlau und wahrscheinlich ein Irrer. Die gute Nachricht: Er vergibt Noten streng nach der von der Fakultät vorgeschriebenen Kurve, also wird, statistisch gesehen, irgendeiner wie durch ein Wunder mit einer 1 abschließen.«

Die beste Rezension, bei der er drei Sterne bekommen hatte, lautete: »Damiani mag Argumentationen oder scheint sie zumindest auf eine ADHS-mäßige Weise zu respektieren. Selbst wenn deine Meinung Bullshit ist, wird er dich mehr schätzen, wenn sie hinlänglich durchdacht ist.«

Regan nippte an ihrem Drink, geflasht. Sie hatte nicht vermutet, dass Aldo Lehrer war, auch wenn ziemlich offensichtlich wurde, dass er nicht sehr gut im Unterrichten war. Seltsamerweise hatte sie, wenn auch irgendwie widerwillig, Respekt für ihn. Man musste schon mit einer quälenden Ambivalenz oder einer seligen Ignoranz ausgestattet sein (oder mit beidem), um dermaßen den Bezug zu seinen Studierenden verloren zu haben, und so oder so erregte es ihre Bewunderung. Sie fand es interessant, was sicher das höchste Lob war, das sie für jemanden übrighatte.

Schließlich gab es im Internet kein Material mehr über ihn, und sie verspürte Erleichterung, dass Aldo keinen Twitteraccount besaß, aber auch Enttäuschung, weil sie nichts richtig Gutes ausgegraben hatte. Dabei war sie sich gar nicht sicher, was sie in Wahrheit erwartet hatte. Sie fand die ganze Sache nur sehr seltsam, und er war ihr nicht mehr aus dem Kopf gegangen, wo er sich wie ein Dorn festgesetzt hatte. Wie etwas, das auf ihrer Zungenspitze tanzte oder sich am äußersten Rand ihrer Körperperipherie bewegte. Beinahe erwartete sie, ihn in jedem Raum anzutreffen, den sie betrat, oder ihn auf jeder Treppe nur wenige Stufen hinter sich wahrzunehmen. Immer wieder nahm sie ihn sich in Gedanken vor, analysierte die Facetten, die sie vor Augen hatte, und fragte sich, was sie wohl übersehen hatte.

Wenn sie ihn je wiedersehen sollte, dachte sie, müsste sie ihm ein paar Fragen stellen. Im Geiste begann sie eine Liste zusammenzustellen, obgleich sie nicht wirklich weiter kam als: Wer bist du?, und, vielleicht weniger schmeichelhaft: *Was* bist du?

Ihrer Erfahrung nach war Neugier auf einen Menschen niemals ein gutes Zeichen. Neugier war unsäglich viel schlimmer und als Abhängigkeit viel gefährlicher als sexuelle Anziehung. Denn für gewöhnlich bedeutete Neugier, dass etwas Hochentzündliches entfacht wurde, und darauf war Regan bei dieser Sache gar nicht aus. Sicher dachte sie von Zeit zu Zeit darüber nach, Marc zu verlassen (Marcs wichtigster Geschäftspartner war immer nur den Einen-Augenaufschlag-zu-langen-Blick davon entfernt, ein schäbiges Date vorzuschlagen), aber ganz sicher nicht für etwas Ernstes. Nicht für etwas Längeres. Nachdem Regan in Beziehungen gewesen war, die gescheitert (und gescheitert und gescheitert und gescheitert) waren, hatte sie die Suche nach etwas Dauerhaftem aufgegeben. Marc würde sie nur verlassen, um frei zu sein, aber die Freiheit und die Neugier auf einen Mann gehen normalerweise nicht Hand in Hand.

Trotzdem war er faszinierend.

»Regan«, sagte Marc, der zurückgekehrt war, woraufhin sie die dargebotene Hand nahm. Wahrscheinlich würden sie sich auf der Tanzfläche ein wenig antörnen, lange ausgehen und irgendwann am Nachmittag aufwachen. Das war ein Leben ohne Erwartungen, was die sicherste Form zu leben war. Regan fühlte sich immer sehr geborgen in den Händen eines Mannes, der sich keine Illusionen über sie machte, denn was auch immer geschah, er ließ sich nicht von einem möglichen Rückfall in ihre alten Fehler beeinflussen.

Regan hatte den Verdacht, dass Marc sie *gern* ein wenig kaputt sah; es gefiel ihm, seiner Sorge um ihre Gesundheit Ausdruck zu verleihen, denn wenn er sich um sie kümmerte, war sie ihm dankbar, und das sicherte ihm ihren Verbleib in seiner Trophäensammlung. Sie sah sich und Marc nicht im Schaukelstuhl sitzen, wenn sie alt und grau wären, nein – aber sie sah sie beide *sehr wohl* mit über vierzig in harmlose Affären mit anderen Leuten verwickelt, durch die Bestechung einer Kellnerin, damit sie nach der Yogastunde mit ihnen nach Hause käme, wäre Regan fit und Marc dank seines Geldes weiter eine gute Partie geblieben.

Es war nicht *keine* Liebe. Nicht so, dass sie ihn *nicht* liebte, und er war genau auf die Art in sie verliebt, die sie mochte: keine stürmischen Liebeserklärungen, keine unangebrachten Podeste und keine Versprechungen als die, die er zu halten beabsichtigte. Er war die perfekte Ergänzung zu ihr – was so schwierig zu finden war wie das passende Gegenstück –, weshalb, Neugier hin oder her, Regan nicht die Absicht hatte, noch einmal mit Aldo Damiani zu sprechen.

DIE ERZÄHLERIN, CHARLOTTE REGAN: Doch wenn er mich zuerst anspricht, wäre es wohl unhöflich, nicht zu antworten.

Zweiter Teil

Die
Gespräche

A ldo hielt nicht nach Charlotte Regan Ausschau, so war es nicht. Zwar schenkte er der Ungenauigkeit von Statistik (wahrlich die Hochstaplerin der Mathematik) nicht viel Beachtung, aber mit an Sicherheit grenzender Wahrscheinlichkeit war es nicht unvorstellbar, dass sich ihre Wege ein zweites Mal kreuzen würden. Sie hatten es schon geschafft, dass ihre Leben sich zumindest an einem Ort überschnitten: im Kunstmuseum.

Also war das jetzt wirklich reiner Zufall.

»Regan«, sagte er, und sie sah ihn an wie eine Fremde: erst überrascht und dann kurz mit einem Gefühl der Desorientierung. Sie hatte gerade eine Führung beendet und blickte auf ihre Armbanduhr, bevor sie auf ihn zukam.

»Aldo«, sagte sie und dann: »Richtig?«

Er nahm an, dass sie Letzteres in ihrem eigenen Interesse hinzugefügt hatte, nicht in seinem.

»Ja«, erwiderte er und ließ sie gewähren. »Wie war die Führung?«

»Ach, weißt du.« Sie machte eine abwinkende Geste. »Schätzungsweise sind bei so ziemlich jeder Tour ungefähr die Hälfte der Besucher gegen ihren Willen da, daher geht es in erster Linie darum, vor dem begeistertsten Publikum zu spielen.«

»Macht Sinn.« Unterrichten war eine ähnliche Erfahrung.

»Ja.« Sie strich sich die Haare hinters Ohr, eine eher girliemäßige Bewegung. Und sie hatte etwas sehr Rehhaftes an sich: große Augen, eine schmale Stupsnase in einem herzförmigen Gesicht, und die Form ihres Mundes drückte eine bebende Verletzlichkeit aus. Ihr Blickkontakt hingegen war der von Falkenaugen und sehr streng. Da sie beinahe so groß war wie er, konnte man ihn keinesfalls verfehlen.

»Wie läuft deine Suche nach der Zeitreise?«, fragte sie, und er zuckte die Achseln.

»Kommt drauf an, von welcher Seite man es betrachtet.«

»Schlecht, nehme ich an, da du immer noch hier bist.«

»Wer sagt denn, dass ich durch die Zeit reisen will, wenn ich das Problem gelöst habe?«

Regan lachte kurz auf. »Stimmt, dann müsstest du ein neues Hobby anfangen. Krebs heilen«, schlug sie vor. »Stricken. Häkeln.«

»Vielleicht die beiden letzten, aber ich kann sicher nicht Krebs heilen«, erwiderte Aldo. »Darüber weiß ich gar nichts. Das ist eine mutative Zelldegeneration, und die kann man nicht mit Mathe vorhersagen.«

»Also, dann sind wir wohl aufgeschmissen«, sagte sie.

»Irgendetwas muss uns umbringen«, stimmt er ihr zu. »Wir leben sowieso schon weit über unsere produktivsten Jahre hinaus. Ab einem gewissen Punkt verschwenden wir nur Ressourcen.«

»Das ist …« Sie unterdrückte ein Lächeln oder eine Grimasse. »Trostlos.«

War es das? Wahrscheinlich. »Vermutlich.«

Regan warf einen Blick über die Schulter und sah dann wieder zu ihm. »Ehrlich gesagt, habe ich über diese eine Sache nachgedacht, die du gesagt hast.«

»Welche Sache?«

»Dass in der Natur keine perfekten Kreise vorkommen.« Sie hielt inne, dann fuhr sie fort. »Irgendwie habe ich das Gefühl, das kann nicht wahr sein.«

»Ist dir ein perfekter Kreis eingefallen?«

»Nun, genau das ist der Punkt«, sagte sie und legte ihre Stirn in Falten. »Mir ist keiner eingefallen. Planeten sind nicht kreisförmig und ihre Umlaufbahnen ebenfalls nicht.« Sie neigte den Kopf zur Seite und überlegte. »Augen vielleicht?«

»Kugelförmige Körper sind anders als Kreise. Und auch Augen sind nicht vollkommen kugelförmig. Außerdem sind die Facettenaugen der Insekten hexagonal angeordnet, was meinen Standpunkt untermauert.«

»Blasen«, schlug sie vor.

»Kugelförmig, und in Gruppen werden sie hexagonal«, sagte Aldo, während sie stirnrunzelnd den Blick senkte. »Um ehrlich zu sein, habe auch ich über etwas nachgedacht, was du gesagt hast.«

Sie sah auf. »Wirklich?«

»Also, du hast erzählt, dass du verhaftet wurdest.«

»Oh.« Sie schien nicht übermäßig erfreut, dass er das in Erinnerung behalten hatte, obwohl er sich ziemlich sicher war, dass sie das gewusst haben musste. Vielleicht gehörte sie zu den Menschen, die es ärgerte, wenn sie recht behielten; das konnte er verstehen.

»Also, ich will nur ... ich muss nur irgendwie wissen, wie du das angestellt hast«, räumte Aldo ein, und sie warf ihm einen Blick zu, der besagte, er solle mal besser einen triftigen Grund anführen. »Fälschung ist ... nun, damit kommt man nicht so leicht davon, oder? Es kann nicht sehr lange gedauert haben, bis sie dich geschnappt hatten, wenn man bedenkt, dass große Geldscheine ständig überall überprüft werden. Du könntest kleine Scheine benutzen, aber mathematisch betrachtet, damit sich der Aufwand lohnt ...«

»Ich habe keine amerikanischen Geldscheine gefälscht«, unterbrach sie ihn. »In digitaler Kunst bin ich ziemlich gut«, erklärte sie, »oder ich war es, zu einem gewissen Zeitpunkt. Ich habe ausländische Geldscheine entworfen und sie in Wechselbüros in amerikanische Währung getauscht.«

»Das«, sagte Aldo, »ist …« Er zögerte. »Sehr schlau.«

»Im Grunde nicht. Eine Jugendsünde.«

Sie sah nicht besonders zerknirscht aus.

»Könntest du etwas für mich tun?«, fragte Aldo, und Regan sah ihn erstaunt an.

»Kommt drauf an«, erwiderte sie.

»Einen kleinen Gefallen, wahrscheinlich«, sagte Aldo.

»Und diesen ›kleinen Gefallen‹ kann nur ich dir tun?«

»Ja.«

Sie musterte ihn argwöhnisch. »Werd bloß nicht ordinär. Ist es ordinär?«

»Nein, es ist nicht ordinär. Hältst du mich etwa dafür?«

»*Bist* du ordinär?«

»Nein. Zumindest glaube ich das nicht. Ich hätte nur …« Das Gespräch war dabei, ihm zu entgleiten. »Sieh mal, ich hätte nur gern, dass du mich anlügst.«

Ihr Blick war verständnislos. Dann finster.

Schließlich seufzte sie.

»Was hat das überhaupt zu *bedeuten*, Aldo?«

(Beim ersten Mal hatte sie vorgetäuscht, mit seinem Namen nicht vertraut zu sein. Dieses Mal jedoch konnte er hören, dass er ihr schon zuvor durch den Kopf gegangen war.)

»Du bist offensichtlich eine sehr gute Lügnerin«, sagte Aldo, woraufhin Regan anscheinend ein Lachen unterdrücken musste. »Wissenschaft erfordert eine Kontrollgruppe. Eine *bekannte* Lüge«, erläuterte er, »um sie mit möglichen Lügen zu vergleichen.«

»Und warum solltest du eine Kontrollgruppe brauchen?«

Lag für ihn offen auf der Hand. »Weil ich wissen will, wann du mich anlügst.«

Sie öffnete den Mund, schloss ihn dann aber wieder.

»Wenn ich eine *Lügnerin* wäre«, sagte sie, »wären meine Lügen dann nicht eine extrem wertvolle Währung für mich?«

»Wahrscheinlich ja«, antwortete er. »Obwohl ich ja schon weiß, dass du keine moralischen Einwände gegen Fälschungen hast.«

Kurz riss sie die Rehaugen auf und kniff sie wieder zusammen.

Anschließend, nachdem sie etwas für sich entschieden hatte, warf sie einen Blick auf ihre Armbanduhr.

»Hungrig?«, fragte sie, als sie aufsah.

»Nicht besonders«, erwiderte er, da es jetzt nicht Essenszeit war. »Normalerweise esse ich, nachdem ich im Fitnessstudio war, daher …«

»Aldo.« Sie trat näher. »Ich frage dich, ob du mit mir irgendwohin gehen willst. Du weißt schon«, fügte sie hinzu, »um zu reden.«

Einen Moment lang betrachtete er ihr Gesicht, prüfte ihren Blickkontakt, ob ihre Pupillen erweitert waren.

»Du lügst«, riet er, und ihr Mund zuckte.

»Tu ich das?«, fragte sie.

»Ich denke schon«, erwiderte er und fuhr nach weiterer Überlegung fort: »Mach das noch mal.« Er hatte noch nicht genügend Beweise, davon musste er erst noch mehr sammeln.

»Aldo.« Sie seufzte. »So läuft das nicht. Aber du kannst mitkommen, während ich etwas esse«, schlug sie vor, »und wer weiß, vielleicht lüge ich dich wieder an.« Sie schien sich vollkommen bewusst zu sein, dass ihr Angebot seinen Wünschen entsprach; sie kam ihm wie ein Mensch vor, der eine sehr klare Vorstellung davon hatte, was andere sich erhofften. »Vielleicht auch nicht«, setzte sie hinzu und unterfütterte damit seine Theorie.

»Aber so oder so«, schloss sie. »Ich gehe jetzt.«

Er überlegte. Zwar konnte er Unterbrechungen seines Zeitplans nicht ausstehen, aber es war auch nicht so, dass er irgendwo anders sein müsste.

»Was willst du essen?«, fragte er.

»Thailändisch«, antwortete sie zu schnell.

Er zog die Stirn kraus.

»Das war eine Lüge«, mutmaßte er.

»Hm, ich frage mich, ob wir damit nicht bald durch sind«, sinnierte Regan und wandte sich ab. »Ich hol nur schnell meine Tasche«, rief sie über die Schulter und verwurzelte ihn mit einem Blick an Ort und Stelle. »Geh nicht weg.«

»Mach ich nicht«, erwiderte er und konnte sich keinen Grund denken, warum er sich entfernen sollte. Eine neue Knobelaufgabe versprach halbwegs Spannung, also sah er zu, wie sie mit einer Einhundertzwanzig-Grad-Drehung in einen Flur einbog. Ihre Schritte waren überlegt und gemächlich, als hätte sie einen von Ambivalenz geprägten Weg ausgearbeitet, dem sie jetzt haarklein folgte.

In seinem Kopf schob er diese Beobachtung in eine neue Datei, eine, die er geöffnet hatte, ohne es zu merken.

REGAN hieß sie, und in dem Unterabschnitt mit Titel *LÜGEN* speicherte er das Geräusch ihrer Schritte ab, während sie von ihm fortging.

———

Regan ging mit Aldo in eine Hotelbar auf der gegenüberliegenden Straßenseite und nahm hinten in einer Ecke Platz. Es war gerade mal fünf, noch früh also, und ein Klavierspieler arrangierte seine Sachen, ansonsten gab es keine andere Geräuschquelle. Sie bestellte einen Salade niçoise und ein Glas Wein, dann lehnte sie sich zurück und beobachtete, wie Aldo um ein Glas Wasser bat.

»Du willst mir nur beim Essen zusehen?«, fragte sie amüsiert. Nicht, dass sie zurzeit viel aß, die Tabletten hatten ihren Appetit gekillt. Im ersten Monat mit diesem speziellen Medikamentencocktail war sie so krank geworden, dass sie mühelos mehrere Kilo verloren hatte, und allmählich war ihr der nagende Hunger lieber gewesen als das eklige Gefühl, im Inneren zu verrotten.

»Stört dich das?«, fragte er.

»Nein«, antwortete sie achselzuckend und nippte an ihrem Weinglas. »Okay, also. Was ist deine Story?«

Nervös setzte er sich zurecht, ganz offensichtlich bereitete die Frage ihm Unbehagen. Auch schien er äußerst desinteressiert daran zu sein, über sich selbst zu sprechen, was mit der Grund für ihren Vorstoß gewesen war. Sie hatte genügend Zeit damit verbracht, die Dinge genauestens zu betrachten, um zu wissen, wann sie diejenige unter klinischer Beobachtung war.

»Ich mache meinen Doktor in theoretischer Mathematik«, sagte er.

Das wusste sie schon, auch wenn sie ihn nicht daran erinnern würde.

»Ich komme aus Kalifornien. Einzelkind.« Er trank einen Schluck Wasser. »Keine Festnahmen wegen größerer Delikte.«

»Wegen *größerer* Delikte?«, wiederholte sie und zog eine Augenbraue hoch.

»Keine Festnahmen«, verbesserte er schnell, und sie lachte spöttisch.

»Nun, zweifellos gibt's *da* eine Geschichte«, bemerkte sie und klopfte mit den Fingern gegen ihr Glas. »Steht da was in deiner Jugendakte?«

»In der Vergangenheit hatte ich Probleme. ›Verbotene Substanzen‹, glaube ich, heißt das.« Sie verkniff sich einen überraschten Blick, und er nahm noch einen Schluck Wasser. »Jetzt geht's mir gut.«

»Entziehungskur?«, fragte sie und fand den Gedanken leicht amüsant. Er war nicht gerade Kurt Cobain.

Kopfschütteln. »Mein Dad hat mich gebeten aufzuhören.«

Sie wartete, doch er sagte nicht mehr. »Das ... war's?«, fragte sie, alles andere als beeindruckt. »Du hattest ein Drogenproblem, dein Dad sagte: ›Hey, hör auf damit‹, und dann hast du es einfach ... gelassen?«

»Also, ja.« Er trommelte mit den Fingern auf dem Tisch. »Ich, ach.« Für einen kurzen Augenblick löste sich sein Blick von ihrem, dann sah er sie wieder an. »Also, ich hatte eine Überdosis. Mein Dad war bestürzt.«

Aus seinem Mund klang das nach den unzweideutigen Fakten, mit denen er jedes Thema anging. Es wurde eigentlich kaum wahrgenommen, bevor es in die kleine Datensammlung überging, die Regan nun über ihn besaß. Sie überlegte, ob sie ihm sagen sollte, dass sie mit dem Konzept der Medikation (oder in seinem Fall Selbstmedikation) vertraut war, doch der Ton, in dem er den Vorfall lässig herunterspielte, fühlte sich ausgesprochen distanziert an, als nähme er auf eine amputierte Gliedmaße Bezug.

»Soweit ich das beurteilen kann, mögen die Leute es nicht so furchtbar gern, wenn ihre Kinder beinahe sterben«, kommentierte Regan, um nicht die traurige Düsterheit dieses Ereignisses in den Mittelpunkt zu rücken, und als Erwiderung zuckten Aldos Lippen, ein Strahlen nahe den Mundwinkeln.

»Als ich aufwachte, saß er neben meinem Bett«, erzählte Aldo. »Und meinte nur: ›Nie wieder, okay?‹, und ich dachte, ... yeah, sicher, okay.« Er zuckte die Achseln, hob das Wasserglas an die

Lippen und schob das Gefühl weit von sich. »Also habe ich aufgehört.«

»Das ist«, hob Regan an und schüttelte den Kopf, »*hochgradig* unwahrscheinlich.« Zwar hatte sie nicht viel Erfahrung mit Drogensucht, aber ihr Verständnis der Welt legte nahe, dass seine Story unvollständig war. Es war nicht so, als ob die Leute im Normalfall mit der perfekten Resilienz aufwuchsen oder man Abhängigkeit vertreiben könnte, ohne dass sie Spuren hinterließe.

Aber das Thema interessierte ihn nicht länger, so viel konnte sie sagen. Genau genommen hatte sein Blick sich nicht bewegt, aber die funkelnde Aufmerksamkeit war aus seinen Augen verschwunden.

»Bist du wieder bei der Zeitreise?«, fragte sie, und er blinzelte und fasste sich wieder.

»Nein, tatsächlich nicht«, sagte er, und darin schwang mit, dass die Antwort sonst Ja lautete. »Ich habe noch mal über dein Fälschungskomplott nachgedacht.«

»Das war kein Komplott.« Es war definitiv ein Komplott.

»Hast du Geld gebraucht?«

»Nein«, antwortete sie. »Ich wollte nur …« Sie verstummte und erwog, was sie sagen könnte. »Das war nicht lange nach dem College«, entschied sie sich zu sagen. »Mein damaliger Freund war Künstler, und es war hauptsächlich seine Idee.«

Aldo hielt mit dem Wasserglas auf halbem Weg zwischen seinem Mund und dem Tisch inne.

»Lüge«, sagte er.

Sie überraschte sich dabei, wie sie mitten im Atemzug stockte, und griff lang ausatmend nach ihrem Weinglas.

»Du glaubst mir nicht?«, fragte sie in neutralem Ton.

»Natürlich glaube ich dir nicht. Wetten, dass du in deinem ganzen Leben noch nicht mit den Ideen eines anderen mitgezogen hast?« Aldos Glas nahm erneut seinen Weg zu seinem Mund auf. »Ich denke, das war deine Idee«, sagte er nach einem nachdenklichen Schluck, »aber ich kann mir nicht erklären, warum du das getan hast.« Wieder musterte er sie, und die Wirkung war höchst asexuell und zweifellos unromantisch. »Du siehst nach viel Geld aus.«

»Glaubst du wirklich, dass die Menschen nur aus der Notwendigkeit heraus handeln?«, wollte sie wissen, obwohl sie genau diesen Zug bei ihm vermutete, sobald sie die Worte ausgesprochen hatte. Er hatte eine Gewohnheit loswerden müssen, also hatte er es getan. Tatsächlich schien er die Welt durch eine Linse der Notwendigkeit zu betrachten, als wäre alles nur ein Reflex.

»Wahrscheinlich hast du schon etwas gebraucht«, versicherte er ihr. »Ich bin nur ziemlich sicher, dass es kein Geld war.«

Der Kellner brachte ihren Salat, der Zeitpunkt passte vorzüglich. Sie breitete die Serviette auf ihrem Schoß aus und spießte vorsichtig ein Stück Ei und eine Olive mit ihrer Gabel auf. Dann legte sie sich beides in den Mund und kaute gedankenvoll.

»Erzähl mir noch mehr über deinen Vater«, bat sie ihn einen Moment später.

»Er ist Koch. Er besitzt ein Restaurant.«

»Oh?« Sie nahm noch einen Bissen. »Kannst du kochen?«

»Ja.«

»Wow.« Sie legte die Gabel beiseite und sah ihn an. »Kochst du gern?«

»Eigentlich nicht.«

»Also, das macht Sinn«, erwiderte sie. »Ich glaube nicht, dass wir wirklich fähig sind, die Dinge zu lieben, die unsere Eltern lieben. Mich wundern immer diese Vater-Sohn-Sportler, weißt du?« Sie griff wieder nach der Gabel. »Wenn Michael Jordan mein Vater wäre, würde ich im Leben keinen Basketball in die Hand nehmen.«

»Du bist aus Chicago«, bemerkte Aldo laut, und sie verdrehte die Augen.

»Das ist ja wie bei einem Vorstellungsgespräch. Kannst du bitte damit aufhören?« Sie seufzte. »Ich komme mir schon vor wie ein Affe im Zoo.«

»Ich geh gern in den Zoo«, sagte Aldo.

»Alle lieben den Zoo. Darum geht es nicht.«

»Ich bin ziemlich sicher, da liegst du falsch«, sagte er.

»Womit?«

»Die Leute haben Bedenken gegen den Zoo.«

»Die Leute haben gegen alles Bedenken«, versicherte sie ihm und nahm noch einen Bissen von ihrem Salat. »Die Sache ist die, du beobachtest mich zu genau.«

Kurz blickte er sie an, dann lächelte er leicht.

»Wahr«, urteilte er.

Sie funkelte ihn an, nur um es auszuprobieren, und sein Lächeln wurde breiter.

»In Ordnung. Woher kommst du?«, fragte er, und sie seufzte.

»Von hier«, räumte sie ein und erntete einen selbstgefälligen Seitenblick. »Also Naperville. Mein Dad ist in der Finanzbranche.«

»Und du bist eine Diebin?«, hakte er, immer noch lächelnd, nach.

»Ich wollte Künstlerin sein«, sagte sie, und dann berichtigte sie sich selbst. »Ich versuchte, Künstlerin zu sein.« Sie stocherte mit der Gabel in einer Olive, um sie von einem grünen Salatblatt zu trennen. »Aber ja.« Sie lehnte sich zurück, ließ das Essen sein und richtete ihre Aufmerksamkeit wieder auf Aldo. »Ich war früher eine Diebin.«

»Passt zu dir«, sagte er.

Aus irgendeinem Grund wollte sie ihm gern glauben.

»Also«, sagte sie nach einer Pause. »Hast du die Lügen bekommen, die du wolltest?«

»Ich glaube nicht«, sagte er. Sein Wasserglas war leer, und er klopfte mit den Fingern leicht gegen die Seite. »Ich denke, du hast mir mehr oder weniger die Wahrheit erzählt. Bis auf dass der Raub nicht deine Idee war.«

»Es war kein Raub«, entgegnete sie.

»Im Prinzip war es ein Raub«, sagte er, »und zweifellos warst du es, die sich das ausgedacht hat. Ich will nur wissen, warum.«

Sie nahm ihr Weinglas in die Hand und schwenkte es einmal zackig hin und her. »Vielleicht bin ich sehr eitel«, schlug sie vor, »oder schlauer, als es gut für mich ist. Zu sehr bemüht, meinen Eltern Kummer zu bereiten.«

»Das alles«, sagte Aldo, »klingt nach Lügen. Oder es ist die Wahrheit von jemand anderem.«

Das stimmte. Es war insbesondere die Wahrheit ihrer Mutter.

»Du hast gesagt, du wolltest Künstlerin werden«, fing er an.

Sie wartete darauf, dass diese Aussage sich in eine Frage wandelte, aber nichts dergleichen. »Ja, und …?«

»Also, was ist dein … du weißt schon. Dein Medium? Abgesehen von Verbrechen?«

Sein Lächeln verzog sich leicht.

Sie machte den Mund auf und schloss ihn dann wieder.

»Genau genommen habe ich nur Kunst studiert«, sagte sie. »Ich habe einen Abschluss in Kunstgeschichte.«

»Hast du ein Lieblingsbild?«

Sie trank noch einen Schluck Wein. »Nein, eigentlich nicht. Ich mag bestimmte Stilrichtungen«, sagte sie. »Bestimmte Themen. Aber ein einzelnes Lieblingskunstwerk zu haben, ist irgendwie pubertär.«

»Du lügst«, sagte er, und sie sah ihn kühl an.

»Du scheinst sehr wenig von mir zu halten«, bemerkte sie, und er schüttelte den Kopf.

»An einer Lüge ist nichts auszusetzen, denke ich.«

»Solange man nicht um des Lügens willen lügt?«, mutmaßte sie unbeeindruckt.

»Nein.« Erneutes Kopfschütteln. »Ich denke, es ist unrealistisch, immer nur die Wahrheit zu erwarten. Ich will einfach nur die Gleichung lösen, verstehst du?« Er zuckte die Achseln.

»Warum du wohl lügst.«

»Du willst mich austüfteln wie eine Matheaufgabe«, erwiderte sie gelangweilt. »Wie schmeichelhaft.«

»Wenn das hilft: Nicht viele Menschen sind furchtbar schwierig zu durchschauen. Vergleichsweise.«

»Fällt mir schwer, das zu glauben.«

»Die meisten Menschen sind eine spezifische Menge von Variablen. Etwa Ziele, Motivationen, Fehler, unterschiedlich ausgeprägte psychologische Traumata ...«

»Nein«, korrigierte sie, »ich meinte, es fällt mir schwer zu glauben, dass ich irgendwie komplex sein soll.«

Einen Moment lang blieb er stumm und legte den Kopf schräg.

»Das meinst du nicht wirklich, oder?«, fragte er.

»Straftaten machen einen nicht zu einer komplexen Persönlichkeit«, stellte sie heraus. »Jeder hat eine Geschichte.«

»Sicher«, erwiderte er, »aber das ist nicht das Interessante daran.«

Er lehnte sich vor und setzte sich zurecht, um sich mit dem Schlimmstmöglichen abzufinden: Neugier, die, wie Regan erneut begriff, irgendwann, als sie nicht darauf geachtet hatte, gegenseitig geworden sein musste.

»Warum«, begann Aldo langsam, »hast du einen Raub ausgeheckt?«

Sie starrte ihn an. Die Situation war ihr sichtlich entglitten.

»Ich habe einen Freund«, beschloss sie zu verkünden.

»Beantwortet nicht meine Frage«, entgegnete er.

Sie schien etwas sagen zu wollen, ließ es aber bleiben.

»Noch einen Wunsch?«, fragte der Kellner, was sie zusammenfahren ließ.

»Nur die Rechnung, bitte«, erwiderte sie schnell.

Als der Kellner schließlich wieder fort war, hatte Aldo eine Hand an den Mund gelegt und beobachtete sie von seinem Platz ihr gegenüber aus. Seine andere Hand lag auf dem Tisch, sein Unterarm verkrampfte sich, während die Finger in stummer Nervosität auf der Platte trommelten.

»Also«, sagte Regan, »wenn ich diese Frage beantworte, lässt du mich in Ruhe, richtig?«

Aldos Mundwinkel zuckten. »Wahrscheinlich nicht«, erwiderte er. Er klopfte wieder mit den Fingern auf den Tisch. »Soll ich dich in Ruhe lassen?«

»Ich habe dich zuerst gefragt«, konterte sie, obwohl das nicht stimmte, und er schwieg unentschlossen.

»Ich dachte, vielleicht könnten wir Freunde sein«, sagte er dann. »Oder, wenn das zu anstrengend klingt, dann könnten wir noch fünf weitere Gespräche führen.«

Vielleicht wäre sie auf den Vorschlag, Freunde zu sein, eingegangen, wenn auch nur aus reiner Höflichkeit, aber das nachfolgende Angebot war so seltsam, dass sie es hinterfragen musste.

»Fünf?«, wiederholte sie. »Das ist sehr spezifisch.«

»Ja.«

»Warum fünf?«

»Scheint mir eine vernünftige Anzahl zu sein.«

»Soll das etwa irgendeine mathematische Bedeutung haben?«

»Prinzipiell bestünde der mathematische Faktor wohl darin, die Summe deiner Teile zu errechnen.«

»Was du glaubst, in insgesamt sechs Gesprächen erledigen zu können«, fragte sie und blinzelte dann, weil ihr aufgegangen war, was sie gerade gesagt hatte. »Aha«, murmelte sie und schüttelte verwundert den Kopf. »Bienen.«

Sein Mund war total schief, wenn er sich freute; eine Seite schnellte beifällig nach oben, während die andere sich bemühte, an Ort und Stelle zu bleiben. »Du kannst natürlich ablehnen.«

»Du weißt aber, dass ich das nicht tun werde.« Sie trank den letzten Schluck von ihrem Wein. »War das nur eine Vermutung von dir?«

»O ja«, antwortete er. »Aber klar doch!«

»Hier ist Ihre Rechnung«, sagte der Kellner, der erneut neben Regan auftauchte, und sie bedeutete ihm zu warten, und holte dann ihre Kreditkarte hervor, bevor sie ihn wieder fortschickte.

»In Ordnung. Sechs Gespräche insgesamt«, stimmte sie langsam zu, während sie ihre Aufmerksamkeit zurück zu Aldo lenkte, »aber du musst mir jedes Mal erzählen, was du über mich gelernt hast.«

»Fair«, sagte er. »Machst du das auch?«

Sie zuckte die Achseln. »Wenn du willst.«

»Was hast du heute gelernt?«

»Dass du nicht viele Freunde hast.«

Sein Lächeln wurde breiter.

»Und du?«, fragte sie. »Was hast du über mich gelernt?«

»Du bist dermaßen gelangweilt, dass du sogar in sechs bedeutungslose Gespräche mit einem Fremden einwilligst«, antwortete er.

Sie lächelte ihn an.

Er erwiderte das Lächeln.

»Vielen Dank«, verkündete der Kellner, als er Regan ihre Kreditkarte zurückgab, und sie blickte auf die Rechnung.

»Wie viel Trinkgeld?«, wollte sie von Aldo wissen, vielleicht, um ihn auf die Probe zu stellen. »Da du ja so 'ne Art Mathegenie bist.«

»Ich gebe immer zu viel Trinkgeld«, sagte er. »Mein Vater hat ein Restaurant«, erinnerte er sie noch.

Sie sah zu ihm auf und dachte darüber nach.

»Nächstes Mal«, sagte sie, »isst entweder keiner von uns oder alle beide.«

»Ist notiert«, sagte er. »Und wenn du das Doppelte der Steuer gibst, reicht das wahrscheinlich.«

Sie folgte seinem Vorschlag und stand auf.

»Bis zum nächsten Mal«, sagte sie entgegenkommend, und er akzeptierte mit einem Nicken.

»Bis zum nächsten Mal«, willigte er ein, und dann ging sie durch die Tür und rückte ihre Ohrringe zurecht, bevor sie in der gekrümmten Hand ein Lächeln verbarg.

———

»Ich habe mich gefragt, wann du wohl wieder auftauchen würdest«, sagte Regan.

Sie hatte die Haare ordentlich hinter ein Ohr gestrichen und wandte sich in seine Richtung, während er auf sie zukam. Das war ihre Art, dachte Aldo, ihre Art, ihn in die Geografie des Gesprächs zu bitten. Er fragte sich, wie schnell sie im Leben gelernt hatte, dass Menschen eingeladen werden wollten.

»Ich hätte dich entweder in die Schublade ›sofort‹ oder ›nie‹ gesteckt«, fuhr sie fort, »obwohl dein Timing nicht ideal ist.« Sie deutete zu dem Treffpunkt hinter ihr. »In fünf Minuten habe ich eine Impressionismus-Führung.«

»Ja, das weiß ich«, sagte Aldo und hielt die Museumsbroschüre hoch. »Ich habe mich für diese Impressionismus-Führung angemeldet.«

Sie blickte erstaunt, und gegen ihren Willen entwich ihr ein kurzes Lachen. Seinen Beobachtungen zufolge schien sie nur in unerwarteten Momenten oder überhaupt nicht zu lachen. Soweit er das sagen konnte, war bei Charlotte Regan jede Zurschaustellung von Amüsement entweder vorgespielt oder offene Meuterei, dazwischen gab es nichts.

»Nun, dann zählt das heute als eines der sechs Gespräche«, erklärte sie ihm. »Man kann sich nicht immer mehr Wünsche wünschen.«

Er schüttelte den Kopf. »Es zählt«, stimmte er zu, »*wenn* wir ein Gespräch führen. Sonst ist es nur ein Museumsbesuch von mir.«

»Das ist nichts anderes als Betrug«, erwiderte Regan. »Du verzockst das System.«

»Wenn du deine Gesellschaft als Siegerpreis ansiehst, dann ja«, sagte er. »Aber wenn das eine Hypothese ist, die noch überprüft werden muss, dann stelle ich nur die notwendigen Untersuchungen an.«

Ihre Stirn legte sich in Falten, sie sah argwöhnisch drein. Allgemein schien sie tiefes Misstrauen gegen ihn zu hegen, was ihm gut gefiel. Es kam nicht oft vor, dass er einer Eigenschaft verdächtigt wurde, die nicht binnen der ersten fünf Minuten Bekanntschaft mit ihm entweder bestätigt oder widerlegt werden konnte.

»Was machst du?«, fragte sie, und er zuckte die Achseln.

»Ich möchte sehen, wie du siehst«, antwortete er. »Wie soll ich das machen, wenn ich dich nie in deinem natürlichen Habitat beobachte?«

»Das hier ist ein Job«, erwiderte Regan, »kein Habitat.«

»Den du umsonst machst«, hob Aldo hervor, und sie öffnete den Mund.

»Verzeihung«, unterbrach jemand zu seiner Linken, »ist hier der Treffpunkt für die Impressionismus-Führung?«

89

»Ja«, antworteten Regan und Aldo einstimmig.

Mit einem Blick bedeutete Regan ihm zu schweigen.

»Ja«, bestätigte sie dem Fragenden, einem Touristen mit Bostoner Akzent, und dann drehte sie sich wieder zu Aldo und zog eine Augenbraue hoch, was ihm wohl vermitteln sollte, er möge sich benehmen. Er reagierte mit einem durchaus unschuldigen Schulterzucken.

Schließlich hatte er ihr die Wahrheit erzählt. Sie hatte etwas sehr Seltsames an sich, und um seinem Bedürfnis nach Vereinfachung eines komplexen Problems nachzukommen, hatte er sie in unterschiedliche Studienbereiche aufgeteilt. Der erste behandelte ihre Beziehung zur Kunst. Ihrer Erzählung nach war sie früher einmal sowohl Künstlerin als auch Verbrecherin gewesen, und wenn er sie jetzt nicht dabei beobachten konnte, würde er eine Möglichkeit finden müssen, das Fehlende zu verstehen.

In erster Linie wartete Aldo auf irgendeine Art von Erleuchtung. Er war zuversichtlich, dass der Moment kommen würde, in dem all die unzusammenhängenden Teile, die Charlotte Regan für ihn so unverständlich machten, eine erkennbare Form ergäben, und dann würde er den Kern des Problems begreifen.

Aldos Erfahrung nach konnte jeder Mensch an den Dingen gemessen werden, die ihm wichtig waren. Zum Beispiel sein Vater. Masso zeichnete sich durch einen Verlassenheitskomplex, einen Beschützerinstinkt, eine große Liebe zum Essen und ein ausgeprägtes Verantwortungsgefühl aus. Folglich benötigte Masso feste Gewohnheiten, emotionale Rückversicherung und eine gewisse Inschutznahme vor der Wahrheit. Da Aldo das begriffen hatte und das Verhalten seines Vaters mit zuverlässiger Genauigkeit vorhersagen konnte, war er in der Lage, sich auf anderes zu konzentrieren.

Regan jedoch blieb eine Ansammlung unbekannter Eigenschaften und schien außerdem gern ungefragt in Aldos Gedanken aufzukreuzen. Er war enttäuscht, dass ihre Impressionismus-Führung zwar sicherlich informativ, aber ansonsten nicht besonders erhellend war. Sie spielte die Rolle der Kunsthistorikerin, was eher einem Umhang glich, den sie sich um die Schultern geworfen hatte, denn einer erkennbaren Version ihrer selbst. Wie sie über Kunst sprach, erlaubte ihm keine neuen Einblicke; hin und wieder hatte Aldo den Eindruck, sie würde vielleicht eine persönliche Verbindung zu einem Künstler oder einem Werk offenlegen, doch selbst Regans begeistertste Beobachtungen reichten nicht an wahre Leidenschaft heran.

»Hey, Verzeihung«, sagte er und hob eine Hand, womit er sie erschreckte. »Ich habe eine Frage.«

»Zu Degas?«, fragte sie skeptisch und zeigte auf das Gemälde der Tänzerinnen hinter sich.

»Nein«, erwiderte er. »Zu Ihnen.«

Ihr Blick war affektiert und voller Ungeduld.

»Eine Frage dürfen Sie stellen«, gestand sie ihm zu.

»Was ist Ihr Lieblingsbild im Museum?«, fragte er.

»Sir, das hier ist die Impressionismus-Führung«, sagte sie. »Dem sollten Sie Ihre Frage schon anpassen.«

»In Ordnung«, willigte er ein. »Dann also Ihr Lieblingsbild auf dieser Führung.«

Einen Moment lang zögerte sie, gab schließlich nach und winkte die Gruppe weiter in den Ausstellungsraum hinein. »Dieses hier«, sagte sie und zeigte auf die Interpretation eines Sonnenuntergangs über einem Wasserkanal; und selbst für Aldo, der kein Kunstkenner war, suggerierten die Farben, dass das Bild bei Einbruch der Dunkelheit gemalt worden war. »Das ist *Nocturne: Blue and Gold* von James McNeill Whistler. Es gehört zu einer Serie von Bildern, die er abends malte und nach Musikstücken benannte«, erklärte Regan. »Es gilt als Vorläufer der abstrakten Malerei der Moderne.«

»Warum?«, wollte Aldo wissen und hielt sie zurück, bevor sie zum nächsten Werk übergehen konnte.

»Nun«, antwortete Regan, »weil es weder illustrativ noch narrativ als vielmehr …«

»Nein, Entschuldigung. Ich meinte, warum dieses Gemälde?«, verbesserte er sich.

»Ich sagte doch: eine Frage«, ermahnte sie ihn.

»Das ist nicht fair«, erwiderte er. »Dies hier ist nur eine Teilmenge der Ausgangsfrage.«

»Wollen Sie damit andeuten, dass meine erste Antwort nicht vollständig war?«

»Nicht besonders«, antwortete er. »Jedenfalls nicht zufriedenstellend.«

Sie unterdrückte etwas. Möglicherweise ein Lächeln oder ein Kopfschütteln.

»Sir« sagte sie streng, »das hier ist eine Führung, kein Privatgespräch.«

»Warum muss es privat sein?«, entgegnete er und machte eine ausladende Handbewegung. »Dieses Gespräch führen Sie mit uns. Öffentlich, wissen Sie. Halböffentlich«, berichtigte er sich.

»Kunst ist immer privat«, sagte sie. »Ihre erste Frage betraf die Sammlung, aber jetzt wollen Sie, dass ich etwas Persönliches preisgebe.«

»Wenn Kunst immer privat ist, dann ist das die gleiche Frage«, hielt Aldo dagegen.

»Das ist eine sehr großzügige Auslegung«, erwiderte sie.

»Die meiste Kunst ist eine sehr großzügige Auslegung.«

Damit schien sie nicht einverstanden. »Sie glauben, in der Kunst gibt es keine Präzision?«

»Im Impressionismus ganz sicher nicht«, antwortete er, was seiner Meinung nach offen auf der Hand lag.

»Nur, wenn Sie die Wirklichkeit in einem Objekt suchen«, sagte sie. »Aber wenn Sie ein Gefühl bestimmen wollen oder eine Empfindung, dann gibt es nichts, was genauer wäre als die Kunst.«

»Wo ist die Präzision in diesem Gemälde?«

»Also, das setzt voraus, dass ich es wegen seiner Präzision mag, nicht wahr?«, erwiderte sie

»Und, ist es so?«

»Auf keinen Fall«, sagte sie, und er stutzte.

»Aber was mögen Sie denn …«

»Whistler hat absichtlich keine Details gemalt«, sagte sie und schien damit zufällig aufs Glatteis geführt worden zu sein, sodass sie doch eine Antwort gab. »Viele Leute haben sich über sein Werk lustig gemacht. Sie fanden, dass es seinen Bildern an Emotionen mangelte, weil er keine Geschichte erzählte. Aber er versuchte gar nicht, etwas zu erzählen – wie Whistler selbst sagte, sollte Kunst unabhängig vom Kontext stehen. Kunst sei einfach nur Kunst«, erklärte Regan, »mit belanglosen Details. Das Jahr? Unwichtig«, beantwortete sie ihre Frage selbst. »Der Ort? Nahezu irrelevant. Was Sie vor sich sehen, ist ein einzelner Atemzug – *ein* Moment. Es ist die Schönheit der Welt in ihrem objektivsten Zustand, denn der Künstler drückt keinerlei Bedeutung aus. Er versucht weder, Sie auf etwas festzulegen, noch, Ihnen etwas beizubringen, noch weist er Ihnen einen Platz zu, er ist nur …«

Scharfes Ausatmen, dann wandte sie sich zu der langsam verblassenden Sonne hinter sich um.

»Sehen Sie sich die Farben an«, sagte sie, und ihre Stimme war jetzt weniger beharrlich, sondern mehr flehentlich. »Sehen Sie, wie düster es ist, wie einsam. Er hat seine Gemälde nach Musikstücken benannt, damit keiner der Sinne vergessen würde. Sie können die Lichter sehen«, fügte sie hinzu und deutete darauf, »der Beweis, dass er nicht allein in der Welt ist. Dieses langsame, losgelöste Verblassen passiert um ihn herum, aber es gibt nichts, das Sie, den Beobachter, mit diesem Moment verbindet. Nichts schafft eine Verknüpfung zwischen Ihnen und diesem Bild, bis auf diesen einzelnen Atemzug über dem Ärmelkanal kurz vor Sonnenuntergang. Es ist Kunst, weil es Kunst ist, die auf ihre Weise zirkulär ist«, sagte sie, und dann, als sie sich zu ihm umdrehte, blinzelte sie mit diesem angedeuteten Lächeln in den Mundwinkeln. »Ein perfekter Kreis, wenn Sie so wollen«, sagte sie, »weil es ist und war und sein wird, alles auf einmal.«

»Das ist ein Kreislauf«, sagte er, »kein Kreis.« Aber er verstand, was sie meinte.

Sie nickte einmal und beendete den Wortwechsel.

»Wie dem auch sei«, sagte sie und führte die Gruppe zu Monet, »wir gehen weiter.«

Bis zum Ende der Führung sagte Aldo nichts mehr, obwohl er wartete, bis nur noch er allein da war.

»Also«, sagte Regan, und ihr Blick wanderte zu seinem, um ihn wieder in die Sphäre ihrer Betrachtungen zu locken. »Was hast du über mich gelernt?«

»Nicht so viel, wie ich dachte«, antwortete er. »Aber doch ein bisschen mehr.«

»Erhellend«, sagte sie trocken. »Irgendwas Bestimmtes?«

»Sag du es mir«, schlug er vor, aber dann fragte er: »Was hast du über mich herausgefunden? Denn wenn die Antwort ›nichts‹ lautet, dann war es kein Gespräch«, stellte er klar. »Wenn du nichts über mich gelernt hast, zählt es nicht.«

Sie öffnete den Mund, hielt dann aber inne.

»Lass mich dich mal was fragen«, sagte sie. »Wie viele Leute waren bei dieser Führung dabei?«

Darüber dachte er nach. »Vier?«

»Fünfzehn. Ist dir das Mädchen aufgefallen, das dich angesehen hat?«

»Welches Mädchen?«

»Ganz recht«, sagte sie, »genau. Außerdem, ist dir bewusst, dass du jedes Mal, wenn wir uns sehen, die gleichen Klamotten anhast?«

Er sah an sich hinunter. »Sie sind sauber.«

»Danach habe ich nicht gefragt«, erwiderte sie rasch. »Was ist mit dem Paar, das neben dir stand?«

In Gedanken versuchte er, ein Bild der Gruppe heraufzubeschwören, aber es stellte sich nur das Unbehagen einer Menschenansammlung ein. »Was ist mit ihnen?«

»Sie haben dich bitterböse *angestarrt*.« Regan sah begeistert aus.

»Ich verstehe nicht, wieso irgendwas davon wichtig sein soll«, sagte Aldo, und zu seiner Überraschung verwandelte sich Regans Gesichtsausdruck in zügelloses Gelächter, dessen Klang zur Decke hinauftanzte und von dort mit einer unvermuteten Wärme zu seinen Ohren zurückprallte.

»Sagen wir einfach, ich habe gelernt, dass du sehr zielstrebig bist«, erklärte sie ihm kopfschüttelnd. »Du warst total darauf fixiert, diese eine Sache zu klären, welche auch immer das war«, fuhr sie fort, »und ich glaube, die Hälfte der Leute hätte dich am liebsten umgebracht.«

Das war nichts Außergewöhnliches; im Laufe der Zeit war Aldo dazu übergegangen, solche Situationen zu ignorieren. In Erwartung einer Erwiderung sah Regan ihn an, offenkundig rechnete sie mit seiner Antwort auf die gleiche Frage – sie schien extrem abhängig von wechselseitigem Austausch zu sein –, aber er wusste nicht, wie er seine Gedanken in Worte fassen sollte.

»Heraus damit«, sagte sie, und er seufzte.

»Also«, erwiderte er, »ich habe etwas gelernt. Aber ich weiß noch nicht, was es ist.«

Er hatte einen bestimmten Gesichtsausdruck kennengelernt, den sie vorher nicht aufgesetzt hatte.

»Als du über das Gemälde gesprochen hast, *Nocturne*«, erläuterte er, als sie abwartend eine Augenbraue in die Höhe zog. »Habe ich … etwas gelernt.«

Besonders beeindruckt war sie davon nicht. »Man kann wohl kaum etwas dazugelernt haben, wenn man nicht weiß, was es ist.«

»Nun, ich habe eine Beobachtung gemacht, die ich vermutlich irgendwann später einordnen kann. Vielleicht so um das vierte Gespräch herum«, mutmaßte er.

Einen Moment lang sah sie ihn an und hing einem Gedanken nach, dann streckte sie die Hand aus.

»Gib mir dein Handy«, sagte sie, woraufhin er es aus seiner Hosentasche hervorholte und in ihre Hand legte. »Kein Passwort, wirklich?«

»Nicht sehr viele Geheimnisse«, erwiderte er, während sie seine Kontakte aufrief.

»Das bezweifele ich«, murmelte sie und tippte anscheinend ihre Telefonnummer ein. »Hier«, sie reichte ihm das Handy, nachdem sie die eben eingegebene Nummer angerufen hatte. »Das hier zählt übrigens«, fügte sie hinzu und sah ihn an. Ihm war aufgefallen, dass ihr Gesichtsausdruck entwaffnender war, je weniger sie darüber nachdachte, und dieser hier war mehr Reaktion als alles andere. »Das hier war Gespräch Nummer zwei.«

»In Ordnung«, erwiderte er. Das war fair. Beide hatten sie etwas gelernt und somit die notwendigen Parameter erfüllt.

»Überraschungen mag ich nicht besonders«, erklärte sie ihm. »Deshalb möchte ich von dem nächsten Gespräch im Voraus erfahren.«

Auch das war ein nachvollziehbarer Impuls.

»Warum wählst du nicht das nächste aus?«, schlug er vor.

Sie überlegte.

»Morgen Abend«, sagte sie. »Treffen wir uns draußen? Gegen acht.«

In Gedanken stellte er seinen Zeitplan um und ordnete die üblichen Stationen des Alltags rund um einen neuen Höhepunkt.

»Ja, das schaffe ich«, erwiderte er.

Sie nickte und drehte sich um.

»Dann bis morgen«, rief sie ihm noch zu und ging wieder von ihm fort.

———

»Du hast wirklich etwas gegen überfüllte Orte, oder?«, fragte Regan Aldo, als sie beobachtete, wie er sich unbehaglich setzte. Wie üblich hatte er schwarze Jeans mit der abgetragenen Lederjacke an, was jetzt, da sie sich in einer Cocktailbar in River North befanden, besser passte als im Museum. Glücklicherweise hatte er nicht seinen Rucksack dabei, aber seine Locken waren vom Helmtragen vollkommen zerstrubbelt und zerzaust. Vermutlich war er direkt nach dem Duschen hierhergefahren.

»Ich mag keine Menschenaufläufe«, sagte er, »aber die mag ja keiner.« Bevor er die Karte in die Hand nahm, ließ er den Blick durch das Lokal schweifen. »Was trinkst du?«

Generell fungierte sie gern als Spiegel für ihr jeweiliges Gegenüber. »Keine Ahnung. Hast du eine Idee?«

Sie tippte auf Bier, vielleicht Hochprozentiges. Oder vielleicht gehörte er zu der Sorte Italiener, die ausschließlich Negroni trank.

»Die Flaschenweine sind besser als die offenen.« Er deutete auf die Weinkarte. »Hast du Lust, dass wir uns eine Flasche teilen?«

»Woran hattest du gedacht?«

Er ging die Liste durch, kurz huschte sein Blick zur Seite, als jemand an seinem Platz vorüberging, und dann rückte er näher zu Regan, was allerdings nicht recht glückte. »Der Barbera.« Er schob die Weinkarte zu ihr hinüber.

Rotwein. Interessant.

»Klingt perfekt«, sagte sie.

»Du lügst«, merkte er an. »Du magst lieber weißen?«

Das stimmte.

»Der rote geht in Ordnung«, sagte sie, und sein Mund zuckte kaum merklich.

»Wir müssen keinen …«

»Es ist in Ordnung«, wiederholte sie. »Außerdem kann ich beim Rotweintrinken vielleicht noch etwas über dich lernen.«

Vor allem aber bedeutete eine Flasche Wein, dass sie eine Weile bleiben würden. Angesichts seines momentanen Unbehagens war das eine verlässlichere Garantie als ein einzelnes Glas.

»Korrekt«, gab er nickend zu.

Sie war dankbar, dass er nicht sagte: *Er wird dir schmecken.* Den Satz hörte sie überhaupt nicht gern, denn es war immer eine unkluge Versicherung. Jedes Szenario, dem die Annahme vorausging, man könne ihren Geschmack vorhersagen, war ihr verhasst. Entweder hielt man ihre Vorlieben für dermaßen universell, dass sie mit der Masse der Leute in einen Topf geworfen werden konnte, oder man glaubte (in der Regel fälschlicherweise) ihre *spezifischen* Bedürfnisse zu verstehen, und sie wusste nicht, welches dieser Vergehen schlimmer war.

Letztlich jedoch befand sie den Wein für gut. Zwar kannte sie nicht die richtigen Worte dafür, war aber trotzdem erleichtert, dass Aldo keine anbrachte. Er trank nur einen kleinen Schluck und blickte mit dem unverändert gleichen Unbehagen über die Schulter.

Sie fragte sich, ob er es ihr verübelte, ihn hierhergebracht zu haben.

»Was macht die Erforschung der Zeitreise?«, fragte sie, und er ließ den Wein noch einen Moment auf der Zunge verweilen, bevor er antwortete.

»Das ist keine richtige Forschung«, sagte er, »sondern eher wie das Problemlösen. Nur dass ich nicht weiß, wie es geht.«

»Ich glaube, so funktioniert Wissenschaft nicht. Solltest du nicht eine Hypothese aufstellen und sie dann überprüfen?«

»Ich bin theoretischer Mathematiker«, antwortete er. »Ich stelle Hypothesen auf, und dann beweise ich sie.«

Das merkte sie sich, um es später noch mal anzubringen.

Erneut spähte er über die Schulter und dann zu ihr. Oder genauer gesagt, blickte er zu etwas, das in seinem Kopf existierte, ungefähr an der Stelle, wo sie saß, das aber nicht wirklich sie war.

»Ich hab dich verloren«, bemerkte sie.

»Ich musste nur an etwas denken«, sagte er. »Je schmerzhafter der Stich der Honigbiene ist, desto weniger effektiv erweist sich seine Wirkung. Je stärker die Biene ihren Stock beschützen muss, desto weniger Honig sammelt sie.«

Er nahm noch einen Schluck Wein, und Regan sagte: »Erzähl mir noch mehr über Bienen.«

»Du willst eigentlich nichts über Bienen wissen«, erwiderte Aldo argwöhnisch, eine Hypothese, die Regan gern widerlegte.

»Will ich nicht?«, konterte sie. »Außerdem, vielleicht sind Bienen für dich wie Kunst für mich. Vielleicht erfahre ich mehr über dich als über Bienen.«

»Interessierst du dich für mich?«

Es schien eine neutrale Frage zu sein, trotz der Wortwahl, die ihrer Erfahrung nach meist etwas anderes bedeutete. Wenn es allerdings um Aldo ging, erwiesen sich Regans frühere Erfahrungen ganz allgemein als nicht wirklich nützlich.

»Jetzt bin ich hier, oder etwa nicht?«, erinnerte sie ihn. »Normalerweise tue ich nichts, was ich nicht will.«

Darüber dachte er nach, sein Blick senkte sich auf den Stiel seines Weinglases und hob sich dann wieder auf ihre Augenhöhe.

»Wenn ich dir etwas über Bienen erzähle«, sagte er, »dann musst du mir von deinem Raub berichten.«

Dass er zielstrebig war, wusste sie bereits. Nun fügte sie »geschäftstüchtig« zu ihrer gedanklichen Liste hinzu.

»Der Austausch wäre nicht ausgeglichen«, sagte sie. »Ein Thema ist persönlich.«

»Vielleicht sind sie beide persönlich«, entgegnete er.

Das ließ sie sich durch den Kopf gehen.

»Vielleicht«, entschied sie, zur Antwort zu geben.

»Vielleicht?«

»Ja, vielleicht«, bestätigte sie. »Du erzählst mir von Bienen, und vielleicht berichte ich dir von …« Sie brach ab, bevor sie die Worte *dem Raub* aussprach, beinahe hätte sie bedenkenlos seine Interpretation übernommen. Wie leicht sie doch anderen Menschen die Deutungshoheit ihrer Geschichte überließ, dachte sie. »Von den Ereignissen.«

»Okay«, sagte er und ordnete seine Gedanken. »Einige Honigbienen haben Stacheln, die nicht durch die menschliche Haut stechen können. Sie produzieren also diesen ganzen Honig, richtig?«, fragte er rein rhetorisch, und sie nickte. »Aber offensichtlich nehmen die Menschen ihnen den weg, und trotzdem sammeln sie immer weiter Honig.«

Das muss eine Metapher sein, dachte Regan.

»Das ist keine Metapher«, sagte Aldo.

»Natürlich nicht«, stimmte Regan zu.

»Manche Bienenvölker sind vermutlich … feindseliger. Tödlicher.« Er nippte an seinem Wein. »Je besser sie ihren Bienenstock verteidigen können, desto weniger Honig produzieren sie normalerweise. Und die Bienenköniginnen sind auch interessant«, schweifte er ab. »Die Königin kann wählen, ob sie bestimmte Eier befruchtet oder es unterlässt.«

»Und was passiert, wenn sie nicht befruchtet werden?«

»Dann sind sie Drohnen«, erklärte Aldo. »Männliche Bienen.«

Sie stutzte. »Wie bitte?«

»Ja«, sagte er zu ihrer allgemeinen Verwunderung. »Und männliche Bienen haben nur eine einzige Aufgabe.«

Regan stellte ihr Glas ab. »Erzähl mir jetzt nicht, dass sie nur die Königin poppen.«

»Sie poppen nur die Königin«, bekräftigte Aldo und trank von seinem Wein. Er betrachtete sein Glas. »Griffig«, merkte er an, während seine Konzentration zum Wein zurückkehrte, und sie stieß gegen seinen Fuß.

»Red weiter über Bienen«, forderte sie ihn auf. »Was passiert, wenn die männliche Biene die Königin gepoppt hat?«

»Also, sein Penis wird herausgerissen.«

Regan blickte ungläubig.

»Ja, er hat nur einen Schuss frei. Bienen paaren sich im Flug, richtig?«, sagte er, und sie nickte, als ob ihr das bekannt vorkäme; als ob sie schon je einen Gedanken an die Paarungsrituale von Bienen verschwendet hätte. »Okay, also, die Drohnen haben größere Augen, um die Königin kommen zu sehen. Sie paaren sich einmal, und dann …«

»Stirbt er?«, unterbrach ihn Regan.

»Er stirbt«, bestätigte Aldo. »Sein ganzer Lebenszweck besteht darin, sich zu vermehren. Nicht anders als bei anderen Spezies auch.«

»Das ist ...« Sie blinzelte. »Warte mal, wie wird die Königin zur Königin?«

»Nun, sie ist weiter entwickelt als der Rest der Bienen«, antwortete Aldo. »Wenn ein Ei nicht befruchtet wird, entwickelt sich daraus eine Drohne. Aus einem befruchteten Ei wird eine Arbeitsbiene – ein Weibchen«, verdeutlichte er, wozu Regan wiederum nickte, »und die wird dann mit eiweißreichem Futtersaft versorgt, wovon es nur eine begrenzte Menge gibt. Das berühmte Gelée Royale. Irgendwann gehen sie dazu über, die Larven mit Nektar zu füttern. Aber wenn sie sich entscheiden, einer der Larven mehr von dem eiweißreichen Futtersaft zu verabreichen, wird daraus die Königin. Sie entwickelt sich weiter«, erklärte er, »und kann mehr Arbeitsbienen produzieren.«

»Also wer wählt die Königin aus?«

»Das Volk. Die Arbeitsbienen. Normalerweise machen sie das, wenn die derzeitige Königin stirbt oder wenn sie schwächer zu werden scheint.«

»Sie wählen also die nächste Königin aus«, sagte Regan, und dann korrigierte sie sich. »Nein – sie *machen* die nächste Königin?«

Aldo nickte und trank noch einen Schluck. »Ja.«

Das ist das Gegenteil vom göttlichen Recht, dachte Regan, eine gottlose Gesellschaft von Frauen. Ein echter patriarchalischer Albtraum. Für einen Moment erfüllte der Gedanke sie mit ehrfürchtiger Begeisterung.

»Aber ...« Kopfschüttelnd nahm sie ihr Weinglas in die Hand. »Aber einige Bienen«, sagte sie bedächtig. »Du hast gesagt, wenn sie sich mehr um den Schutz des Stocks kümmern, sammeln sie weniger Honig?«

»Ja«, erwiderte er und wiederholte: »Je mehr Zeit die Biene mit der Verteidigung des Stocks verbringt, desto weniger Honig produziert sie.«

»Also gibt es irgendwo da draußen ein Volk von Killerbienenladys, die Menschen aus Rachsucht töten, anstatt zu tun, wofür sie bestimmt sind?«

»Ja«, antwortete Aldo. »Schon möglich.«

»Das ist …« Ermutigend. Sogar bestärkend. Zeitweilig faszinierend. »Interessant.«

Er nickte und sah sie mit einem Lächeln auf den Lippen an, während er sich eine widerspenstige Locke aus dem Gesicht strich.

Sein Haarschnitt war unvorteilhaft, fuhr es Regan wieder durch den Kopf. Aldo war gewissermaßen das, was man landläufig gut aussehend nannte, nur dass es in seinem Fall unter einem geheimnisvollen Schleier unerkannt blieb. Oder vielleicht auch nicht, korrigierte sie sich in Gedanken, als ihr wieder das Mädchen einfiel, das ihn während der Impressionismus-Führung beobachtet hatte. Möglicherweise hatte dieses Mädchen hinter den Augenschatten und dem schrecklichen Haarschnitt und den hohlen Wangen noch etwas anderes gesehen. Er hatte diese Augen, vermutete Regan, und diesen Mund und, wohl oder übel, diese ganze Seltsamkeit, die sich dadurch offenbarte. Unlogisch, aber ein Teil von Regan war dem Mädchen böse, weil es nicht wusste, dass Aldo Damiani am hübschesten war, wenn er über Bienen sprach.

»Okay«, sagte er. »Kann ich jetzt alles über den Raub erfahren?«

Am liebsten hätte sie erwidert, dass die Details ihrer persönlichen Geschichte niemals dem Wissen gleichkämen, das sie auch auf einer Wikipedia-Seite gefunden hätte – und letztlich waren die Bienentrivia genau das gewesen –, aber sie hatte das Gefühl, ihm etwas schuldig zu sein.

Seine Art des Gebens und Nehmens färbte auf sie ab.

»Es war kein Raub«, sagte sie.

Für eine Diskussion über den Fachausdruck schien er offen zu sein. »Was war es dann?«

»Kompliziert, aber kein Raub.«

»Warum nicht?«

»Weil ein Raub auch … ich weiß nicht, ein Diebstahl ist.« Sie nippte an ihrem Wein. »Was es letztlich schon war«, räumte sie ein, »aber das war nicht das eigentliche Ziel.«

Aldo wirkte nicht weiter überrascht. »Ich hatte mir schon gedacht, dass Geld nicht das Ziel war.«

»Nein, eigentlich nicht. Irgendwie schon.« Sie trommelte gegen ihr Glas. »Mein Freund brauchte das Geld«, gab sie zu. »Dieser Teil stimmte also.«

»Lass mich raten«, sagte er. »Deine Eltern mochten ihn nicht?«

Sie mochten keinen ihrer Freunde, was wahrscheinlich der Grund war, weshalb sie mit ihnen zusammenkam.

»Er war Bildhauer«, erzählte sie. »Aber er verwendete keine Keramik, zumindest nicht ausschließlich. Er hatte Zugang zu vielen verschiedenen Materialien.«

»Also war er erfinderisch?«, mutmaßte Aldo.

»Ja, sehr«, bestätigte Regan. »Ich habe ihn kennengelernt, als er an einer Installation arbeitete, für die verschiedene Metalle nötig waren. In seiner Freizeit war er Schmied«, fügte sie hinzu. »Das war seine einzige richtige Einkommensquelle, was nicht viel war.«

»Du erzählst mir seine Version der Geschichte«, hob Aldo hervor. »Ich hatte dich um deine gebeten.«

»An diesem Punkt haben sie sich irgendwie miteinander verflochten«, erwiderte sie achselzuckend, obwohl es sie ein wenig freute, dass er den Unterschied erkannte. »Er hat also damals geschmiedet, ja? Und er hatte diese Idee, kunstvolle Schwerter,

Dolche und so Zeugs herzustellen, weißt du. Um sie auf Mittelaltermärkten zu verkaufen.«

»Okay.«

»Und während ich ihn dabei beobachtet habe, wie er diese Schwerter wiedererschuf, dachte ich … das kann ich auch, aber sehr viel zielführender.« Sie merkte, dass sie sich vorlehnte, bevor sie sich ihrer Absicht bewusst gewesen war. »Er machte diese falschen Schwerter für Geld, verstehst du? Aber ich«, sinnierte sie und griff nach der Flasche, um sich nachzuschenken, »meinte, ich könnte falsches Geld machen, wenn ich wollte, was der schnellere Weg zum Erfolg zu sein schien. Weg mit dem Mittelsmann, verstehst du? Die Designs der Banknoten konnte ich gut kopieren, und er hatte Zugang zu Materialien. Ich dachte darüber nach, aber nur so aus Spaß. Anfangs habe ich es nur im Kopf durchgespielt. Aber es war so … sobald mir der Gedanke einmal gekommen war, konnte ich …« Sie räusperte sich. »Konnte ich ihn nicht mehr abschütteln.«

Aldo nickte. »Hexagone«, sagte er, und sie lächelte schwach.

»Bienen«, stimmte sie zu und zuckte die Achseln. »Egal, es war auch nicht so, dass ich besonders viele Möglichkeiten gehabt hätte. Sich auf Kunst zu spezialisieren, führt einen nicht unbedingt zu einem konkreten Job. Unterrichten gefällt mir nicht, und an einer Unilaufbahn hatte ich auch kein Interesse …«

»Du hast gesagt, du seist Künstlerin«, unterbrach Aldo sie. »Digitale Kunst?«

»Ich habe gesagt, dass ich Künstlerin werden *wollte*, das ja, aber ich bin keine. Ich habe mich mal als Grafikdesignerin versucht, aber ich mag den Umgang mit Kunden nicht. Niemand weiß im Grunde, was sie wollen. ›Ach, ändern Sie das, es gefällt mir nicht.‹ Aber dann können sie einem nie erklären, was man verändern soll. Ich habe mich noch nie gern mit den Vorlieben anderer Leute auseinandergesetzt.«

»Verständlich«, sagte Aldo und spielte am Stiel seines Weinglases herum. »Und ich mag die Notwendigkeit, die Gedankengänge anderer prognostizieren zu müssen, gar nicht.«

»Du tust es doch jetzt gerade, oder?«

Er schüttelte den Kopf. »Ich versuche nicht, deine Gedanken vorherzusagen. Ich versuche, dich zu verstehen.«

»Wäre ich nicht absolut berechenbar für dich, wenn du mich verstehen würdest?« Sie war sich sicher, dass sie ihn überführt hatte. Warum sonst machte er all das hier?

»Die Frage stellt man wohl besser den über uns herrschenden Robotern, denen wir nicht entkommen können«, wandte er ein und hob erneut sein Glas zum Mund. »Offen gesagt bin ich kein Fachmann für philosophische Abschweifungen.«

Darüber, dachte sie, unterhielt sich Marc gern, wenn er high war, und dann auch noch darüber, wie er beabsichtigte, die Zombie-Apokalypse zu überleben. Doch sie teilte Aldos Ansicht, dass nicht jede hypothetische Ausgangssituation der Weiterverfolgung wert war.

»Warum hast du dich auf Bienen fixiert?«

»Hexagone«, sagte er wieder. »Ich bin kein Entomologe. Auch kein Bienenzüchter.«

»Und warum dann Mathematiker?«

»Im ersten Jahr im College habe ich einen Algebrakurs belegt, weil ich dachte, ich würde das für mein Hauptfach brauchen.«

»Was war dein Hauptfach?«

»Keine Entscheidung«, erwiderte er, »aber in dem Kurs habe ich gut abgeschnitten, also machte ich weiter. Dann war ich zwei Jahre weg, kam zurück und musste ein Fach wählen. Da ich alle meine Leistungspunkte in Mathe hatte, habe ich das genommen.«

Noch ein Schluck Wein. »Dann habe ich angefangen, mit Studierenden zu arbeiten, und man bot mir an, im Rahmen eines Doktorandenprogramms zu bleiben. Ich bin nicht weggegangen, wie du siehst«, sagte er mit einem Lächeln irgendwo zwischen gequält und grimmig, und dann fügte er hinzu: »Obwohl ich vermutlich nur so lange bleibe, bis mir die Uni sagt, dass ich gehen soll.«

Der Satz kam Regan bekannt vor. Zwar wusste sie nicht, wie sie bestimmen sollte, was genau ihr erwähnenswert erschienen war, aber sie hatte das sichere Gefühl, diesen mentalen Ort – welcher es auch war, an dem Aldo sich gerade befunden hatte – selbst zu kennen.

»Gut«, sagte sie. »Das ist schon was.« Und mit einem Blick auf ihr Glas bemerkte sie: »Ich schätze, ich habe heute ein klein wenig von deiner Geschichte erfahren.«

»Ich von deiner ebenfalls, gewissermaßen, obwohl das immer noch nicht meine Frage beantwortet.«

»Welche, die über den Raub?«

»Es war kein Raub«, sagte er, und sie gestattete sich ein flüchtiges Lächeln. »Es war … eine Fixierung. Zumindest teilweise.«

»Teilweise?«

»Vielleicht finde ich den Rest ein anderes Mal heraus«, sagte er. »Während einem der drei verbleibenden Gespräche.«

»Vielleicht«, erwiderte sie.

Beide hielten inne, und jeder nippte gedankenverloren von seinem Wein.

»Das gefällt mir«, sagte er.

»Was?«

Er löste das Weinglas von seinen Lippen. »Dein Verstand.«

Drei Gespräche, staunte Regan, und sie verstand bereits, dass das das größte Kompliment in Rinaldo Damianis Arsenal war. Zweifellos war er auf der richtigen Spur mit seiner Sechserregel.

»Danke«, sagte sie, und als sie mit ihm anstieß, ließ sie zu, dass ihr Glas gleichzeitig mit seinem erklang.

———

Er sah ihren Namen auf seinem Handydisplay und antwortete beim zweiten Klingeln.

»Wellenmuster«, flüsterte sie.

Er schielte nach dem Wecker. »Es ist vier Uhr, Regan.«

»Ich weiß. Ich konnte nicht schlafen.«

Er zog sich hoch, lehnte sein Kissen an die Wand und setzte sich aufrecht hin. Dann griff er nach dem nicht angezündeten Joint auf dem Nachttisch, betrachtete ihn, entschied sich dagegen und schenkte seine Aufmerksamkeit wieder ganz Regan.

»Was ist mit Wellenmustern?«

»Wenn man etwas ins Wasser fallen lässt«, sagte sie, »und sich Wellen bilden. Das sind Kreise.«

Welleneffekt.

»Unsere Augen sehen sie als perfekte Kreise«, sagte er. »Aber niemand kann sagen, ob sie das wirklich sind oder nicht.«

»Aber dennoch zählt es, oder nicht?«

Er schätzte, er würde ihr dieses Argument durchgehen lassen, oder zumindest einen Teil davon. »Sicherlich nicht der bezwingendste Einwand, aber ja, er zählt.«

»Kornkreise«, sagte sie. »Hexenringe.«

»Die kommen nicht in der Natur vor«, sagte er. »Die sind übernatürlich.«

Gedankenverloren summte sie vor sich hin. »Glaubst du an das Übernatürliche?«

»Es wäre wohl unverantwortlich, nicht daran zu glauben«, sagte er. »Sicherlich gibt es dafür Erklärungen. Ich habe nur keine Zeit, darüber nachzudenken.«

»Stimmt. Nicht, wenn du noch die Zeitreisen entschlüsseln willst.«

»Richtig«, stimmte er zu. »Immer nur eine Unmöglichkeit zu einer Zeit.«

Einen Augenblick lang schwieg Regan. Er verspürte nicht das Bedürfnis, ihn mit Worten zu füllen. Stattdessen lehnte Aldo den Kopf zurück und überließ sich der stillen Nachdenklichkeit, die zwischen ihnen hin- und herschwang.

»Regenbogen«, sagte sie.

»Was ist mit Regenbogen?«

»Sie könnten Kreise sein«, sagte sie. »Dieser Bogen ist, du weißt schon. Kreisförmig, oder?«

»Könnte sein. Aber die Symmetrie ist nur angedeutet, und auch Symmetrie kommt nicht oft in der Natur vor.«

»Korrekt.« Sie seufzte. »Im Zeichenunterricht haben wir mal den Bildaufbau von Gesichtern mittels Symmetrie probiert, und sie sahen schrecklich aus. Richtiggehend verstörend.«

»Ja«, pflichtete er ihr bei und blickte nach draußen in den immer noch dunklen Himmel. »Übrigens, warum flüsterst du?«

»Mein Freund schläft.«

»Aha«, sagte er. »Und du hast dir einfach gedacht, dass ich wach wäre, oder hattest du vor, mich aufzuwecken?«

»Ich habe eigentlich nicht an dich gedacht, ehrlich gesagt.«

Aus welchem Grund auch immer, er lächelte.

»Geht dir sonst noch was durch den Kopf?«, fragte er.

Eindeutig ja. »Warum Hexagone?«

»Hauptsächlich Muster«, antwortete er. »Auf die bin ich immer wieder gestoßen, besonders in der Mathematik. Sie sind die Basis der Quantengruppen.«

»Und die kommen in der Natur vor?«

»Ja. William Kirby hat Bienen als ›vom Himmel abgesandte Mathematiker‹ bezeichnet.«

»Aber das ist falsch«, sagte Regan und klang bekümmert. »Bienen haben doch keinen Gott.«

Aldo wölbte seine Hand über ein tiefes Lachen. »Nun, Darwin hat Experimente durchgeführt, um zu beweisen, dass das ein Instinkt war, der mit der Evolution zusammenhing.«

»Ach, gut so.« Sie klang erleichtert. »Besser so.«

Aldo streckte den Arm aus und schaltete die Nachttischlampe neben seinem Bett an. Zweifellos würde er nicht mehr schlafen. »Was hast du heute Abend gemacht? Oder eher gestern Abend.«

»Nichts. Nichts Interessantes jedenfalls. In letzter Zeit warst du nicht mehr im Museum«, fügte sie nachträglich hinzu.

Er hatte sie nicht bedrängen wollen. Es erschien immer weniger wie ein Zufall, dass er sie beide gedanklich miteinander in Verbindung brachte.

»Das ist ein Ort, wo ich gern hingehe«, erwiderte er, »aber nicht der einzige.«

»Wo gehst du sonst noch hin?«

»Wenn ich kann, nach draußen. Das ist ideal.«

»Ach so.« Er hörte das Geräusch einer Bewegung an ihrem Ende, als nähme sie etwas aus dem Kühlschrank. »Was machst du tagsüber?«

»Ich geh in die Uni. Unterrichte. Geh ins Studio.« Er blickte sich in seinem spartanischen Appartement um. »Nicht wirklich viel.«

»Aha.« Sie schien nach Fragen zu suchen. »Wer ist dein bester Freund?«

»Ich weiß nicht«, antwortete Aldo. »Mein Dad?«

»Ach du Schande.«

Er lachte. »Und wer ist dein bester Freund oder beste Freundin?«

»Ich weiß nicht. Du ganz sicher nicht. Du bist ein Fremder.«

»Korrekt«, erwiderte er. »Spitzenargument.«

»Meine Nichte ist ziemlich cool«, sagte sie.

»Nichte?«

»Ja, die Tochter meiner Schwester.«

»Ich wusste gar nicht, dass du eine Schwester hast.«

Jetzt hörte er, wie eine Tür geschlossen wurde. »Ja«, ihre Stimme hob sich über ein bloßes Flüstern. »Älter als ich. Sie ist Ärztin.«

»Wird sie auch Regan genannt?«

»Nein, sie ist ausschließlich Madeline; auf gar keinen Fall Maddie, denn das hasst unsere Mutter. Tatsächlich haben die Leute nur ihretwegen angefangen, mich Regan zu nennen. In der Highschool haben mich alle einfach ›Little Regan‹ oder ›Regan Junior‹ gerufen, und irgendwann ist es dabei geblieben.«

»Ist sie sehr viel älter?«

»Sie ist vier Jahre älter als ich.«

»Und sie hat ... ein Baby?«

»Ein kleines Mädchen. Sie heißt Carissa. Ich nenne sie Cari, wenn Madeline nicht hinhört.«

»Für mich warst du nicht unbedingt der Typ, der gern mit Kindern zusammen ist.« Fraglos gehörte auch er nicht zu diesem Menschenschlag, obwohl der Gedanke, dass Regan Einfluss auf die Entwicklung eines Kindes nahm, auf gewisse Weise reizvoll war. Auf eine leicht beunruhigende, sehr amüsante Weise.

»Also, es ist ...« Sie verlor den Faden. »Du wirst es widerlich finden.«

»Glaubst du? Scheint mir unwahrscheinlich.«

»Madeline ist einfach ... sie ist, weißt du, perfekt. Es ist – scheiße«, Regan seufzte. »Das ist so ein Klischee.«

»Ich mag Klischees«, erwiderte Aldo, da er selbst gelegentlich einem entsprach. »Zumindest habe ich nichts gegen sie.«

»Also gut, aber fang bloß nicht … okay, was auch immer«, murmelte Regan mehr zu sich selbst. »Die Sache ist die: Madeline hat noch nie irgendetwas falsch gemacht. Sie ist sofort nach Harvard, um dort Medizin zu studieren, hat ihren Arztehemann kennengelernt und geheiratet, als sie beide ihre erste Stelle hier bekommen haben. Dann, vollkommen überraschend, ist sie schwanger – in ihrem *ersten Jahr* als Assistenzärztin, ja? Sie war gefühlt gerade mal fünf Sekunden verheiratet, und bäng ist sie schwanger. Meine Schwester, dieses chirurgische Genie, kriegt die Verhütung nicht hin, und zum ersten Mal, wohl *überhaupt*, flippt sie total aus.«

Aldo hörte, wie Regan an ihrem Ende der Verbindung vor sich hin lachte.

»Egal, jedenfalls hatte ich zum ersten Mal das Gefühl, Madeline und ich seien im selben Team. Sie hatte solche Angst, es unseren Eltern zu erzählen – irgendwie war's lustig, glaube ich. Mitzubekommen, wie sie auch mal Scheiße baut.« Sie gab ein tiefes Stöhnen von sich. »Trotzdem, ich bin schrecklich.«

»Also …« Aldo hielt sich wieder eine Hand vor den Mund, während er lachte. »Ich meine, ja, irgendwie schon.«

»Oh, *danke*, Rinaldo …«

»Du magst also deine Nichte«, drängte er sie weiterzuerzählen, und sie seufzte.

»Ja«, gab sie zu, »das stimmt. Sie ist ein gutes Mädchen. Und sie treibt Madeline in den Wahnsinn, das macht extra Spaß.«

Jetzt lachte Aldo offen heraus. »Das gefällt mir.«

»Was, meine Eifersüchteleien?«

»Nein, die Vorstellung, dass du in jemanden vernarrt bist.«

»Bin ich nicht«, erwiderte sie mit einer hörbaren Grimasse. »Ich glaube, man muss Kinder nur wie Erwachsene behandeln, das ist der ganze Trick.«

»Und wie behandelst du die meisten Erwachsenen?«

Schweigen.

»Wahrscheinlich miserabel. Vielleicht hast du also recht.«

Er lächelte.

»Also«, sagte sie. »Hast du noch mehr Hexagone im Angebot?«

Er dachte darüber nach. »Da war noch was von den Babyloniern.«

»Mein Gott, natürlich«, erwiderte sie lachend. »Was war denn das für Zeugs von den Babyloniern?«

»Nun, die Babylonier haben sich sehr für Astronomie interessiert. Von ihnen haben wir unser heutiges Zeitsystem übernommen. Und Kreise«, fügte er hinzu. »Sie benutzten für alles die Einheit sechzig. Sechzig Sekunden in einer Minute, sechzig Minuten in einer Stunde …«

»Da ist also wieder diese Sechs.«

»Genau«, bestätigte er. »Folglich betrachten wir die Zeit auf die von ihnen bezweckte Weise, was noch auf andere Möglichkeiten schließen lässt.«

»Die da wären?«

»Nun, die Quantentheorie scheint auf ein Multiversum hinzudeuten«, sagte er. »Wo alle Zeiten, Möglichkeiten und Resultate parallel existieren.«

»In Hexagonen?«

»Wahrscheinlich. Vielleicht.« Ein Schulterzucken. »Aber wir können die Form des Multiversums nicht erkennen, da wir nicht wissen, in welchen Universum wir selbst existieren.«

»Warum versuchst du das Problem der Reise durch die Zeit zu lösen anstatt das der Reisen im Multiversum?«

»Nun, die Grundidee des Multiversums sieht vor, dass du nicht reist«, erklärte er. »Du existierst zu allen Zeiten in allen Universen, wenn man es also tatsächlich *erfahren* kann, dann …«

»Oh, hallo«, sagte sie und sprach dabei zweifellos zu jemand anderem als ihm. »Tschuldige, musst du …«

Aldo verstummte und lauschte der männlichen Stimme am anderen Ende.

»Ja, nein, ich war … ich konnte nicht schlafen, also … ja. Tut mir leid«, sagte sie, diesmal zu Aldo. »Eine Sekunde – nein, alles in Ordnung, ich geh einfach … ja, okay, mach nur.«

Er hörte, wie sie den Ort verließ, an dem sie sich aufgehalten hatte.

»Entschuldige«, sagte sie. »Marc musste ins Bad.«

»Du warst im Badezimmer?«

»Ja, also, du weißt schon. Es gibt eine Tür. Ich habe in der Badewanne gesessen.«

Kurz musste Aldo an Audrey Hepburn auf der zersägten frei stehenden Badewanne denken, die ihr in *Frühstück bei Tiffany* als Sofa diente.

»Das kann nicht sehr bequem gewesen sein«, bemerkte er.

»Nun ja, alles okay, jetzt bin ich weg da. Worüber hast du gerade gesprochen? Über die Babylonier? Nein, die Zeitreise?«

»Vermutlich über beides.«

»*Möchtest* du denn durch die Zeit reisen?«

Eine gute Frage. »Ich möchte wohl vor allem herausfinden, wie es funktioniert, aber ich rechne nicht damit, dass es mir gelingen wird.«

»Recht seltsame Fixierung, findest du nicht? Wenn du nie die Absicht hast, dein Wissen anzuwenden.«

»Wenn ich die Lösung hätte, nun gut, dann würde ich es vielleicht probieren. Aber …« Er zögerte. »Also, es gibt einen Grund, warum Mathematiker bei der Theorieentwicklung immer an einem bestimmten Punkt stehen bleiben«, erklärte er. »Wenn keine Kapazität zum Verständnis der Fortschritte in der Mathematik vorhanden ist, besteht kein Grund, dieses Ziel zu verfolgen. Wir würden uns alle nur den Kopf zerbrechen, während wir versuchten, unsere eigene Existenz zu begreifen.«

»Aber du bist *bereit*, dir darüber den Kopf zu zerbrechen«, merkte sie an.

»Ich …« Es war schwer zu erklären. »Ja, weil …«

»Weil wenn du nicht irgendwas austüfteln kannst, dann hast du keinen Grund weiterzumachen?«

Oder vielleicht war es doch nicht so schwer zu erklären.

»Ja«, antwortete er. »So ungefähr.«

Ein paar Takte lang sagte sie nichts.

»So hast du das also gemacht«, sagte sie schließlich.

»Was gemacht?«

»Weitergemacht. Nachdem … du weißt schon. Was dir passiert ist.«

»Aha.« Er war nicht sicher, ob er darüber sprechen wollte; andere Leute neigten dazu, das Wiedererwachen seiner psychischen Stabilität als ein dramatisches Ereignis zu betrachten, aber für ihn war das schlicht und einfach Geschichte. »Vermutlich.«

»Nein, das ist es absolut. Du hast dir eine unlösbare Aufgabe gestellt, damit du nie aufhören könntest, darüber nachzudenken. Das ist genial, wirklich.« Sie klang beinahe beeindruckt. »Andere Leute finden das wahrscheinlich verrückt, oder?«

»Mein Dad macht mit. Er versteht es nicht«, gab Aldo zu, »aber er fragt mich jeden Tag, wo wir in der Zeit sind. Natürlich denke ich mir das aus, und er tut jedes Mal so, als wäre es neu und aufregend, aber es ist wohl nur seine Art zu fragen: ›Hi, wie geht's dir?‹. Sich nach mir zu erkundigen.«

Wieder war sie still.

»Das ist lieb von ihm«, sagte sie dann. »Das gefällt mir.«

Er versuchte, sich ihren Gesichtsausdruck vorzustellen.

»Möchtest du später etwas unternehmen?«, fragte sie ihn, und ihr Tonfall wechselte zu kristallklar und dringlich. »Oder, ich weiß nicht. Vielleicht auch jetzt.«

»Um sieben habe ich was vor«, erwiderte er. »Aber wenn du Lust hättest …«

»Was in aller Welt machst du um sieben Uhr an einem Sonntagmorgen?«

Du wirst das grauenhaft finden, dachte er und zuckte leicht zusammen.

»Ich gehe in die Kirche«, bekannte er.

»Was? Nein.« Sie klang verwirrt. »Du bist gläubig? Aber …«

»Nicht wirklich«, erwiderte er schnell. »Eigentlich überhaupt nicht. Aber früher bin ich immer mit meinem Dad mitgegangen, und dann ist es zur Routine geworden. Ich mag die Frühmesse, denn da ist es ruhig, und …«

»Messe. Du bist katholisch?«

»Ja«, antwortete er und fragte sich, ob in ihrem Tonfall vielleicht ein exzentrisches Argument zur Widerlegung des Katholizismus mitschwang, eventuell eine Ablehnung der Familie Medici. Wahrscheinlich aber eher nicht, wenn sie eine Kunstliebhaberin war. »Aber wenn du gern später etwas unter…«

»Kann ich mitkommen?«

Er stutzte, vollkommen überrascht. »Wirklich?«

»Ja. Ich war schon ewig nicht mehr in der Kirche, und ich gehe sowieso nur mit meinen Eltern, na ja, also an Ostern und Weihnachten hin. Wärst du einverstanden, wenn ich mit dir mitkommen würde?«

Er bezweifelte, dass es irgendwelche geistigen Räume gab, die für ihn infrage kamen und die Regan sprengen würde. Genau genommen hatte er das Gefühl, dass der Ort, den er üblicherweise für mechanische Routinehandlungen und die gelegentlichen abschweifenden Gedanken reserviert hatte, durch ihre Anwesenheit immens aufgewertet würde.

»Klar doch«, antwortete er. »Ich gehe in die Kathedrale Holy Name in Streeterville.«

»Oh, gut, das ist ganz nah bei mir. Um sieben also?«

»Sieben«, bestätigte er.

»Das ist dann ein anderes Gespräch als dies hier«, teilte sie ihm mit. »Nur damit du das weißt.«

»Selbstverständlich«, stimmte er zu. »Was nimmst du aus diesem hier mit?«

»Hauptsächlich? Dass du in die Kirche gehst«, sagte sie, und er lachte.

»Recht und billig«, sagte er. »Ich habe wohl in erster Linie gelernt, dass deine beste Freundin ein Kleinkind ist.«

»Nun, dann versuch doch, das nächste Mal ein bisschen mehr herauszufinden«, schlug sie vor. »Es sind nur … was, danach ist nur noch ein Gespräch übrig?«

»Ja.«

»Verschwende das lieber nicht.«

Bis jetzt war keines ihrer Gespräche Verschwendung gewesen, dachte er.

»Ich seh dich dann um sieben?«, fragte sie.

»Sicher.« Es war fünf, das bedeutete, er konnte noch ein morgendliches Training einschieben. *Oder.* »Oder ich könnte noch mehr von den Babyloniern berichten«, bot er an.

»Hm. Verlockend«, erwiderte Regan. »Womit haben sie sich sonst noch beschäftigt?«

Er fragte sich, woran sie wohl glaubte. Wahrscheinlich an die meisten Dinge oder an nichts. »Astrologie?«

»Oohh, ja, einverstanden«, sagte sie schnell und ließ sich gern auf das Thema ein. »Erzähl mir von den Babyloniern und den Sternen.«

―――――

Er wartete auf den Stufen vor der Kathedrale auf sie. Diesmal hatte er ein langärmeliges T-Shirt mit hochgeschobenem Aufschlag und eine Chinohose an, eine Verbesserung im Vergleich zu seiner üblichen Jeans. Seine Haare waren endlich einmal aus der Stirn geschoben, obwohl das mehr ein Werk des Winds als ein Ergebnis des Stylings war. Der Herbst war in vollem Gange, und Chicago war eine lieblichere Version seiner stürmischsten Ausprägung; wahrscheinlich ein zarter Wink für all jene, die den bitterkalten Winter nicht gut ertrugen, vielleicht lieber das Weite zu suchen.

»Bist du zu Fuß gegangen?«, fragte Regan, und er nickte.

»Du siehst hübsch aus«, sagte er.

Sie trug einen Midirock und Oxfordschuhe mit Absatz, ihr langer Blazer war klug mit einem tief sitzenden Dutt kombiniert. Sie hatte das Gefühl, sich als braves Mädchen verkleidet zu haben, obwohl das nicht unbedingt etwas Schlechtes war. Fast immer war sie auf die eine oder andere Weise kostümiert. Regans Meinung nach drehte es sich bei Frauen und Kleidern nie um einen bleibenden Ausdruck; es war keine Festlegung auf einen bestimmten Typus Frau, sondern ein reines *Heute bin ich so*. Es war nur die Version ihrer selbst, die sie für eine gewisse Zeit verkörpern wollte. Für den ersten Kirchgang seit mindestens einem Jahr in Begleitung eines halbwegs Fremden hatte sie ein Outfit irgendwo zwischen zurückhaltender Gutwilligkeit und unverhohlener Prüderie gewählt.

»Danke«, erwiderte sie, und sie gingen in die Kathedrale.

Die mit dem Katholizismus einhergehende Erleichterung bestand darin, dass sich kaum etwas je änderte – weder geografisch noch zeitlich noch in anderer Hinsicht. Jede katholische Kirche, die Regan je betreten hatte, strahlte eine unbeirrbare barocke Hingabe an Prunk und Pracht aus, und Holy Name bildete da keine Ausnahme. Von außen besaß der Bau seine ganz eigene Art der Imposanz, eine Insel aus naturbelassenen Quadersteinen mit Turm neben seinen hochgeschossenen Anverwandten aus der Industrie, während das Innere eine eklektische Mischung aus Strömungen in sich versammelte, die Regan vom päpstlichen Standpunkt aus betrachtet als sehr markengerecht empfand. Auf den Bronzetüren der Kathedrale prangte ein Lebensbaum; und aus der Ferne wirkte ein hängendes Kruzifix ernüchternd auf die Unverschämtheit des ganzen Gepränges. Die Neugotik war das beherrschende Schema des Raums, hohe, gewölbte Decken, und durch die von den Buntglasfenstern getönten Lichtstrahlen strömte ein hochmütiges Gefühl von Gewalt und Götzenanbetung herein.

Es war dem Art Institute nicht unähnlich, was auch Sinn ergab. Sie verstand, warum Aldo sich damit umgab. Es war wie das Schwelgen in Reichtum und Überfluss, nur kälter, durchdrungen von der Macht der Autorität. Kirchen waren auf ihre Art auch Museen – mit ihrer Hingebung an Rituale zumindest, wenn nicht doch an Gott –, und in einer Kirche zu existieren, bedeutete, sich mittels Ungerechtigkeit selbst zu verzwergen.

Sie verstand den Drang, mehr Raum für sich ausfindig zu machen. Auf ein Körnchen Nichts zusammenzuschrumpfen.

Aldo entschied sich für eine Bankreihe in der Mitte, winkte sie zuerst hinein und machte eine Kniebeuge, bevor er sich setzte. Es sah aus, als würde er diese Bewegung mehr aus Gewohnheit als aus Ehrerbietung vollführen. Ihr fiel auf, dass er verschiedene Gesichtsausdrücke fürs Nachdenken und für Routinehandlungen hatte, und dieser hier wurde von beachtlicher Ausdruckslosigkeit begleitet.

Sie fragte sich, wie er wohl aussah, während er andere Dinge tat, zum Beispiel wenn er unterrichtete, was er ihrer oberflächlichen Google-Suche zufolge ohne große Hingabe tat. Sie überlegte, wie er aussah, wenn er schlief, wenn er träumte, wenn er kam.

Sie schüttelte sich und schauderte ein wenig.

»Ist dir kalt?«, fragte Aldo.

Etwas in der Art. »Hier herrscht so eine … nüchterne Strenge, nicht?«

»Das ist ein kalter Begriff«, bemerkte er mit einem leichten Lächeln. »Und ja, es stimmt. Ich finde das irgendwie erfrischend.«

Er beugte sich vor und nahm ein Messbuch von dem Platz vor sich. Sie bemerkte, dass er keinen Schmuck trug. Er war auffallend schmucklos. Er kaute nicht an seinen Fingernägeln (Regan schon, aber sie lackierte sie regelmäßig, damit sie es unterließ). Aldos Fingernägel hingegen waren sehr gepflegt, vielleicht hatte er sie nicht nur geschnitten, sondern sogar gefeilt. Sie hatten diese kleinen, blassen Halbmonde, die sie nur selten an ihren eigenen Fingern sah. Er fuhr mit der Hand über den Buchdeckel, legte es sich auf den Schoß und fing augenblicklich mit seiner Zappelei an.

Er zappelte auf eine sehr bestimmte Weise. Es war kein Kniewippen. Am ehesten noch Fingertrommeln, obwohl es sehr schnell in das überging, was Regan anfangs für zielloses Zeichnen gehalten, dann aber als zielbewusstes Schreiben erkannt hatte. Tatsächlich kritzelte er Zahlen. Mathegleichungen? Wahrscheinlich ja. In regelmäßigem Rhythmus wechselte er von Klopfen zu Zeichnen zu Kritzeln. Beinahe hätte sie den Moment verpasst, als sie aufstehen mussten, so sehr war sie mit ihren Versuchen, seine Bewegungen zu übersetzen, beschäftigt.

Die Messe war ihr vertraut, die Worte und Refrains waren die gleichen. Der Psalm an jenem Tag ging über Flügel; der Katholizismus sehnte sich ebenso sehr nach Flucht, wie er für ein gesundes Maß an Angst eintrat. In dieser Hinsicht war die Institution besonders menschlich.

Irgendwann während der Predigt richtete Regan ihre Aufmerksamkeit wieder auf Aldo, der jetzt definitiv nachdachte. Seine Lippen hatten eine andere Form, wenn er über etwas Überlegungen anstellte, beinahe, als würde er es gleich laut zu sich selbst sagen. Seine Finger zuckten, hielten dann einen Moment still und nahmen anschließend wieder das Zeichnen auf. Ein Hexagon, bemerkte sie. Immer wieder zeichnete er das gleiche Muster, dann machte er eine Pause.

Er wandte den Kopf und sah sie an.

Erwischt, bemerkte sie mit einer Grimasse.

Sein Mund verzog sich zu einer Frage, und er furchte die Stirn. Die ganze Energie, die er auf die Lösung seines Problems verwendet hatte – welches auch immer das war –, ging auf sie über, und diese Wucht war wie ein Schlag, der mitten auf ihrer Brust landete. Sie versuchte herauszufinden, was seinen Mund so anziehend machte, aber sie kam nicht drauf.

Zaghaft streckte sie die Hand aus, und sein ganzer Körper wurde augenblicklich ruhig. Er war nervös, erkannte sie, leicht entzückt, und sie überlegte, ihre Hand wieder zurückzuziehen, nur hatte sie noch nie zu denen gehört, die es sich leicht machen. Stattdessen ließ sie ihre Finger kurz auf seinen Knöcheln ruhen und hob seine Hand, um sie von seinem rechten Oberschenkel auf ihren linken zu legen. Nicht in sexueller Absicht, ihrer Meinung nach. Ein gewisses Areal hielt sie für rein zweckmäßig, und obwohl Aldo sich vor Unsicherheit leicht verspannt hatte, machte sie eine Geste, die auch er vermutlich kannte: *Mach weiter*, bat sie, und einen Moment lang sah er sie zweifelnd an, nickte dann aber.

Vorsichtig zeichnete er mit dem Finger ein Hexagon auf ihren Rock. Sie fühlte ihre Haut unter seiner Berührung kribbeln, und ein kleiner Schauder breitete sich rund um ihren Brustkorb aus. Sie achtete nicht weiter darauf und nickte wieder.

Dann begann Aldo Zahlen zu schreiben, sie erkannte die Zahl zwei, dann eine Fünf (den Steg fügte er zuletzt hinzu), schließlich erkannte sie den Buchstaben z. Er gehörte zu den Menschen, die eine waagerechte Linie durch ihre Buchstaben und Zahlen ziehen. Dann malte er so etwas wie ein Sigma, noch mehr Gekritzel, dann eine fette Horizontale. Das war zweifellos Mathe, und sie genoss es, dass sie sich in ihrem Besitz befand, dass sie das Instrument war, um seine Gedanken zu lenken.

Dann änderte sich die Form seiner Formeln, und auch sein Energieeinsatz wechselte. Er zeichnete jetzt schneller, als hätte er etwas begriffen. Sie konnte sehen, dass seine Zögerlichkeit verschwunden war; er dachte nicht mehr daran, dass er sie berührte, und sie war sich nicht sicher, ob sie das aufregend oder beleidigend finden sollte. Seine sprühenden Gedanken nahmen an Fahrt auf, und sehr bald konnte sie seinem Schreiben nicht mehr folgen. Hin und wieder erkannte sie eine Zahl. Ein Dreieck. Ein- oder zweimal war sie sicher, er habe ein Fragezeichen gemalt, als wollte er sich erinnern, später an diesen Punkt zurückzukehren, nur dass das nicht passieren würde. Ihre Haut als Medium – genau genommen ihr Oberschenkel, den sie, ganz untypisch, stillhielt, um ihn nicht zu unterbrechen – würde wahrscheinlich nicht da sein, wenn er wieder darauf zurückkam. Seine Berührung war schnell und leicht. Sie flatterte über ihr, und sie musste das Verlangen unterdrücken, seine Hand zu ergreifen und sie woandershin zu legen, damit eine andere Stelle von diesem hohen Maß an frenetischer Konzentration profitierte. Entweder war es kalt in der Kirche, oder etwas anderes machte ihr deutlich die von seiner Berührung ausgehende Wärme bewusst.

Er war Linkshänder, erkannte sie mit einiger Verspätung, und einen Moment lang grübelte sie, wie rar diese Veranlagung war. Es ging ihr durch den Kopf, dass wahrscheinlich auch Aldo Damiani selbst eine Rarität war.

Dann endete die Predigt, und Aldo hörte auf zu kritzeln, bemerkte die Veränderung der Atmosphäre und orientierte sich an den Menschen in seiner Umgebung. Er war also nicht vollkommen selbstvergessen, obwohl er anscheinend nicht bemerkt hatte, dass sein Bein sich jetzt an ihres drückte. Jetzt berührten sie sich von der Hüfte bis zum Knie, eine gerade Linie gemeinsamer Spekulationen. Er hob seine Hand, und einen Augenblick lang krümmten sich unentschlossen seine Finger, dann zog er sie behutsam zurück.

Regan fühlte, wie ein Funke ihrem Körper entwich, ironischerweise als sie aufstand, um das Glaubensbekenntnis zu sprechen.

Neben ihr zitierte Aldo die Worte aus dem Gedächtnis. Er tat das jede Woche, rief sie sich in Erinnerung, daher war es logisch. Das hier war Teil seines Rituals. Er hatte es schon zuvor jeden Sonntag ohne sie getan und würde es auch an jedem zukünftigen Sonntag fortsetzen. Sie fragte sich, wie oft er andere Menschen an sich heranließ, aber dann schob sie den Gedanken so schnell, wie er ihr gekommen war, wieder fort. Schließlich wusste sie, welche seiner Bewegungen eingeübt wirkten, und welche nicht. Er war nicht daran gewöhnt, dass ein anderer Mensch ihm nah war. Das hier war offensichtlich nicht einstudiert.

Sie war nicht sicher, was sie mit dieser Enthüllung anfangen sollte.

Der Priester segnete den Leib und das Blut Jesu Christi, und

Regan hielt nichts davon. Fairerweise hielt sie auch nur wenig vom Vampirismus. In ihrer Welt war nichts wirklich grotesk. Ihre Gedanken schweiften ab (eine Sünde, sicher, aber die geringste von allen), und erst, als Aldo nach ihrer Hand griff, erinnerte sie sich plötzlich an den üblichen Ablauf.

Seine Hand war warm und trocken und schloss sich sanft um ihre Fingerknöchel. Dieses Gebet kannte sie. Das kannte wahrscheinlich sogar Marc, mit seiner Abstammung von weißen britischen Protestanten. Regan hielt locker Aldos Hand und wagte kaum zu atmen. Sie bedauerte, keine umfassende Bestandsaufnahme von ihm vornehmen zu können, bis ihr einfiel, dass es keinen zwingenden Grund gab, der sie abhielt.

Nach diesem würde sie nur noch ein weiteres Gespräch mit Aldo Damiani führen.

Regan schob ihre Hand vor und überquerte dabei mit ihren Fingern die Hügel und Täler seiner Knöchel. Sie spürte, wie er sie ein wenig überrascht ansah, doch sie blickte unbeirrt auf seine Hand. Seine Knöchel trugen schwache Narben. Eine oder zwei auf seinen Fingern. Sie strich erst waagerecht, dann senkrecht darüber, folgte jedem Finger bis zum Nagelbett und fuhr die Nagelhaut entlang.

Das Gebet ging zu Ende.

Er ließ sie nicht los.

Sie drehte seine Handfläche nach oben und inspizierte sie. Ihre Finger zeichneten seine Lebenslinie nach, die von der Handseite her eine Kurve beschrieb und sich in zwei, vielleicht auch drei Linien verzweigte, bevor sie nahe der Daumenseite endete. Sie schloss ihre Hand um sein Handgelenk und maß es, dann blickte sie auf, um in seinen Augen seine Reaktion abzuschätzen.

Neugierig sah er sie an, aber nicht verwirrt.

Sie konzentrierte sich wieder auf seine Hand.

Über der Lebenslinie befand sich die Kopflinie, darüber die Herzlinie. Das erinnerte sie an ein Buch, das sie als Kind gelesen und niemals aus ihrem Bücherregal aussortiert hatte. Ihre Mutter hing den Aberglauben der Alten Welt an, aber Regan hatte unbedingt alle neuen ergründen müssen, die sie finden konnte. Beide Linien verliefen breit über seine Handfläche, sauber und ordentlich. Nicht wie ihre, die alle aufgesplittert und miteinander verwoben waren. Sie dachte immer, ihre Linien bedeuteten, dass sie zwei Herzen, zwei Köpfe, zwei Gesichter habe. Mit ihrem Daumen strich sie über seine Fingerknöchel, ein Ausdruck von Dankbarkeit-Rückversicherung-Entschuldigung.

Hinter ihnen räusperte sich jemand. Es war Zeit für die Kommunion.

Sie lockerte ihren Griff um Aldos Hand und machte sich bereit, zum Altar vorzulaufen, aber er hielt sie noch fester und trat ein Stück zurück, um andere Kirchgänger vorbeizulassen. Ein Grüppchen aus vier Leuten schob sich langsam an ihnen in Richtung Mittelgang vorüber, aber Aldo setzte sich wieder und ließ ihre Hand nicht los. Sie setzte sich neben ihn, und einen Moment lang schwebten ihre vereinten Hände zwischen ihnen, bevor Regan beschloss, sie in der schmalen Lücke zwischen ihrem und seinem Bein auf der Holzbank abzulegen.

Dann schluckte sie und ließ ihre Fingerspitzen auf den Schwielen seiner Handfläche ruhen. So waren die Erhebungen deutlicher zu spüren, wenn seine Hand entspannt war. Einen nach dem anderen legte sie ab, Zeige-Mittel-Ring-kleiner-Finger, und seine Finger umschlossen ihre und zeichneten dabei langsam einen Kreis um den Knöchel ihres Zeigefingers.

Beide sahen sie zum Altar hinauf, beide, bis auf die Hände, reglos und still, und sie schob ihre Finger in seine und verschränkte sie behutsam miteinander.

Sein Daumen strich über ihren hin und her, wanderte dann vom ersten Knöchel zum zweiten.

Mit ihrem fuhr sie seine Handgelenkfalte entlang.

Die Musik verklang. Es wurde wieder gebetet.

Aldo drehte ihre Hand um, und dieses Mal legte er ihren und seinen Handrücken aneinander.

Einmal drückte sie, während ihr das Herz bis zum Halse schlug.

Der Priester teilte etwas über Konservendosen mit.

Segenssprüche auf Segenssprüche. Erneut begegneten sich ihre Handflächen. Aldos Finger streckten sich unter ihren Blusenärmel und fuhren über ihr Handgelenk. Immer deutlicher nahm sie ihren Atem wahr. Sie atmete durch die Nase ein, schluckte und atmete wieder aus. Ihre Rippen hoben sich, ihr Brustkorb weitete sich, um Raum zu schaffen. Besonders intensiv spürte sie ihre Brüste.

Um sie beide herum erhob sich die Gemeinde, und Aldo ließ sie los.

Ihre Hand glitt zurück an ihre Seite.

Aus der Kirche zu gehen, nachdem der Priester abgetreten war, erwies sich als ein äußerst weltlicher, kurz unterbrochener Prozess. Regan fühlte sich wieder sterblich, der Pietät entledigt, der Erhabenheit beraubt. Sie spürte nur ihren Körper, schwer und träge; draußen war der Himmel nicht heller als bei ihrer Ankunft. Sie wandte sich nach Aldo um, öffnete den Mund, um etwas zu sagen, und hielt inne, als er sie ansah.

Er war nicht nur auf unkonventionelle Weise gut aussehend, erkannte sie.

Er war ungewöhnlich schön.

»Was hast du gelernt?«, fragte er in beiläufigem Ton.

Dass ich dich mein Leben lang studieren, deine ganzen Eigenheiten und Einsichten in den Netzen meiner spinnenartigen Hände mit mir herumtragen könnte und doch das Gefühl hätte, mit leeren Händen dazustehen.

»Du machst … Kampfsport«, sagte sie und räusperte sich, »oder so was. Zuerst dachte ich an Gewichtheben«, erklärte sie, während sie sich mit ihrer widerwilligen Rückkehr zur Normalität abmühte, »wegen der Schwielen an deinen Händen, aber jetzt glaube ich das nicht mehr.« Nicht, nachdem ich dich kennengelernt habe. »Deine Fingerknöchel sind zerschrammt.«

Wenn er von ihrer Antwort enttäuscht war, zeigte er es zumindest nicht. »Das sind sie«, bestätigte er mit einem Nicken.

»Und du?«, fragte sie ein wenig atemlos. Sie konnte sich nicht erinnern, wann sie zuletzt so ein banges Vorgefühl, oder auch eine freudige Erwartung, verspürt hatte. »Was hast du über mich gelernt?«

Wortlos streckte er den Arm vor, nahm ihre rechte Hand und drehte ihren Claddagh-Ring zur Seite.

Sie senkte den Blick und bemerkte die nun sichtbare blassere Haut.

»Den trägst du jeden Tag«, sagte er, ohne aufzusehen.

»Ja«, stimmte sie zu.

»Wer hat ihn dir geschenkt?«

Es handelte sich um ein traditionelles Schmuckstück, das für gewöhnlich von Generation zu Generation weitergereicht wurde.

Für gewöhnlich.

»Ich«, antwortete sie, woraufhin er nickte und ihre Hand losließ, die zu ihr zurückglitt.

»Eine ungewöhnliche Gesprächsform«, bemerkte er. »Zählt es?«

Wenn es kein Gespräch gewesen war, dann etwas vollkommen anderes, worüber Regan noch nicht bereit war sich Gedanken zu machen.

»Ja«, erwiderte sie. »Also bleibt nur noch eines.«

Er nickte. »Eins noch.«

Ein Passant stieß sie im Vorbeigehen leicht an. Unglücklich spähte Aldo über die Schulter, dann wandte er sich wieder zu ihr um.

»Sollen wir das letzte Gespräch jetzt führen?«, fragte er.

Kurz überkam Regan eine Welle von Panik.

»Nein«, antwortete sie. »Nein, außerdem … ich muss jetzt wirklich los. Ich sollte gehen.«

Er schien zu verstehen, nickte kurz, und sie wandte sich zum Gehen, hielt dann aber inne.

»Aldo«, sagte sie.

»Regan«, erwiderte er.

»Ich …« Halte nie wieder mit jemandem Händchen.

»Bis dann«, sagte sie, und er nickte.

»Bis dann«, erwiderte er, und sie ging rasch weg, erleichtert, dass er nicht versucht hatte, sie zurückzuhalten.

———

»Oh, Entschuldigung …«

»Schon in Ordnung«, sagte Aldo, gewillt, den Zusammenstoß zu ignorieren, bis er aus der Nähe ein blutrotes Flackern wahrnahm. »Regan«, sagte er, bevor er sich eines Besseren besinnen konnte, während er den vertrauten Anblick ihrer Ohrringe in sich aufnahm, und die Frau neben dem Mann, der ihn gerade angerempelt hatte, blieb wie zu Stein erstarrt stehen.

»Aldo«, sagte sie, und ihre Stimme klang hoch und schrill und falsch, als sie ihr Dreiergrüppchen weg von dem überfüllten Gehweg dirigierte. »Was machst du hier?«

»Aldo?«, echote der Mann, der sich gerade von einem amorphen Hindernis zu einem Gesicht mit Schultern, Haaren und

Gliedmaßen mauserte. Er war größer als Aldo, etwas älter, sehr hellhäutig. »Sag bloß nicht, dass er der Mathe-Typ ist!«

»Doch, das ist mein Freund Aldo«, bestätigte Regan. »Und das ist mein Freund Marc«, setzte sie mit einem entschuldigenden Blick hinzu, und Marc streckte eine Hand für Aldo aus, die dieser mit einer gewissen Zurückhaltung ergriff und schüttelte.

»Freut mich«, sagte Aldo.

»Ich dachte, du wohnst in Hyde Park«, sagte Marc und sah Regan Bestätigung heischend an.

»Nein, nein, Aldo *arbeitet* in Hyde Park«, verbesserte sie schnell. »Er ist Professor an der Uni von Chicago.«

»Doktorand«, sagte Aldo.

»Richtig, das war's«, bestätigte Regan, und Marc nickte.

»Ich besorge nur schnell was«, sagte Aldo und machte eine vage Geste. »Für meinen Dad zum Geburtstag.«

»Oh«, machte Regan, und ihr Ausdruck wurde ein wenig weicher, aber Marc nickte nur wieder.

»Cool«, sagte er. »Weißt du, ich war schon neugierig, mit wem Regan wohl um fünf Uhr morgens in der Badewanne telefoniert«, bemerkte er mit einem Lachen und schüttelte den Kopf. »Nett, dich endlich kennenzulernen, Mann. Als Regan dich zum ersten Mal erwähnt hat, hab ich so gedacht: ›Aldo, ohne Scheiß?‹ – aber jetzt seh ich, es funktioniert.«

»Es ist die Kurzform für Rinaldo«, schaltete sich Regan für eine Erklärung ein.

»Ach, interessant«, erwiderte Marc, und kurz musste Aldo an Bienen denken.

Insbesondere an Drohnen.

»Also, wir sollten gehen«, sagte Regan. »Und dich weiter ein Geschenk aussuchen lassen.«

»Ja, klar«, erwiderte Aldo erleichtert. »Schönen Abend euch.«

»Dir auch«, sagte Marc. »Hey, wir sollten irgendwann mal zusammen essen gehen, nicht wahr, Süße?«

»Gute Idee!«, pflichtete Regan ihm bei.

»Sicher«, erwiderte Aldo, drehte sich um und ging in der entgegengesetzten Richtung weiter.

Er war gerade im Crate & Barrel (Masso benötigte einen neuen Korkenzieher), als sein Handy in der Hosentasche summte, weil er eine Nachricht bekommen hatte. Er zog es heraus, wandte sich von den Käsebrettern ab und blickte auf Regans Namen auf dem Display.

Das eben zählt nicht als eines der sechs.

Nein, schrieb er zustimmend und steckte das Handy wieder in die Hosentasche, bevor er sich dem Kellnerbesteck widmete.

Zu Hause – auf der Küchentheke, über der Messerschublade – lag das Notizbuch, das Aldo normalerweise immer bei sich trug. Es war voll, was gemeinhin ungefähr alle sechs Monate der Fall war, aber diesmal waren es nur vier Monate gewesen. Die Zeichnungen, mehr als alles andere die Auswirkungen spontaner Regungen, waren eigentlich immer die gleichen; geometrische Muster, üblicherweise Hexagone, alle verschieden schraffiert und in kleineren oder größeren Abstufungen gezeichnet. Aldo wagte sich nicht weit weg von Formen, obwohl er kürzlich einmal Lippen gezeichnet hatte. Ein majestätisches, hochmütiges Kinn. Ein Augenpaar, das ein hexagonales Strahlenmuster brach. Er hatte das Notizbuch oberhalb der Messerschublade vergessen, wo es nun auf der Küchentheke lag, und er würde auf seiner Shoppingtour Ersatz besorgen müssen.

Er blickte zu den Besteck- und Messerwaren, und sein Blick verdüsterte sich.

Es war Zeit für ein neues Schälmesser.

———

Für dieses Gespräch, das nicht zählte, trug Regan Jeans.

»Ist das hier das Math-Stat-Gebäude?«, fragte sie einen der draußen stehenden Studierenden, und mehrere nickten verwirrt. »Das Untergeschoss ist … vermutlich unten?«, fragte sie, und der Student deutete auf die Treppe. »Super, vielen Dank.«

Sie zitterte leicht. Die Temperatur war beträchtlich zurückgegangen, und sie ging eilig ins Gebäude.

Fünf Minuten bevor der Kurs begann, war sie da und wählte einen Platz ganz hinten im Raum. Die Studierenden holten ihre Laptops hervor, bereiteten sich auf den Unterricht vor, stöhnten über ihre Aufgaben. Es war einer dieser superkleinen, beengten Unterrichtsräume ohne Tageslicht. Das Whiteboard war leer und schien darauf zu warten, vollgeschrieben zu werden. Sie erhaschte ein paar Seitenblicke, wovon ein oder zwei mehrere Sekunden zu lang anhielten. Als Erwiderung lächelte sie höflich, und die Köpfe schnellten beschämend reumütig nach vorn.

Um Punkt drei Uhr betrat Aldo den Raum und ging den Mittelgang entlang. Er holte ein Lehrbuch aus seinem Rucksack, legte es auf den Tisch am Kopfende des Raums und blickte zu Boden. »Die Kettenregel«, sagte er, ohne sich die Mühe zu machen, die Studierenden zu begrüßen.

Er sah nur auf, um seine Augen durch den Raum schweifen zu lassen, und hielt abrupt inne, als er sie entdeckte.

Er blinzelte.

»Die Kettenregel«, sagte er noch einmal in genau dem gleichen Tonfall und wandte sich um, um etwas auf das Whiteboard zu schreiben, das wie totaler Quatsch aussah. »Wird dazu benutzt, um die Ableitung von zwei verketteten Funktionen zu finden.« Er machte eine Pause, und ohne über die Schulter zu blicken, bot er widerwillig an: »Ich nehme an, Sie wollen gern ein Beispiel?«

»Ja«, sagte jemand in der ersten Reihe.

»In Ordnung.« Aldo seufzte, und Regan unterdrückte ein Lachen. »Sagen wir, jemand springt aus dem Flugzeug. Sie wollen eine Reihe von Faktoren berechnen: Geschwindigkeit, Luftdruck, Auftriebshöhe.«

Er hatte sich nicht die Mühe gemacht, einen Blick auf die Studierenden zu werfen, aber Regan erkannte von ihrem Platz aus einige verständig nickende Köpfe.

»Vereinfacht das alles«, sagte Aldo. »Nehmt alle relevanten Faktoren zusammen und wendet eine einheitliche Herangehensweise an.«

Noch ein paar mehr nickende Köpfe.

»Wie auch immer«, sagte Aldo und machte weiter, füllte die Tafel mit ägyptischen Hieroglyphen und Dämonen herbeirufenden Zaubersprüchen (so nahm es Regan an), bis es 15 Uhr 51 war und er die Klasse mit wenigen geschraubten Worten daran erinnerte, dass nächste Woche eine Prüfung stattfinden würde.

Jemand fragte Aldo, ob er eine Übungsstunde halten werde. Er bestätigte, dass er das beabsichtige. Sein Blick wanderte zu Regan und dann wieder zu den Studierenden. Sie standen auf und begaben sich wie ein Zug eifriger Ameisen nach draußen. Dann wischte Aldo das Whiteboard sauber, verstaute sein Lehrbuch wieder in seinem Rucksack, kam den Mittelgang hinunter und blieb neben Regans Tisch stehen.

»Gespräch Nummer sechs?«, fragte er betont munter.

Sie schüttelte den Kopf. »Glaub mir«, sagte sie. »Daraus habe ich wirklich gar nichts gelernt.«

Er lächelte.

»Hast du Hunger?«, fragte er.

»Ja und nein«, antwortete sie und erhob sich. »Also ja«, korrigierte sie sich, »aber erst sollst du wissen, dass das hier keines unserer Gespräche sein kann.«

»Warum nicht?«

»Weil es in erster Linie um Logistik geht«, sagte sie und dirigierte ihn in Richtung Tür. »Ich habe eine Entscheidung getroffen: Ich möchte, dass du mit mir zur Jubiläumsparty meiner Eltern kommst.«

Einen Moment lang erstarrte er, so wie wenn sich etwas nicht richtig berechnen ließ. Mit einer Handbewegung zum Türgriff bedeutete sie ihm wortlos, diesen hinunterzudrücken. Er kam ihrer Aufforderung zögerlich nach, und nachdem er einen Schritt zur Seite getreten war, um sie vorzulassen, folgte er ihr in den Flur.

»Wann ist das?«, brachte er heraus, als er sich wieder von dem Schock erholt hatte.

Sie verkniff sich ein Lachen. »Willst du mich nicht fragen, warum du mit mir mitkommen sollst?«

»Ich beschränke mich auf Logistik«, sagte er. »Das hier soll kein Gespräch sein.«

»Richtig«, sagte sie. Spitzenargument. »Also, die Party ist am Samstag. Und wahrscheinlich wirst du über Nacht bleiben müssen.«

Ihm schien etwas auf der Zunge zu brennen, womit er nicht herausrücken wollte.

»Du fragst dich, ob ich mich von Marc getrennt habe?«, mutmaßte sie, und er schüttelte heftig den Kopf.

»Sag mir das nicht«, entgegnete er.

»Nun, dann werde ich wohl mit mir selbst reden«, schlug sie vor.

Dafür bekam sie ein Nicken. »Okay«, sagte er, hielt ihr wieder eine Tür auf und winkte sie nach draußen.

»Also«, Regan atmete tief durch, »es ist so: Meine Eltern mögen Marc nicht, und ich habe keine Lust auf eine Standpauke.

Allein zu fahren, habe ich auch keine Lust, denn es wird sicher schrecklich, aber ich will auch nicht, dass sie mich ausquetschen über, na, du weißt schon, die wirklich wichtigen Dinge im Leben. Meine Zukunft. Meine *Pläne*. Ich dachte, wenn ich hinfahre und einen …« Kurz blickte sie ihn an. »Na ja, nicht einen Freund, aber jemanden dabeihabe, dann stellen sie mir vielleicht keine Fragen – aber egal, ich denke das nur so laut vor mich hin«, sinnierte sie und zog ihren Mantel enger um sich, als er sie anwies, nach links zu gehen. »*Wenn* ich allerdings jemanden mitbringe, müsste derjenige Samstag Früh zur Verfügung stehen. Die Fahrt nach Naperville dauert ungefähr eine Stunde, und …«

»Das kannst du mir direkt sagen«, unterbrach er sie. »Das ist ja Logistik.«

»Oh, stimmt.« Sie verstummte, als sie merkte, dass sie ihm unbeabsichtigterweise erlaubt hatte, sie zu dem Motorrad zu führen, das sie noch nicht mit eigenen Augen gesehen hatte. »Äh, was ist das?«

»Eine 1969er Ducati Scrambler«, antwortete er. »Du hast gesagt, du hättest Hunger.«

»Gibt's hier auf dem Campus nichts zu essen?«

»Doch«, erwiderte er, »aber das Essen mag ich nicht.« Er reichte ihr seinen Helm. »Du kannst Nein sagen.«

Sie verengte die Augen zu Schlitzen und nahm den Helm entgegen. »Du weißt aber, dass ich das nicht tue, oder?«

Sein Lächeln wurde breiter. »Das kann ich weder bestätigen noch abstreiten«, antwortete er und schwang ein Bein über die Maschine, »da das keine Frage zur Logistik war.«

Einigermaßen widerwillig kletterte sie nach ihm auf das Motorrad, auch wenn sie es nicht so schlimm fand wie erwartet. Es war nicht das erste Mal, dass ein Junge ihr anbot, sie auf seinem Motorrad mitzunehmen, aber es war zweifellos das erste Mal, dass sie annahm. Bedingungsloses Vertrauen zu Aldo Damiani schien eine Angelegenheit von persönlicher Neugier zu sein, die zu leugnen es Regan an Energie fehlte.

»Vorsichtig«, warnte sie ihn und setzte den Helm auf. »Wertvolle Fracht.«

Er wandte den Kopf über die Schulter. »Halt dich fest«, riet er ihr, und sie rutschte vor, um ihre Arme um seinen Oberkörper zu schlingen, hielt aber inne, als sie ein Hindernis bemerkte.

»Du trägst einen Rucksack.«

»Ja, und …?«

»Es ist … Der ist zwischen uns. Das ist nicht sonderlich bequem.«

Er kreiste die Schultern, und die Gurte fielen herab, dann ließ er den Rucksack zu einer Seite gleiten und bot ihn ihr an. »Willst du ihn tragen?«

Es war nicht so, dass es noch eine andere Option gegeben hätte. »Sicher.«

Das hier hatte einen Oldschool-Charme, dachte sie. Total retro-ritterlich und auch umgekehrt – *sie* trug *seine* Bücher –, also war's sogar noch besser. Sie setzte sich seinen Rucksack auf und zog die Gurte straff, um das Lehrbuch zurechtzurücken, das ihre Schultern nach hinten zog. Dann betrachtete sie Aldos gekrümmte Wirbelsäule, während er sich erwartungsvoll über den Lenker beugte.

Sie fragte sich, ob er nach Leder riechen würde.

Vermutlich würde sie es gleich herausfinden.

Für einen kurzen Moment spielte sie ihre Möglichkeiten durch, um zu entscheiden, ob sie sich zuerst vorlehnte (und sich daher, Brust raus, unmittelbarer Intimität unterwarf) oder zunächst den Raum vor sich vorsorglich abtastete, um vor der Berührung den Bereich ihrer vereinten Körpergrenzen zu erforschen. Sie entschied sich für Letzteres, legte erst mal die Handflächen auf seine Taille und schlang dann ihre Arme um seinen Körper. Da sie das Gefühl hatte, zu weit weg und somit nicht sicher zu sein, schob Regan ihre Hüften auf dem Motorrad nach vorn, während ihre Beine die Außenseite seiner Oberschenkel umschlossen. Er drehte sich um und sah sie wieder an.

»Kann's losgehen?«

Nur eine logistische Frage, rief sie sich in Erinnerung.

»Ja«, sagte sie.

Er roch nach Leder, stellte sie fest, und auch nach einem schwachen, leicht moschusartigen Duft, dazu noch ein Hauch Waschmittel der Note Meeresbrise. Nacheinander nahm sie ihn mit jedem ihrer Sinne auf: Er fühlte sich sicher an, roch nach Beständigkeit, klang entschlossen. Sein Nacken war eine Karikatur widerspenstiger Locken; jemand musste ihm die Haare schneiden. So dicht an ihn gedrängt, war nicht zu überhören, dass er scharf einatmete, als sie ihn mit ihren Armen umfasste und wartete.

Als Fahrer war er auf Sicherheit bedacht. Er fuhr, wie er sich bewegte, wie er nachdachte, das Ergebnis nüchterner Überlegung. Für jemanden, der seiner Umgebung so wenig Beachtung schenkte, war er auf dem Motorrad außergewöhnlich aufmerksam und blickte sich mit an Paranoia grenzender Häufigkeit nach Hindernissen um. Regan ihrerseits konnte, sobald sie die Sorge um ihre Haare beiseitegeschoben hatte, sehen, warum er das Motorrad vorzog. Das Fehlen von vier Türen und einem Blechrahmen um sie herum veränderte ihre Wahrnehmung der Umgebung, setzte eine neu-alte Rastlosigkeit frei, je weiter sie kamen, und sie begann, in etwas anderes überzublenden. Regan spürte, wie ein zweites Ich ihrer Brust entschlüpfte und die Tour in vollen Zügen genoss, die Arme fester um Aldos Körper schlang und flüsterte: *Schneller, schneller, schneller.*

Er entführte sie nicht weit weg, sondern hielt an einem Diner in der südlichsten Ecke von The Loop. Von da an waren ihre Bewegungen – sie reichte ihm den Rucksack, er hielt ihr die Restauranttür auf – stumm und leicht verlegen. Enttäuscht betraten ihre Füße das Pflaster und beklagten das demütigende Zu-Fußgehen-Müssen.

»Was gibt's hier Gutes?«, fragte sie ihn.

»Alles hier ist gut«, antwortete er. »Kommt drauf an, worauf du Lust hast.«

Eine logistische Frage, versicherte sie sich erneut.

»Was Süßes?«, sagte sie.

»Kuchen«, schlug er vor und deutete auf die Glasvitrine mit Schokoladen- und Red-Velvet-Kuchen. Sie lachte, anstandshalber.

»Ist es nicht ein wenig früh für Kuchen? Oder spät?«

Er blickte auf die Armbanduhr. »Es ist halb fünf«, sagte er. »Zwischen den Mahlzeiten, oder?«

Als die Kellnerin an ihren Tisch kam, schien sie ihn wiederzuerkennen. Aldo deutete auf Regan.

»Den Red-Velvet-Kuchen, bitte«, sagte sie.

»Für dich das Übliche?«, fragte die Kellnerin, und Aldo nickte.

Regan setzte sich zurecht, suchte nach einer bequemen Position auf der Sitzbank, und Aldo sah von seinem Wasserglas auf.

»Du hättest einfach anrufen können«, bemerkte er. »Oder eine Nachricht schreiben.«

»Ich fand es so fairer«, erwiderte sie. »Da du mich ja auch bei der Arbeit gesehen hast.«

Er schien das für eine akzeptable Antwort zu halten.

(Auch wenn es in keinem Zusammenhang stand, wenn er sie ansah, fühlte sie ein Kratzen in der Kehle. Als müsste sie etwas aushusten, das tief drinnen steckte.)

»Ich weiß nicht, wie ich mit dir reden soll, ohne dass es, na, du weißt schon. Ohne dass es ein Gespräch ist«, sagte sie.

»Wir müssen nicht reden.« Er zuckte die Achseln und lehnte sich zurück. »Für mich ist Schweigen in Ordnung.«

»Okay.« Vermutlich war das in gewisser Weise eine Erleichterung. An dem Tag hatte sie viele Gespräche geführt, und keines davon war sehr lohnend gewesen.

(»Sosehr ich es auch begrüße, um ein Wochenende bei deinen Eltern herumzukommen«, hatte Marc zu ihr am Morgen gesagt, »muss ich mir wegen dir und diesem Aldo Gedanken machen?«

Ein Teil von ihr hatte es ihm verübelt, dass er deswegen nicht schon tief beunruhigt war.

»Natürlich nicht«, hatte sie erwidert. »Er ist ein Freund. Außerdem, komm schon, du hast ihn doch getroffen – das wird ein Riesenspaß.«

»Aha, verstehe.« Es war so einfach; Marc hatte kopfschüttelnd gekichert und keine weiteren Fragen stellen müssen. »Da ist sie. Die Königin des Chaos.«

Chaos um des Chaos willen. Regans Hauptbeschäftigung und der Grund, warum sie so verdammt komisch war.

»Dann hast du also nichts dagegen?«, hatte sie sich versichert, und Marc hatte die Achseln gezuckt.

»Wir beide wissen, dass du am glücklichsten bist, wenn du eine Szene machen kannst.« Er hatte sich wieder der Cafetiere zugewandt und die Sache auf sich beruhen lassen. Es war kein Streit, und es war auf keinen Fall ein großes Drama; er hatte schon alle Nuancen von Regans Höhen und Tiefen gesehen. Manchmal war sie fantastisch, kreativ, geistreich; manchmal einfach nur durchschaubar, verwöhnt, manisch, eitel. Es war niemals besonders gemein, aber immer ehrlich. Sie liebte Marc für seine Ehrlich-

ǀ

keit. Und wie sie sich jetzt ins Gedächtnis rief, war sie dankbar für seine Offenheit.)

Der Kuchen wurde gebracht, ein großer Klecks Schlagsahne thronte neben mehreren Schichten Frischkäse. Regan stach ihre Gabel in beides und überließ sich dem absurden Exzess (was sonst war so unnötig bombastisch wie ein Diner?) und schob sich den Kuchen gierig in den Mund. Er war köstlich, so samtig, wie sein Name es versprach. Ihre Wahl war auf beruhigende Weise schwelgerisch, extravagant, und Regan rutschte zufrieden die Bank entlang, bis ihr Knie mit Aldos zusammenstieß.

»Lecker?«, fragte er.

»Göttlich«, antwortete sie und lehnte den Kopf gegen das Vinyl-Rückenpolster, als sie sich mit erschlafften Gliedern, aber hochbegeistert, beide Beine ausgestreckt, hinfläzte.

Er lächelte wissend, dann senkte er den Blick auf seinen Teller.

(»Wie zwanghaft schätzt du dein Verhalten ein?«, hatte ihre Psychiaterin sie gefragt.

Zwanghaft genug, um in sechs Gespräche mit einem Fremden einzuwilligen, hatte Regan gedacht.

»Ich weiß nicht«, hatte sie geantwortet. »Vielleicht ein klein wenig.«)

Ihr äußerer Fußknöchel streifte Aldos inneren unter dem Tisch und blieb dort.

(»Und wie sind deine Stimmungen?«, hatte die Psychiaterin gefragt.

Die Sache mit den Tabletten ist die, hätte Regan gern zu der Ärztin gesagt, die eindeutig noch nie selbst welche genommen hatte, man hatte immer noch Höhen und Tiefen; nur dass sie jetzt anders waren, umschlossen von begrenzenden Klammern. Es gab noch eine gewisse innere Zügellosigkeit, die nach einem höheren Hoch schrie und die Krallen nach einem tieferen Tief ausfuhr, aber letzten Endes waren die Tabletten lockere Fesseln, eine Methode, betäubt zusammenzuschrumpfen.

Jedes Mal, wenn sich Regan eine Tablette auf die Handfläche legte, wurde sie aufs Neue stranguliert; eine schwache Erinnerung an die entfernte Notwendigkeit, ihr Herz zum Schlagen zu zwingen. Sie sehnte sich nach sinnlosem Zorn, einem trockenen Schluchzen, einer psychotischen Freude, und ihr Herz schlug ein ums andere Mal, dennoch fand sie nichts.

Was war sie ohne die Flatterhaftigkeit ihrer extremen Launen?

»Manipuliert«, hatte sie gesagt.)

Sie blinzelte sich in den gegenwärtigen Moment zurück, nahm noch einen Bissen Kuchen und blickte wieder zu Aldo. Sein Schweigen war weniger drückend als ihres, wenigstens stellte sie sich das vor. Er schien ausgeglichen oder zumindest ruhig. Er betrachtete etwas außer Sichtweite, die Augen fest in die Leere gerichtet.

Seine Haare fielen ihm in die Augen, und es ärgerte sie, indem es sie zwischen den Schulterblättern juckte.

»Wohnst du weit weg?«, fragte Regan.

Aldo blickte auf und zwang sich, in die Gegenwart zurückzukehren.

»Nein«, erwiderte er. »Nur ein paar Straßen weiter.«

Gut. Perfekt. Ideal.

»Ich werde dir die Haare schneiden«, teilte sie ihm mit.

(»Wie zwanghaft schätzt du dein Verhalten ein?«, hatte die Psychiaterin gefragt. *Scheiß drauf, ich kann mich nicht erinnern!*, hatte Regan nicht geschrien.)

Aldos Blick ruhte auf ihr, wurde eindringlicher, aus den Tiefen seiner Gedanken drang sichtlich eine Unterhaltung an die Oberfläche.

Dann verstummte sie mit einem Mal. Die Duldsamkeit in seinen Augen war sanft.

»Okay«, sagte er und aß dann weiter sein Sandwich.

Regan in seine Wohnung zu lassen, war genau die Art von Problemstellung, an der Aldo überhaupt kein Interesse hatte, weil es schwierig war, sämtliche dabei auftretenden Prognosen zu bemessen. Würde sie zum Beispiel anders über ihn denken, nachdem sie gesehen hatte, wie er lebte? Was voraussetzte, dass er eine Vorstellung davon hatte, was sie jetzt über ihn dachte, und das war nicht der Fall. Trotzdem, würde sie ihn langweilig finden? Dysfunktional? Würde sie sich letztlich wünschen, das Gesehene aus dem Wissen herauszutrennen, das sie bereits über ihn besaß, und wäre er in Zukunft noch in der Lage, dort zu schlafen, nachdem er bis ins kleinste Detail all die Orte mitbekommen hatte, an denen sie gewesen war?

Nicht, dass es wichtig war. Er schlief nur selten, und sie war sowieso schon an all seinen anderen Orten gewesen.

Er schloss die Tür auf, und sie schlich leise hinein, vorsichtig, als könnte sie bei etwas stören. Mach dir keine Gedanken, du passt wunderbar hierher, dachte er. Keine Sorge, hier gibt es nichts, was du kaputt machen könntest.

Nachdem sie eingetreten war, stellte sie sich aufrecht hin und sah nach oben. »Hohe Decken.«

»Ja«, bestätigte er.

Sie nickte, blickte sich kurz um und wandte sich dann wieder zu ihm.

»Hast du, na ja, du weißt schon. Einen Rasierer?«, fragte sie.

»Einen Haarschneider? Ich weiß nicht, wie das heißt.«

Er zog eine Augenbraue in die Höhe. »Sollte ich mir Sorgen

machen, was du mit meinem Kopf anstellst, wenn du nicht mal weißt, wie das Werkzeug heißt?«

»Schlimmer kann's nicht werden, glaub mir.« Wieder sah sie ihn direkt an und inspizierte seine Haare. »Es ist echt übel. Und du hast sie dir nicht geschnitten, seit ich dich kennengelernt habe, also ...«

Sie sprach nicht weiter.

»Badezimmer.« Er führte sie hin, und sie nickte und straffte die Schultern. Sie besaß eine ausgeprägte Fähigkeit, Raum einzunehmen, dachte er. Dadurch wurde ihre Umgebung Teil ihres Herrschaftsgebiets, und ihre Atmosphäre richtete sich nach dem Takt ihrer Schritte. Aldo hingegen war normalerweise den Regeln und Gesetzen des Raums unterworfen.

Sobald sie hereingekommen war, schwang sie sich auf den Waschtisch und folgte ihm mit der für sie typischen scharfen Beobachtungsgabe, während er nach dem Haarschneideset suchte, das er mal zu Weihnachten geschenkt bekommen, aber nie benutzt hatte. Er rechnete schon damit, eine Staubschicht von dem Etui pusten zu müssen.

Genau in dem Moment, als er es aus einer Schublade hervorholte, sprang sie wieder herunter und streckte die Hand danach aus.

»Okay, jetzt ...« Sie sah sich stirnrunzelnd um. »Setz dich«, sagte sie, als sie ihm zunächst einen Platz auf der Toilette zuwies, dann aber innehielt. »Nein, warte. Zieh erst dein T-Shirt aus.«

Er blickte an sich hinunter, dann wieder zu ihr. »Was?«

»Na ja, schätzungsweise besitzt du keinen von diesen Umhängen. Oder irgendwas in der Art.«

Er brauchte einen Augenblick, um zu begreifen, dass er sein T-Shirt ausziehen sollte.

Mit einem etwas verspäteten Schaudern kam er ihrer Aufforderung nach, kalte Luft traf auf nackte Haut, er ließ das Shirt auf den Boden fallen und setzte sich, wie von ihr gewünscht, rittlings auf den Toilettendeckel. Währenddessen huschte sie in seinem Badezimmer umher, suchte eine Klingenlänge aus und nahm eine Schere unter die Lupe. Stumm traf sie ihre Wahl, schloss den Haarschneider an die Steckdose an, und als sie sich dann hinter ihn stellte, musterte sie seinen Nacken, während er sie im Spiegel beobachtete. Vor Konzentration zog sie die Stirn kraus; ihre Hände ruhten leicht oberhalb der Narben auf seiner Schulter (Asphaltausschlag, bleibend), bevor sie durch sein Haar fuhr und dessen Länge zwischen ihren Fingern bemaß. Ihre Fingernägel kratzten leicht über seine Kopfhaut, und besänftigt von ihrer Berührung, schloss er vorübergehend die Augen.

Als er die Augen wieder öffnete, beobachtete sie ihn im Spiegel. Sie wandte den Blick nicht ab, und ihr Daumen zog schwungvoll eine Linie von seinem Nacken bis zum oberen Ende der Wirbelsäule.

Dann atmete sie hastig aus und senkte den Blick, um sich wieder auf seine Haare zu konzentrieren.

Er war nicht sicher, was er erwartet hatte. Im Prinzip schien sie methodisch vorzugehen, mit einem Angriffsplan oder zumindest irgendeiner Art sequenzieller Geografie. Sie hatte gesagt, Kunst sei präzise, und er glaubte ihr. Jetzt war er sich sicher, dass sie eine Künstlerin war, egal, ob sie davon überzeugt war oder nicht. Die ganze Zeit hindurch befand sie sich inmitten einer Untermalung und stellte sich vor, wie alles aussehen würde, bevor sie es zuverlässig wahr machte.

Der hoch konzentrierte Blick passte zu ihr, sprühend und strahlend. Ihre Lippe war zwischen ihren Zähnen gefangen, in ihrer tiefen Versunkenheit entwischte manchmal ihre Zungenspitze, und Aldo war so sehr auf sie fixiert, dass er gar nicht bemerkte, was sie mit seinen Haaren machte, bis sie einen Schritt zurücktrat und seine Augen im Spiegel suchte.

Sie hatte seine Haare so kurz geschnitten, dass sie jetzt eher verwuschelt als gelockt waren und ihm nicht mehr in die Stirn und über die Augen fielen. Er hatte sich nicht viel aus dem Ergebnis gemacht, aber er war zufrieden damit; es war richtig von ihm gewesen, ihrem Auge zu trauen, und er ließ seine Finger über den kurzen Schnitt fahren.

»Das wär's«, murmelte sie zu sich selbst, während sie die kurz geschorenen Wellen auf seinem Kopf zerzauste und dann wieder glättete, um ihr Handwerk zu betrachten. »Jetzt sieht man, dass jemand dich gernhat«, sagte sie, und ihre Hand hielt inne, als sich ihre Blicke wieder im Spiegel begegneten.

Aldo lehnte seinen Kopf gegen ihren Oberkörper und ließ ihn dort versuchsweise für einen Moment ruhen. In Erwiderung strich Regan mit ihrem Daumen über seine Schläfe und streifte dann weiter unten seinen Wangenknochen. Er schob eine Hand hinter sich und umklammerte ihr Knie, während ihre Finger durch seine Haare fuhren und ihr Atem unter dem Gewicht seines Kopfes schneller ging.

Er ließ die Augen zufallen und schlug sie dann wieder auf. »Um wie viel Uhr?«, fragte er.

Sie wirkte erleichtert. »Um sieben?«, schlug sie vor. »Ich fahre.«

»Was soll ich mitnehmen?«

»Hm.« Ihre Fingerspitzen senkten sich auf sein Schlüsselbein und tanzten auf dem schmalen Knochensteg. »Ein Jackett? Eine Stoffhose? Hast du so was?«

»Ich habe einen Anzug«, versicherte er ihr, und seine Hand fuhr ihren Unterschenkel entlang, bis sein Zeigefinger leicht ihren Fußknöchel streichelte. Dann glitt seine Hand fort, zurück in die Sicherheit seines eigenen Raums. »Ich musste schon zu Vorstellungsgesprächen, Chuck.«

Sie blickte verdutzt drein.

»Charlotte«, sagte sie und gab ihn unvermittelt frei, um den Haarschneider auf dem Waschbeckenrand abzulegen. »Du musst mich Charlotte nennen.«

Er stand auf und drehte sich zu ihr um. »Na klar«, versicherte er ihr und lehnte sich gegen den Türrahmen, während sie in die Diele ging und unschlüssig auf die Wohnungstür zustrebte. »Noch etwas?«

»Nein, eigentlich nichts.« Kurz lachte sie und blieb stehen. »Jedenfalls nichts, das nicht warten könnte.«

Er nickte und warf einen Blick auf seine Armbanduhr. Es war beinahe sechs. »Soll ich dich nach Hause fahren?«

Sie schüttelte den Kopf. »Schon in Ordnung. Ich nehme die Bahn.«

»Bist du sicher?«

Zwar befand sich die Haltestelle gleich an der nächsten Straßenecke, dennoch war ihm der Gedanke unbehaglich.

»Ja.« Sie schien fahrig, unruhig. Vielleicht musste sie allein sein.

Sie wandte den Blick ab, und als er zu ihm zurückkehrte, strahlte er felsenfeste Überzeugung aus.

»Hoffentlich hast du nichts über mich gelernt«, bemerkte er.

»Kein bisschen«, versicherte sie ihm. »Dann bis Samstag?«

»Ja.«

Als sie fortging, tat er ihr den Gefallen, ihr nicht zu folgen, sondern starrte stattdessen auf die leblosen Locken, die überall auf dem Badezimmerfußboden verteilt lagen, und wurde sich des fehlenden Gewichts auf seinem Kopf bewusst. Wieder betrachtete er sich im Spiegel und ordnete seine Frisur, wie sie es getan hatte.

Wirklich faszinierend zu sehen, was sie sah. Echt verwirrend, dass sie eine Vorstellung ihrer Fantasie in Realität verwandeln konnte. Praktisch Magie.

Er ging zum Garderobenschrank und notierte sich in Gedanken alle Orte in seiner Wohnung, wo sie gewesen war.

Hier. Hier. Dort.

Im Geiste vollzog er die Art ihrer Berührung nach, reproduzierte ihre Muster und Formen und verlinkte Beobachtungen miteinander. Das Tempo ihres Zögerns. Die Kraft ihrer Atemzüge. In seinem Kopf drehte und wendete er sie, Fakten, Details und Beobachtungen, und umschloss sie mit seinen Gedanken wie seine Finger ihr Knie, ihre Hand.

Dann schaltete er den Staubsauger ein und ließ das laute Geräusch sein Inneres übertönen.

––––––––

»Du meinst das also wirklich ernst?«, fragte Marc mit einem leichten Kichern, als er zusah, wie sie ein Paar High Heels in ihre Reisetasche warf. »Klar, du hast gesagt, dass das deine Absicht war, aber …«

»Ich packe doch, oder?«, entgegnete sie. Sie schob sich ein paar Strähnen aus der Stirn und überlegte, ob sie das Kleid mitnehmen sollte, das ihr immer so gut stand, selbst wenn das bedeutete, dass ihre Mutter sie dafür tadeln würde, auf einer Jubiläumsparty ein Kleid in einer Trauerfarbe zu tragen.

Madeline würde wahrscheinlich in Rot gekleidet sein. Rot war Madelines Farbe, und mochte es Zufall sein oder nicht, es war auch eine festliche. Rot bedeutete Glück in dem wenigen, was sich Helen Regan (Yang in einem früheren Leben) von der chinesischen Kultur bewahrt hatte, obwohl sich Regan recht sicher war, dass auch dieser Bestandteil der Tradition ohne Weiteres über Bord geworfen worden wäre, wenn Rot nicht so fantastisch an ihrer ältesten Tochter ausgesehen hätte. Als Regan und ihre Schwester noch klein waren, hatte ihre Mutter sie allgegenwärtig mit den gleichen roten Kleidchen ausgestattet, aus denen irgendwann rote Kostüme für Tanzwettbewerbe wurden und dann Madelines scharlachrote Lippen beim Abschlussball auf der Highschool, die noch lange nach dem College zu ihrem Markenzeichen wurden. Zu Regan hatte die Farbe jedoch nie wirklich gehört.

Abgesehen von den Granatohrringen, aber die zählten nicht.

»Also dieser Typ«, sagte Marc und unterbrach damit ihre Gedanken, woraufhin Regan ihn schon recht gereizt ansah. Sie hasste es, wenn sie seine Gedanken lesen musste.

»Sein Name ist Aldo.«

»Okay, schon klar.« Marc fuhr sich mit einer Hand über seinen Dreitagebart. »Was genau machst du da, Regan?«

»Hab ich dir doch gesagt. Ich packe.« Vielleicht das lila Wickelkleid, dachte sie. Für den Geschmack ihrer Mutter immer noch düster, aber Regan hatte eine Vorliebe für satte Farben. Außerdem hatte sie sowieso noch nie dem Geschmack ihrer Mutter entsprochen und würde das jetzt ganz gewiss nicht hinkriegen.

»Ich meinte, was du mit *ihm* machst, Regan. Schenke ich dir nicht genügend Aufmerksamkeit?«

»Du schenkst mir jede Menge Aufmerksamkeit.« Bei nochmaliger Überlegung war das lila Kleid bieder. Das blaue Seidenkleid war schmeichelhafter. Obwohl, wenn sie auf Schmeicheleien aus war, dann war eindeutig das schwarze die richtige Wahl, also war sie wieder da, wo sie angefangen hatte. »Ich wünschte sogar, du würdest dich weniger um mich kümmern, da ich, wie du siehst, beschäftigt bin.«

»Regan.« Marc seufzte und hielt sie am Arm fest, als sie sich daranmachte, ihren Kleiderschrank zu durchsuchen. »Ich will nur wissen, ob das irgendeine … Episode ist?«

Sie blinzelte überrascht und drehte sich zu ihm um. »Wie bitte?«

Sie hatte diesen *Tonfall*, und er kannte die Warnzeichen. Er betrachtete ihre Stimmungsschwankungen als Teil ihrer exzentrischen Persönlichkeit, und in ihrer Abwesenheit beklagte er sich wahrscheinlich bei ein paar Drinks mit seinen Freunden darüber. *Frauen*, hörte sie ihn in ihrer Fantasie sagen, *hab ich nicht recht?*

»Hab dich nicht so«, sagte er. »Ich habe dir ja gar keinen Vorwurf gemacht, sondern nur eine Frage gestellt.«

Regan wurde wütend. Er hatte sie nicht gefragt: *Hast du deine Tabletten genommen?*, aber sie konnte es hören, die Andeutung, dass sie es unterlassen hatte. »Mir geht's gut«, sagte sie und wandte sich wieder dem Packen zu. *Es ging ihr gut*, abgesehen von Marc, der nervigerweise um den heißen Brei herumredete. Es ging ihr sogar *überraschend* gut. Tatsächlich spürte sie beinahe so etwas wie Aufregung, eine verblüffende, aber höchst willkommene Abwechslung zu der üblichen existenziellen Angst, die sie bei dem Gedanken, ihrer Familie gegenüberzutreten, erfasste.

»Aldo ist, du weißt schon. Ein Freund«, erinnerte sie ihn. »Ein Puffer, in Wahrheit.«

Regan bezweifelte, dass ihre Eltern sie intensiv nach ihren Zukunftsplänen ausfragen würden, wenn Aldo dabei war. Wahrscheinlich wären sie steif und förmlich, nicht gewillt, irgendetwas anderes als schiere Höflichkeit zu demonstrieren. Marc, der dazu neigte, sich in Gesprächen wankelmütig zu verhalten, war nie wirklich verlässlich. Er *mischte* sich unter die Leute. Er war ein *Konformist*. Aldo hingegen wäre ein Fixpunkt an ihrer Seite.

»Du magst ihn«, stellte Marc fest.

»Ist *das* ein Vorwurf?«, fragte sie und sah ihn eindringlich an. Er gab keine Antwort.

Ungefähr im gleichen Moment erinnerte sich Regan plötzlich

wieder an ein Kleid, das sie seit Jahren nicht mehr getragen hatte, und wandte sich wieder ihrem Schrank zu, um es zu suchen. In den letzten Monaten hatte sie an Gewicht verloren, glaubte aber, dass es ihr immer noch gut passen würde. In ihren kriminellen Zeiten war sie dünner gewesen. Schlaf war damals eher eine Seltenheit gewesen, und ihr Hang, sich völlig auf eine bestimmte Aufgabe zu konzentrieren, hatte sie ziemlich viele Mahlzeiten überspringen lassen.

»Regan«, sagte Marc jetzt, »wenn dieser Typ ... ich meine, wenn er einfach nur etwas ist, das du unbedingt ausprobieren musst, um ihn dann ...«

Seine Stimme verlor sich, und nachdem sie das Kleid ganz hinten aus dem Schrank herausgefischt hatte, drehte sie sich mit finsterer Miene zu ihm um. »Was?«

»Mich würde es nicht stören. Ich meine, ich wüsste es gern«, berichtigte er sich mit einem trockenen Lachen, »aber du weißt schon.«

Ihr Magen zog sich krampfhaft zusammen. Das hier geschah völlig außer Plan. Marc sollte seinen totalen Besitzanspruch auf sie nicht verlieren, nicht, bis sie nicht mindestens ein Jahr lang verheiratet wären.

»Hoffentlich ist das nur ein schwacher Versuch von umgekehrter Psychologie«, eröffnete sie unwirsch.

Er schüttelte den Kopf. »Ist es nicht. Es ist nur ...« Er zuckte die Achseln. »Ich kenne dich, Regan.«

Eine schöne Empfindung, hätte es zumindest sein können, nur dass es gar nicht vertraut klang. Eher wie Hohn, und Regan verschränkte die Arme vor der Brust. »Könntest du bitte aufhören, in Rätseln zu sprechen, Marcus? Spuck einfach aus, was du mir sagen willst.«

Vielleicht ein klein wenig zu defensiv.

»Ja?«, sagte er, und seine Stimme klang ein klein wenig zu fies.
»Okay, Regan. Ich spuck's aus, kein Scheiß: Fick ihn, wenn du
Bock drauf hast.«

Sie versuchte, keine Miene zu verziehen, obwohl sie sicher war,
ein kleines Stück zurückgewichen zu sein.

»Und weißt du, warum das egal ist? Weil du zu mir zurück-
kommen wirst«, sagte er, und wieder war es ein irritierendes Miss-
verhältnis: sanfte Worte, schlechte Absichten. »Weil ich dich
kenne. Weil ich dich *verstehe*. Du glaubst, du willst etwas Aufregung, etwas Neues und Interessantes, aber Süße …«

Er trat einen Schritt auf sie zu und strich ihr kühl eine Strähne
aus dem Gesicht.

»Du weißt, dass er dich irgendwann durchschauen wird«, murmelte er. »Du ziehst eine Nummer für ihn ab, genau wie für alle anderen auch – aber letzten Endes laugt dich das nur aus, oder nicht?«

Zorn stieg in ihr auf, sie war irgendwas zwischen gekränkt
und ertappt.

Es gab nichts Schlimmeres, als berechenbar zu sein. Kein nie-
dereres Gefühl als das, gewöhnlich zu sein.

Nichts Enttäuschenderes, als daran erinnert zu werden, dass
sie beides war.

»Wir sind gleich, Regan«, rief ihr Marc in Erinnerung. »Es ist
nicht nett unter der Oberfläche, oder? Aber für mich musst du
nichts anderes sein. Du kannst einfach so verkorkst sein, wie du
bist.« Er lachte in ihr Ohr, und seine Lippen streiften ihre Wange.
»Und ich werde immer noch da sein, selbst wenn alle anderen sich
von dir abwenden.«

Seine süße Liebenswürdigkeit war immer ziemlich bitter, seine
Aufrichtigkeit niemals ohne eine Spur Bissigkeit. Das gefiel ihr
wirklich an ihm, sein Gefühl von Macht. Marc Waite war immer
schön distanziert.

Zwischen ihnen herrschte ein ständiges Ungleichgewicht, das, so verstand sie es, ihnen beiden bewusst war. Sie war so nahe am Nichts gewesen, als er sie gefunden hatte, dass sie ihm ihre ganze Beziehung lang etwas schuldig sein würde, oder alles, nur weil er geblieben war, als jeder vernünftige Mensch gegangen wäre. Das war nicht vollkommen unromantisch. Im Gegenteil, auf perverse Weise war es genau das. Auch wenn die sexuelle Leidenschaft erlosch, gäbe es immer noch ein darunterliegendes Gefühl von Zusammengehörigkeit, eine Übereinkunft, dass Marc mit seiner charmanten Lasterhaftigkeit abgefuckt war, Regan aber immer abgefuckter, selbstsüchtiger, launenhafter und eitler wäre als er. Zusammenpassende Teile in einem perfekten, abgefuckten Puzzle, wo sie die Kaputte war und er der Normale. Sie wäre immer krank, und er wäre immer super.

»Du gibst dich also damit zufrieden, dass du kampflos gewinnst«, sagte sie und blickte ihm in die Augen. »Ist es so? Ich darf Aldo ficken, weil er mich letzten Endes sowieso abservieren wird?«

Sie wünschte sich, er hätte eine Miene verzogen, aber sein Gesicht blieb ungerührt. Eigentlich hatte sie auch nicht wirklich damit gerechnet. Einfach genug Drogen nehmen, und nichts brachte einen mehr aus der Fassung. Eine Frau wählen, die mit ihrem Skandalwert zockte, und irgendwann war man zu abgestumpft, um damit fertigzuwerden.

»Das«, antwortete Marc, »oder ich liebe dich.« Achselzuckend ließ er sie los und drehte sich weg. »Egal, was für dich funktioniert, Regan. Gleichgültig, wie du das vor dir selbst rechtfertigen musst.«

Er ließ sie mit dem zusammengefalteten Kleid in den Händen stehen, und so gern sie ihm auch etwas hinterhergeworfen hätte, sah sie ihm doch nur beim Weggehen zu.

Der Anblick seines Rückens war ihr verhasst. Es machte etwas mit ihr, reduzierte sie auf ihre Unlogik, ihre Unzulänglichkeit, ihre Unwichtigkeit. Sie könnte einfach so durch die Ritzen im Fußboden schlüpfen, sich aufgrund ihrer Niedrigkeit in nichts auflösen, und er wusste es. Ein alter dumpfer Schmerz stach in ihrer Brust, und auf der Suche nach einer Atempause blickte sie auf das Kleid hinunter, das ihre Finger fest umklammerten.

Grün war eine interessante Farbe. Es hatte so viele Konnotationen, so viele Formen. In Smaragd war es manchmal glänzend, andere Male schlammig und stumpf. Grün konnte so dunkel sein, dass es auf den ersten Blick wie Schwarz aussah, oder zumindest wie ein sehr viel dunklerer Farbton als sein eigentlicher. Zu Letzterem gehörte dieses Kleid. Schwierig einzuordnen, obwohl es in einem bestimmten Licht extrem offensichtlich wurde: grün, definitiv grün. So grün, dass es unverständlich schien, etwas anderes darin zu sehen oder dass es anderen nicht auffallen sollte. Grün im Licht einer Waffensammlung. Grün vor dem Hintergrund einer Kirche. Grün bei einem Drink in einer Bar, einem Stück Kuchen im Diner, bei Trivialitäten. Grün in seinem Spiegelbild, wenn er ihren Blick erwiderte, während seine Finger reumütig ihre Wade umfassten. Der hintere Ausschnitt war tief und elegant, und ein BH kam nicht infrage. Ein Höschen wohl ebenso wenig. Wenn er mit ihr tanzte, *falls* er mit ihr tanzte – sie hatte den merkwürdigen Verdacht, dass er einwilligen würde, wenn sie ihn aufforderte –, dann gäbe es für seine Hände keine Stelle an ihrem Körper, wo er nicht nackte Haut fände. Sie erinnerte sich an das Gefühl seiner Finger, die Muster auf ihren Oberschenkel zeichneten, irgendeine nicht auszumachende Abfolge von Berechnungen. In Gedanken arrangierte sie ihre Erinnerungen an ihn neu, nahm die Sanftheit seiner Berührung und stellte sich vor, wie sie ihren Rücken an der Wirbelsäule hinauffuhr.

Dann erschauderte sie.

Damit legte sie das Kleid auf ihre Reisetasche und ging ins Badezimmer. Marc war irgendwo im Wohnzimmer und hielt sich mit einiger Sicherheit fern, aber manche Dinge erforderten einen geheimen Ort, geschlossene Türen. Sie schlüpfte aus ihren Leggings, streifte sich das Sweatshirt über den Kopf, und als sie sich nackt in die Badewanne legte, ließ das kalte Porzellan sie frösteln.

Sie dachte daran, ihn anzurufen. Bei der Aussicht durchlief sie ein nicht ganz unbedeutender Schauer. *Das hier ist kein Gespräch*, würde sie sagen, *also sprich nicht. Bleib einfach hier bei mir und atme.* Sie fragte sich, was er darüber denken würde, wenn er nur ihren Geräuschen lauschte. Marc wäre von so etwas selbstredend begeistert. Er hatte eine große Leidenschaft für alle schönen, alle sinnlichen Dinge, obwohl er sie am meisten als Wärter, als Behüter liebte.

Aldo, sagte Regan hinter ihren verschlossenen Augen, hast du irgendetwas über mich gelernt?

(Hast du nicht genügend aufgepasst, um wegzulaufen?)

Ihre Handfläche glitt über die Körperteile, die sie in unzähligen schweißtreibenden Yoga- und Pilatesstunden aufgebaut hatte, Resultate von »Kein Dessert, danke«, leichten Abendmahlzeiten und was sonst noch erforderlich gewesen war, um eine ebene, ununterbrochene Fläche zu bleiben. Regan hatte hart genug an ihrem Körper gearbeitet, um seinen Anblick zu schätzen. Die Gene hatten nicht *alles* davon erledigt, auch wenn sie ihr ein günstiges Blatt ausgeteilt hatten. Ihre Hüftknochen waren spitze Scherben wie Stalagmiten, sie ragten aus dem Tal ihrer Taille empor, und das gefiel ihr an ihnen am besten. Aus diesem Blickwinkel sah sie aus wie eine Waffe. Oder wenigstens wie eine Landschaft, die etwas Schutz bot.

Inzwischen war ihr Blick auf Aldos Schulter und seinen Rücken – in Wirklichkeit wie im Spiegel – ihrer Erinnerung übergeben worden. Für Körperformen hatte sie ein gutes Auge, und auch für Unvereinbarkeiten. Die Muskeln rund um seine Schulter, die Stellen, wo seine Schwingen säßen, waren zu kräftig. Wenn sein Anzug nicht maßgeschneidert war, was er sicherlich nicht war, würde er ihm wahrscheinlich nicht richtig passen. Ihre Mutter würde ihn mit einem vernichtenden Blick bedenken, und oh (Einsatz für einen Schauder), er würde es nicht einmal bemerken. Aldo würde irgendwo anders hinschauen, ihren Namen auf seinen Lippen, am ganzen Körper angespannt und unsicher, fest und unverrückbar ihr zugewandt.

Der Scheißkerl, er hatte recht gehabt. Nicht einmal sechs Gespräche, und sie kannte ihn gut genug, um ihn vor ihrem geistigen Auge lebendig werden zu lassen. Grüne Augen, dieses Muskelpolster entlang seiner Wirbelsäule, sein spitzer Schlüsselbeinknochen. Dieser Mund. Die Wangenknochen und *dieser Mund*. Diese Augen. Linkshänder. *Du musst mich anlügen.* Ein wenig Aufregung, die durch ihre Adern schwirrte. Seine Hände, lange Finger, mit ihren verschränkt. Ob Sex ein Matheproblem für ihn wäre? Eine zu lösende Gleichung? Auch sie hatte es immer für eine ziemlich methodische Angelegenheit gehalten. Penetration und Friktion, a plus b. So einfach, dass sogar ein Hedgefonds-Fuzzi auf Koks es schaffte.

Ihr Handy summte, und sie schlug die Augen auf. Über den Badewannenrand gelehnt, die Hand noch zwischen ihren Beinen, blickte sie auf den Bildschirm. Es war Aldo, wenn man schon vom Teufel spricht.

Mit der freien Hand griff sie nach dem Gerät und wischte einmal darüber, um den Anruf anzunehmen. »Hallo?«

»Ein Anzug? Ist das alles?«

Seine Stimme klang immer ein wenig rau, beinahe scharf. Es erinnerte sie an sehr trockenen Champagner.

»Wenn du willst, nimm etwas für die Fahrt mit. Und für die Rückfahrt auch.«

»Du klingst außer Atem«, stellte er fest.

»Bin ich auch irgendwie.«

»Warst du laufen?«

»So in der Art.« Sie sah an sich hinunter, ihre Oberschenkel umklammerten fest ihre Hand. »Sicher.« Von seinem Ende der Verbindung her vernahm sie eine Sirene. »Wo bist du?«

»Auf meinem Dach.« Sie hörte, wie er an etwas zog. »Wollte gern mit dir reden, aber leider habe ich nichts Logistisches mehr.«

»Wir können morgen reden«, sagte sie. »Es ist eine ziemlich lange Fahrt.«

»Hast du ein bestimmtes Thema?«

»Wir werden sehen, was uns einfällt.«

Langsam atmete er aus, und eine Gänsehaut überlief sie. »In Ordnung.«

An dem Punkt hätte es enden können.

An dem Punkt hätte es enden *sollen*.

»Aldo«, sagte sie. Scheiße, scheiße, scheiße. »Wie magst du deinen Kaffee?«

»Ich trinke keinen Kaffee.«

Natürlich nicht. »Na dann, was kann ich dir mitbringen?«

Das war Logistik. »Ich brauche nichts, Regan.«

»Du tust mir einen Gefallen, Aldo. Ich sollte dir etwas mitbringen.«

Er zögerte. »Tue ich das?«

»Was tust du?«

»Ob ich dir einen Gefallen tue.«

Scheiß drauf. Sie lehnte ihr Ohr gegen die Badewanne und ließ ihre Finger weiter umherwandern.

»Etwa nicht?«

»Es ist kein richtiger Gefallen. Du machst die meiste Arbeit, und ich bin wirklich kein sehr guter Partygast.«

Nein, er würde eine Katastrophe sein. »Du schaffst das.«

»Vorsicht«, warnte er. »Das hier ist beinahe ein Gespräch.«

Wahrscheinlich war er bekifft, oder nicht?

»Aldo.«

»Regan.«

Selbst wenn nicht, würde er das hier mögen, dachte sie. Jeder mochte das. Ich bin nackt. Ich streichele mich selbst. Vorher habe ich an dich gedacht. Jetzt denke ich an dich. Ich werde so kommen, während ich an dich denke.

Männer liebten das. Sie waren so verdammt einfach. Die ganze Sache war tragischerweise ein Urtrieb.

»Ich bin froh, dass du mitkommst«, sagte sie und schwand dahin.

»Ich bin froh, dass du mich gefragt hast. Logistisch gesprochen, natürlich.«

Wo sie gerade beim Thema waren.

»Wir sollten besser auflegen«, sagte sie und schloss die Augen. Sie hörte, wie er noch einen Zug nahm.

»Wir müssen nicht reden«, erwiderte er und stieß den Rauch aus.

Perfekt, dachte sie.

»Okay«, willigte sie ein.

Inzwischen hatte sie das Tempo seiner Atmung ermittelt: drei Pulsschläge ein, zwei oder so aus. Ein, aus, mit verhaltener Verzückung. Sie passte sich seinem Rhythmus an, da ihr eigener an andere Aktivitäten verloren gegangen war.

Sie kam nach zehn weiteren Atemzügen nach diesem Muster, ihr Herz klopfte, und sie biss sich fest auf die Lippe, um jeden Anflug eines Geräuschs zu ersticken.

»Aldo.« Es schlüpfte ihr heraus wie ein gewisperter Seufzer, kaum ausgesprochen, eher ein Atemzug als alles andere, der sie schwerelos durchströmte.

Wenn er seinen Namen gehört hatte oder irgendetwas anderes, machte er keine Bemerkung.

»Tee wäre schön«, sagte er schließlich. »Wenn das für dich geht. Statt Kaffee.«

Logistik. Sie schloss wieder die Augen.

»Möchtest du Milch oder Zucker? Zitrone? Honig?«

»Nur Tee, bitte.« Sie hörte, wie er aufstand. »Ich mach jetzt Schluss.«

Der alte Reflex starb nie aus, der kleine Stich des »Geh nicht, bleib«. Überflute mich wie die Gezeiten, deck mich zu wie ein Federbett, umhülle mich wie die Sonnenstrahlen.

Geh nicht, geh nicht, geh nicht.

»Okay«, sagte sie. »Dann bis morgen, Aldo.«

»Ciao, Regan«, sagte er, und sie beendete den Anruf, ließ das Handy fallen und legte ihre Hand auf ihren nackten Oberkörper, flach, still und leblos.

Das brachte gar nichts, dachte sie gelangweilt. Das war nicht einmal annähernd genug. Sie besaß eine unersättliche Gier, die sie niemals vollkommen stillen, eine Angst, die sie nicht unterdrücken konnte, und eine tiefe Furcht, die immerzu drohend über ihr schwebte. Sie hatte ein Bedürfnis, mehrere Bedürfnisse, die es ihr nie gelang zu ersticken. Aber die Menschen mochten einen nicht bedürftig, also hatte sie gelernt, es zu verwandeln. Es zu begraben, raffiniert getarnt, in einem Menschen, dessen Zwänge zu ihren passten. Komplementäre Formen in passende Teile.

Fehler, dachte sie, waren nur Leerstellen, die gefüllt werden mussten.

»Marc«, rief sie und hörte Schritte auf die Badezimmertür zukommen. Er benötigte keine Erklärung, keine Einladung. Sie würde nicht um Vergebung bitten, und gerechterweise würde er ihr auch keine anbieten.

Sie schloss die Augen, als er neben die Badewanne trat und das Wasser anstellte, gerade so viel, dass es auf ihre Fußsohlen tröpfelte. Es streichelte die Rundung ihrer Ferse an der Stelle, wo es auf das kalte Porzellan traf, und Marc fuhr mit einer Hand ihren Oberschenkel hinauf.

»Wieder besser?«, fragte er.

Es war eine Erleichterung, rief sie sich ins Gedächtnis, keine hochgesteckten Erwartungen erfüllen zu müssen. Oder auch nur sehr niedrige.

»Wird schon«, erwiderte sie und atmete tief durch.

Das musste sie jedoch erst noch rechtfertigen.

———

Aldo zog noch einmal an dem Joint und stieß den Rauch mit der Brise aus. Es war keine besonders schneidende Kälte, was gut war. Ihm blieben nur noch einige wenige dieser freundlichen Abende. Einer hätte der nächste Abend sein können, nur dass er da schon etwas vorhatte. Eine Party. Mit Regan.

Einmal hatte er seinen Vater gefragt, wie die erste Begegnung mit seiner Mutter gewesen war. »Wie von einer Klippe zu springen«, hatte Masso gesagt, auf eine Art, die nicht zu weiteren Fragen anregte.

Aldo blickte über den Rand des Gebäudes und prüfte die Fallhöhe. Seiner Vorliebe für Höhen wohnte die Angewohnheit inne, nach unten zu schauen, um den ungefähren Punkt abzuschätzen, an dem er den Sturz nicht mehr überleben würde. In solchen Momenten, wenn er sich hoch genug befand, um das Versprechen des Risikos einzuatmen, brachten die eingeritzten Linien der Straßen seine unterschwellige Melancholie hervor: diesen *appel du vide*, den Ruf der Leere.

Aldos Erfahrung nach beherrschte die Leere viele Sprachen. Hektische Straßenkreuzungen, tosende Wellen, die zu stillen Geräusche in seinem Appartement, die kleinen Plastikdosen, die er immer noch bekommen könnte, wenn er nur wollte. Wenn die Leere zu ihm sprach, bekämpfte Aldo sie mit noch mehr Nachdenken über die Zeit. Zeit und manchmal Fluten. In jeder antiken Kultur gab es die Erzählung einer großen Flut. Es musste eine gegeben haben, etwas, das sie alle mit sich fortriss. Damals war die Erde rachsüchtig gewesen.

Er nahm noch einen langen Zug und ließ den Rauch wieder ausströmen. Niemand sagte einem, wie groß die Gefahr, sich selbst in Brand zu setzen, beim Rauchen ist. An manchen Tagen genoss er das Anzünden mehr als das Rauchen selbst. Das Gefühl, dass er etwas anbrennen, die schwelende Asche in seiner Brust einfangen konnte, um sie dann wie ein allmächtiger Gott auszuatmen. Feuer, Fluten. Seuchen und Heuschreckenplagen. Er fragte sich, ob Regan sich wohl Gedanken darüber gemacht hatte, und überlegte, sie noch einmal anzurufen und danach zu fragen, dann pfiff er sich selbst zurück.

Er ließ eine Rauchwolke ausströmen und sah zu, wie sie fortschwebte.

Manchmal dachte Aldo, dass ein Sturz genau das war, worauf er wartete.

———

Regan kam fünf Minuten zu spät, und das war, wie Aldo nicht wissen konnte (sich aber möglicherweise hätte denken können) wirklich recht früh für sie. Er wartete vor seinem Haus, einen Matchbeutel über die Schultern gehängt, und starrte ins Leere. Seine Finger waren aneinandergepresst, als hielte er eine unsichtbare Zigarette.

»Hallo«, sagte sie, nachdem sie das Seitenfenster heruntergelassen hatte, und erst blinzelte er, bevor er sich wieder auf sie konzentrierte.

Seinen Haarschnitt hatte sie wirklich super hinbekommen.

»Hallo«, erwiderte er, öffnete die Tür, und während er sich auf den Beifahrersitz ihres S-Klasse-Mercedes niederließ, nahm er sich einen Moment Zeit, um sich zu orientieren. Kritisch musterte er das Wageninnere, dann ließ er die Schultern gegen die Rückenlehne fallen und fügte sich in seine neue Umgebung ein. Gern hätte sie über seinen Anpassungsprozess gelacht, deutete aber nur kurz auf seinen Tee in der Getränkehalterung der Mittelkonsole.

»Ist schwarzer Tee in Ordnung?«, fragte sie.

Er nickte. »Danke«, sagte er und sah einen Augenblick lang unglücklich aus. »Ehrlich«, setzte er langsam hinzu, als fürchtete er, seine ursprüngliche Dankesbezeigung sei nicht genug gewesen, und sie streckte eine Hand aus und tätschelte beruhigend sein Knie.

»Kein Problem«, sagte sie.

Sein Blick fiel auf ihre Hand.

Sie zog sie fort, legte sie wieder auf das Lenkrad und reihte sich in den Verkehr Richtung Interstate ein, als Aldo nach dem Teebecher griff.

»Also«, sagte Aldo und lehnte den Kopf zurück. »Wegen dieses letzten Gesprächs«, fuhr er fort, und Regan spürte Erleichterung. »Ich denke, das sollten wir jetzt führen.«

»Echt?«

»Ja, echt.« Er wandte den Kopf und sah sie an. »Jetzt, wo wir wissen, dass Schweigen völlig in Ordnung ist«, betonte er, »ist es wirklich nicht schlimm, wenn das hier unser letztes ist. Genau genommen müssten wir nie wieder miteinander sprechen.«

»Das ist wahr«, erwiderte sie. »Da hast du vollkommen recht.«

»Andererseits haben wir die Möglichkeit, neu zu verhandeln, nie völlig ausgeschlossen.«

Sie nickte, zufrieden, dass er diesen Vorschlag gemacht hatte. »Absolut zutreffend. Hast du irgendwas gegen Oktogone einzuwenden?«

»Nicht gerade meine geometrische Lieblingsform, aber sie sind sicher auch nicht unnütz.«

Sie lächelte vor sich hin und betätigte den Blinker, um auf den Highway zu fahren.

»Worüber sollen wir uns unterhalten?«, fragte er sie.

»Persönliche Informationen«, antwortete sie. »Geheimnisse.«

»Du kennst alle meine Geheimnisse.«

Sie warf ihm einen warnenden Blick zu. »Du hast mir im Laufe von fünfeinhalb Gesprächen *alle* deine Geheimnisse offenbart?«

Er zuckte die Achseln. »Ich habe nicht viele. Oder eigentlich gar keine.«

»Natürlich hast du *einige* Geheimnisse.«

»Gibt es etwas Bestimmtes, das du wissen möchtest?«

Jetzt, da er es sagte, ja.

»Lass uns über Sex reden«, schlug sie in neutralem Ton vor.

Er trank einen Schluck Tee.

»Okay«, sagte er. »Was willst du wissen?«

»Mit wem hattest du zuletzt Sex?«

»Mit einer Frau aus meinem Fitnessstudio«, antwortete er.

»Habt ihr euch gedatet oder …?«

Lächelnd sah er sie an. »Sie heißt Andrea. Und wird Andie genannt.«

»Mit einem i?«

»Mit i e.«

Regan zog eine Grimasse, und er lachte.

»Sie ist Trainerin. Wir haben uns zweimal verabredet und viermal miteinander geschlafen. Das letzte Mal ist ungefähr drei Monate her.«

»Was ist schiefgelaufen?«

»Nichts«, erwiderte er. »Sie hat unregelmäßige Arbeitszeiten, ich war nicht da. Außerdem führte es nicht wirklich irgendwohin.«

»Warum nicht?«

»Seltsamerweise«, erklärte er mit einem erneuten Seitenblick, »scheinen einige Menschen kein Interesse an Bienen zu haben.«

Regan erlebte einen Kick der Genugtuung, den sie eilig unterdrückte.

»Hast du ihr von den gottlosen Bienenvölkern erzählt?«

»Ich denke nicht, dass ich genau diese Worte benutzt habe, also, nein.«

»Na, dann hast du's versaut«, teilte sie ihm mit und zog auf die linke Fahrbahn. »Sonst noch irgendjemand, mit dem es dir ernst war?«

Er schüttelte den Kopf. »Meine Persönlichkeit ist Langzeitbeziehungen nicht sehr zuträglich.«

»Meine auch nicht, aber sieh uns an.« Missbilligend blickte sie ihn an. »Und wer hat dir das gesagt?«

»Niemand«, antwortete er, »aber ich mache so meine Beobachtungen.«

»Hm, das klingt sehr heteronormativ«, äußerte sie und warf ihm wieder einen kurzen Blick zu. »Ein Mann, der allergisch gegen feste Beziehungen ist? Sehr originell.«

»Feste Beziehungen sind in Ordnung«, entgegnete er. »Zumindest in der Theorie. Aber ich habe festgestellt, dass es mir schwerfällt zu verstehen, was andere Menschen von mir wollen.«

»Obwohl du ein Genie bist?«

»Die Art Genie bin ich nicht«, erwiderte er, »aber ich kann mir vorstellen, dass du das wahrscheinlich bist.«

Zweifellos versuchte er abzulenken, aber das fand sie fair.

»Das ist ein seltsames Statement, oder nicht?«, bemerkte Regan.

»Ich denke nur, dass du eine sehr klare Vorstellung davon hast, wie du mit anderen zusammenpasst«, erläuterte Aldo und fügte hinzu: »Das ist etwas Gutes.«

»Klingt allerdings nicht so.«

»Nein?«

»Nun, du hast mir bereits gesagt, dass ich eine Lügnerin bin«, stellte sie heraus. »Hältst du mich etwa auch für Fake?«

»Glaubst *du* denn, dass du nur Fake bist?«

Sie verzog das Gesicht. »Das war nicht meine Frage.«

Er lächelte.

»Ich glaube«, sagte er, »das Innere deines Kopfs erfordert einen speziellen Schlüsselbund.«

»Gleich einen ganzen Bund?«

»Oh, mit ziemlicher Sicherheit«, erwiderte er. »Ich glaube, wenn jemand dir nahekommen soll, musst du dieser Person immer einen Schlüssel zu einer Zeit aushändigen. Und selbst dann kann nur eine Ebene sofort geöffnet werden.«

Interessant. »Welche Schlüssel in welcher Reihenfolge?«

»Keine Ahnung«, erwiderte er. »Deine Geschichte ist wahrscheinlich ein recht einfacher Schlüssel.«

Das war fair. »Noch was?«

Sie sah ihn an, und er schien sich sehr stark auf etwas zu konzentrieren.

»Was ist mit Sex?«, wollte sie wissen. »Da wir uns schon vorher auf dieses Thema geeinigt hatten.«

»Vermutlich«, sagte er und sah dabei etwas angespannt aus, »sind Liebe und Sex für dich zwei verschiedene Schlüssel. Vielleicht sogar mehr als zwei.«

»Mehr als zwei?«

»Woher soll ich das wissen?«, sagte er achselzuckend. »Mir fehlen die Mittel, um ein anständiges Gedankenexperiment durchzuführen.«

Sie ließ sich seine Worte nochmals durch den Kopf gehen, aber es war kein »Komm schon«, sondern eine Tatsache, wie alles andere bei ihm auch. »Fehlen dir ein paar Variablen?«

Noch ein Achselzucken. »Das ist nur so 'ne Vermutung.«

»Nun, Vermutungen sind hier eine akzeptierte Währung«, sagte sie vergnügt. »Ebenso wie Theorien, vage Empfindungen und Falschgeld.«

Er trommelte mit den Fingern gegen den Starbucks-Becher. »Ich glaube, du kannst eine körperliche Beziehung zu jemandem haben, bevor du ihn brauchst«, sagte er langsam. »Und du kannst jemanden brauchen, bevor du ihn liebst.«

»Und worauf stützt du diese Behauptung?«

»Fünfeinhalb Gespräche«, sagte er.

Seine Gewissheit wirkte charmant.

»Einen hast du vergessen«, beschloss sie zu beichten. »Ich kann sogar mit jemandem schlafen, bevor ich ihn begehre. Und ihn brauchen, bevor ich ihn haben will.«

Er blickte sie an. »Immer?«

»Historisch gesehen, ja«, erwiderte sie, »und du weißt, was ich von Geschichte halte.«

Er trank noch einen Schluck Tee und lehnte dann wieder den Kopf zurück.

»Was ist mit dem Geldfälscherfreund passiert?«, fragte er.

»Nichts«, antwortete Regan. »Nichts Ungewöhnliches. Meine Beziehungen haben eine Haltbarkeitsdauer von ungefähr einem Jahr, manchmal zwei.«

»Du bist lieber in einer Beziehung als allein?«

Sie schien zu überlegen. »Darüber habe ich eigentlich noch nie richtig nachgedacht, aber wahrscheinlich schon. Es ist ja nicht so, dass ich nach einem Freund suche«, erläuterte sie und klopfte dabei auf das Lenkrad. »Eher so, dass sie auftauchen, und dann stürze ich mich da Hals über Kopf hinein.«

»War es so mit Marc?«

»Ja.«

Ein untrügliches Gefühl befiel sie, dass alles, was sie über Marc sagte, eine Verschwendung des Gesprächs wäre.

»Wenn ich mit jemandem zusammen bin«, sagte sie, »habe ich manchmal so ein Gefühl, als würde ich schlafen.« Erneut trommelte sie mit den Fingern auf dem Lenkrad und fragte sich, ob sie sich einen Reim darauf machen könnte oder ob sie doch nur in eine tiefe Kluft abstoßenden Selbstmitleids gefallen war.

Nichtsdestotrotz erzählte sie weiter. »Manchmal ist es, als wäre ich dort, aber nicht richtig. Nicht völlig. Als würde ein Teil von mir erst ein Jahrhundert später aufwachen, wo nichts mehr wiederzuerkennen ist.« Das quittierte sie mit einem düsteren Lachen. »Du weißt schon, wie Rip Van Winkle oder so jemand.«

Einen Moment lang schwieg Aldo.

»Zeitreise«, sagte er.

Nachdem sie ein Lächeln im Keim erstickt hatte, richtete sie ein warnendes Kopfschütteln an ihn. »Allerdings versuche ich nicht, dieses Rätsel zu lösen.«

»Ach ja?«, fragte er in unbeteiligtem Ton. »Das heißt wahrscheinlich, dass du es als Erste lösen wirst.«

»Weil ich ein Genie bin?«

»Weil du ein Genie bist«, bestätigte er, und dann sagte er ohne jegliche Überleitung: »Ich würde gern deine Kunst sehen.«

Sie öffnete den Mund, um etwas zu sagen, zögerte dann aber.

»Das ist ein Schlüssel«, stellte er fest, und sie verdrehte die Augen.

»Ich habe nur gar nichts«, sagte sie. »Seit Ewigkeiten habe ich nichts mehr gemalt. Seit Jahren.«

»Nicht mal eine Skizze gezeichnet?«

»Nicht mal eine Skizze gezeichnet«, erwiderte sie kopfschüttelnd. »Dazu hatte ich keine Zeit.«

Eine Lüge.

»Du lügst«, sagte er.

Sie seufzte. »Dir ist doch klar, dass eine Dame ständig der Lüge zu bezichtigen, ausgesprochen schlechter Stil ist.«

»Also, meinetwegen kannst du gern lügen«, versicherte er ihr. »Ich möchte nur gern wissen, wann es passiert. Um es zumindest im Protokoll zu vermerken. Vielleicht wüsste ich es sogar gern im Voraus, wenn wir ein System dafür etablieren können.«

»Kontrollfreak«, kommentierte sie mit hochgezogener Augenbraue.

Damit schien er kein Problem zu haben. »Findest du Ignoranz besser?«

»Sollte ich wahrscheinlich«, räumte sie ein. »Ignoranz scheint wirklich ein Segen zu sein.«

Damit schien er allerdings *wirklich* nicht einverstanden zu sein. »Ich wäre lieber gut informiert als glückselig.«

»Also würdest du Wissen dem Glück vorziehen?«

Er versank in Gedanken. »Ja«, sagte er schließlich. Dann zögerte er. »Ist es nicht so«, begann er langsam, »dass Glück manchmal … Fake zu sein scheint? Eine Fantasie, die sich irgendjemand ausgedacht hat. Ein unerreichbares Ziel«, erklärte er, »nur damit wir alle schön stillhalten.«

»Ziemlich sicher ja«, stimmte sie ihm zu.

Einige Minuten lang fuhren sie schweigend weiter.

»Wie heißt deine Mutter?«, fragte sie nach einigen Minuten.

»Ana«, antwortete er.

»Bist du je neugierig auf sie gewesen?«

»Ja.«

»Jemals versucht, sie zu treffen?«

»Nein. Ich glaube nicht, dass ich sie finden könnte.«

Sie verzog mitleidig das Gesicht. »Nun, es heißt ja, man solle seine Helden besser nicht persönlich kennenlernen.«

»Sie ist nicht meine Heldin«, sagte er. »Aber ich verstehe, was du sagen willst.«

»Dann waren da also nur du und dein Dad?«

»Ja, und meine Nonna.«

»Hast du sie sehr gern?«

»Hatte ich.«

»Oh.« Sie zuckte zusammen. »Tut mir leid.«

Er zuckte die Achseln. »Das konntest du nicht wissen.«

»Ja, trotzdem …«

»Was ist mit deiner Mutter?«

Sie biss sich auf die Unterlippe.

»Noch ein Schlüssel«, sagte er. »Du musst nicht antworten.«

»Nun, du wirst sie kennenlernen«, erwiderte Regan unaufgeregt, »daher wird es nicht lange dauern, bis du dahinterkommst. Ich bin so 'ne Art Paradebeispiel, weißt du. Narzisstische Mutter, leistungsstarke Schwester, Workaholic-Vater. So altbekannt, dass es beinahe von Freud sein könnte.«

»Das glaube ich nicht. Und Freud wurde inzwischen massiv diskreditiert.«

»Na, dann bin ich irgendwas in dieser Richtung«, sagte sie. »Alle Psychologen haben schon mal eine Version von mir gesehen, da bin ich sicher.«

Er musterte sie eingehend. »Wer hat dir das erzählt?«

Ihre Psychiaterin. Ihr Anwalt.

Ein Richter. Eine Jury ihrer Peergroup.

Marc.

»Niemand.« Kurz begegnete sie seinem Blick, dann sah sie wieder auf die Straße. »Erster Kuss?«

»Sechste Klasse, Jenna Larson. Und deiner?«

»Neunte Klasse«, erwiderte sie. »Spätzünderin.«

»Wahrscheinlich besser so. Meiner war schrecklich.«

Sie lachte. »Meiner auch. Dein erstes Mal?«

»Ich war sechzehn«, sagte er. »Unter der Tribüne. So ein Anarcho-Kiffermädchen.«

»Mein Gott, natürlich hat sie gekifft. Ich war auch sechzehn«, sagte sie. »Er war Kapitän des Wasserballteams.«

Aldo kicherte. »Natürlich war er der Kapitän.«

»Er hieß Rafe«, sagte sie, und Aldo stöhnte.

»Natürlich hieß er Rafe«, verkündeten beide einstimmig.

Als ihr Lachen verklungen war, spürte Regan, wie etwas anderes seinen Platz einnahm und die Leere in ihrer Brust füllte. Es juckte ihr in den Fingern, zwanghaft, und sie streckte den Arm aus und legte ihre Hand auf sein Knie.

Diesmal zuckte Aldo nicht zusammen. Kurz bedeckte er ihre Hand mit seiner und fuhr mit seinem Daumen über ihre Fingerknöchel. Zufrieden zog sie die Hand zurück und umfasste wieder sicher mit beiden das Lenkrad.

»Was hältst du vom Tanzen?«, fragte sie.

»Meine Großmutter hat es mir beigebracht, als ich in der Highschool war«, antwortete Aldo. »Ich kann tanzen.«

»Das habe ich nicht gefragt.«

Aus dem Augenwinkel sah sie, wie er lächelte.

»Frag mich später«, schlug er vor.

»Okay«, willigte sie ein.

Sechs Gespräche, durchfuhr es sie mit einem weiteren Kick eindeutiger Ungläubigkeit, und doch konnte sie es kaum abwarten.

Dritter Teil

Die Schlüssel

Wenn es um die Zeit ging, war eine von Aldos Überlegungen, wie lange es – konzeptionell gesehen – dauerte, bevor die Dinge alltäglich, unspektakulär wurden. Menschen waren so schnell desensibilisiert, so hoffnungslos betäubt, wenn es auf den repetitiven Charakter der Existenz hinauslief. Zuerst fragte er sich, wie lange Regan gebraucht hatte, um das ehrfürchtige Staunen vor ihrem eigenen Leben zu verlieren, und anschließend, ob sie es überhaupt je besessen hatte.

Aldo hatte noch nie einer Hochzeitsjubiläumsfeier beigewohnt, da seine eigenen Eltern nie geheiratet hatten und sein Großvater schon lange vor seiner Geburt gestorben war, aber er hatte immer den Eindruck gehabt, dass solche Feste im Allgemeinen eine überschaubare Angelegenheit waren. Nicht im Fall von Regans Familie, die aus den Eltern John und Helen und den zwei Kindern Madeline und Charlotte bestand, samt Madelines Ehemann Carter Easton und ihrem Töchterchen Carissa. In logistischer Hinsicht hatte Aldo bereits verstanden, warum Regan ihm eingebläut hatte, sie bei ihrem Vornamen zu nennen, aber sobald er sie in dieser Umgebung sah, begann er es intuitiv zu begreifen. Regan war ihr normaler Name, den sie sich selbst gegeben hatte, aber hier war sie Charlotte, die Aldo allmählich als eine vollkommen eigenständige Identität wahrnahm.

Zum Beispiel war Charlotte eine blassere Regan, sobald sie das Haus ihrer Kindheit betrat, beinahe, als hätte die Anstrengung, diesen Raum zu füllen – überall sonst mit leichter Hand vollbracht –, ihr die Energie entzogen, die sie für bestimmte Facetten ihrer Persönlichkeit benötigte. Wo Regan typischerweise cool und ausgeglichen war, war Charlotte nervös und angestrengt, jede Faser ihres Körpers war angespannt, und ihre Finger pressten sich weiß um ihr Glas. Nur mit Mühe konnte sich Aldo davon abhalten, auf ihre Hände zu starren, immer wieder wurde er von ihnen wie von einem unmanierlichen Anblick angezogen. Für ihn war ihr Unbehagen eine unüberwindliche Ablenkung.

»– machen Sie, Aldo?«

Aldo blinzelte und löste den Blick von Regan, als ihm aufging, dass ihre Mutter zu ihm gesprochen hatte. Sie war eine kleine Frau (Regan hatte ihre Körpergröße eindeutig von ihrem Vater geerbt – John war, wie seine zweite Tochter, groß und schlank, beinahe dünn, während die anderen beiden Frauen zierlich waren und, aus Ermangelung einer besseren Beschreibung, weibliche Formen besaßen), und Aldo war jetzt gezwungen hinunterzuschauen, da er unangenehmerweise im Vergleich zu groß war.

»Verzeihung?«, sagte er leicht widerwillig. Er hätte sich lieber mit Regan unterhalten, die sich ihrerseits lieber mit ihrer Nichte Carissa unterhielt. Das war etwas, ermahnte sich Aldo, womit er wahrscheinlich hätte rechnen sollen. Er hatte sich die Ereignisse dieses Abends nicht im Detail ausgemalt, aber sie verliefen so, wie er sie (eventuell) hätte vorhersagen können.

»Was machen Sie?«, wiederholte Helen, dieses Mal mit gequälter Bedächtigkeit.

»Mathe«, antwortete er und hielt einen Moment inne, weil er anscheinend einen Kloß im Hals hatte. Doch da war nichts.

»Wie ein Programmierer?«, hakte Helen nach.

»Nein. Theoretische Mathematik.«

»Mom, ich hab's dir doch erzählt«, sagte Regan und hob Carissa hoch, die ihre Beinchen um die Hüften ihrer Tante schlang. Dann gesellte sie sich zu ihnen. »Aldo ist Professor an der Uni von Chicago.«

»Assistent«, korrigierte Aldo sie. »Ich bin nicht fest angestellt, sondern Doktorand.«

»Aha«, sagte Helen. »Hoffen Sie auf eine Professur?«

»Ich mag das Unterrichten nicht besonders«, erwiderte Aldo.

»Aber er ist gut«, steuerte Regan bei. »In jedem Fall ist er ein Genie.«

Sie lächelte ihn an und blinzelte ihm zu, während Carissa an ihren Haaren zog.

»Gibt es denn überhaupt einen Arbeitsmarkt für theoretische Mathematiker?«, wollte Helen wissen.

»*Mom*«, sagte Regan.

»Da bin ich mir nicht sicher«, erwiderte Aldo, der sich nie die Mühe gemacht hatte, das herauszufinden.

»Charlotte, ich stelle doch nur ein paar Fragen. Sind Sie aus Chicago?«

Er brauchte einen Augenblick, bis er begriffen hatte, dass sich Helens Worte wieder an ihn richteten.

»Nein. Kalifornien«, erklärte Aldo. »Pasadena.«

Regan, fiel ihm auf, warf ihm auffällig häufig Blicke zu, also sagte er vermutlich das Falsche. Ob es an dem lag, was er mitteilte, oder an der Art, wie er es sagte, wusste er nicht genau.

»Mein Vater wohnt immer noch dort«, fügte er hinzu. Vielleicht ließ er zwischen seinen Worten zu lange Schweigepausen aufkommen. »Er besitzt ein Restaurant.«

»Oh«, sagte Helen.

»Ja.«

»Aldo ist ein ausgezeichneter Koch«, setzte Regan hinzu.

Helen bedachte Aldo mit einem durchdringenden Blick, dann wandte sie sich an Regan.

»Wann hat er denn für dich gekocht?«, fragte sie und sprach dabei ausschließlich zu ihrer Tochter.

Aldo hatte das untrügliche Gefühl, plötzlich verschwunden zu sein, und kämpfte gegen den Instinkt an, nach seinen Händen und Füßen zu tasten.

Die Antwort auf Helens Frage lautete »nie« und dass Regan über keinerlei Beweise verfügte, qualitative oder andere, um Aldos erforderliche Fähigkeiten zu beurteilen. Jedoch hielt sie das nicht davon ab, fortzufahren, als wären solche Gegenstände nicht der Berücksichtigung wert.

»Wir sind Freunde, Mom. Er hat für mich gekocht. Ich habe ihm die Haare geschnitten. Sieht gut aus, nicht wahr?«

Das war eine Frage, bemerkte Aldo, aber irgendwie auch eine Drohung.

»Seit wann seid ihr Freunde?«, fragte Helen. »Ich habe noch nie von ihm gehört.«

»Du lernst ihn doch jetzt gerade kennen, oder nicht?«

»Charlotte. Bitte fang nicht so an.«

»Mom, du machst dich lächerlich.«

Aldo ahnte, dass die beiden nicht mehr über seine Kochkünste diskutierten. Er blickte auf Regans Kleid, dessen dunkelgrüner Stoff sich um ihre schmale Taille schmiegte, um dann leicht ausgestellt von ihren Hüften hinabzufallen. Er sollte ihr sagen, dass sie hübsch aussah, dachte er, obwohl das wahrscheinlich wenig überzeugend klang.

»… ich bitte dich nur darum, ausnahmsweise mal nicht so verantwortungslos zu sein …«

»… ich *soll* nicht verantwortungslos *sein, du* wolltest doch, dass ich komme …«

Bei nochmaliger Überlegung kam er zu dem Schluss, dass er das Wort »hübsch« am besten gar nicht verwenden sollte.

Höchstwahrscheinlich hatten viele Menschen Charlotte gesagt, sie sehe hübsch aus, und Regan hatte das gut im Gedächtnis behalten. Und vielleicht benutzte man das Wort auch nur für Kinder. Es fühlte sich jugendlich an, zumindest ein wenig. Was das anging: Die kleine Carissa war jetzt verschwunden. Regan hatte das Mädchen abgesetzt und sich zu ihrer Mutter umgewandt, und Aldo konnte die verspannten Muskelstränge auf ihrem Rücken sehen.

Hübsch, dachte er wieder und zwang sich, an etwas anderes zu denken. Die Perspektive der Zeit schien noch verschwommener als normalerweise. Anscheinend hatte sie auf ihren angestammten Kurs verzichtet, zugunsten missgelaunter Kriecherei auf der Stelle, und bewegte sich jetzt im Schneckentempo Wirbel für Wirbel Regans Rücken hinunter.

»Aldo, hat man dir schon einen Drink angeboten?«, erklang eine Stimme hinter ihm.

Es war Madeline, Regans Schwester und Mutter von Carissa. Aldo hatte angefangen, sämtliche wichtige Rollen und Charaktere im Geiste aufzuzeichnen, obwohl es eine relativ kleine Karte war. Grafische Darstellungen wirkten beruhigend auf ihn. Chaosorganismen in eine bestimmte Struktur einzuteilen, war ein angenehmer (*viel* angenehmerer) Zeitvertreib.

»Ich brauche nichts«, erwiderte er, und Madeline lächelte freundlich. Ihr Lächeln war routinierter als das von Regan oder Charlotte, bemerkte er. Es sah aus, als würde es häufig geprobt.

»Dann eben kein Drink, aber vielleicht etwas frische Luft?«, schlug sie vor.

Eine sanfte Dringlichkeit lag in ihrer Stimme, die sie mit einer Bewegung verband, die ihn von Regan wegzog. Widerwillig machte Aldo mit, sein letzter Blick fiel auf Regan in steifer Haltung, bevor er sich umdrehte.

Madeline war deutlich kleiner als Regan, und zwar zusätzlich zu ihrer körperlichen Statur auch in Auftreten und Benehmen. Ihr Gesicht hatte etwas von einer Füchsin, ein winziges Näschen mit feuchten Äuglein und feinen Zügen. Ihre dunklen Haare gingen in einen zarten Goldton über und fielen ihr über eine Schulter. Man konnte sich nur schwer vorstellen, dass diese Frau ein Kind zur Welt gebracht, und noch viel weniger, dass sie einen Abschluss in Medizin erworben hatte. Sie sah aus, als wäre sie nichtsahnend aus ihren Zwanzigern gepflückt worden, oder vielleicht auch aus einem Feenwäldchen. In ihrem roten Kleid sah sie sehr, sehr hübsch aus. Sie, so nahm Aldo an, würde Komplimente eher zu schätzen wissen, aber wenn die jüngere Regan so etwas nicht vertrauenswürdig fände, würde die ältere es irgendwo wegstecken, um damit emotionale Energie zu tanken.

»Hier draußen ist es schön«, sagte Madeline und führte ihn auf den Rasen. Sie hatten die gleichen Wärmelampen bestellt, die auch Masso in dem kleinen Innenhof seines Restaurants verwendete, aber Aldo fiel auf, dass Madeline dennoch in der kühlen Oktoberluft fröstelte.

»Wenn dir kalt ist ...«

»Oh, nein, alles gut«, erwiderte Madeline rasch. Draußen war eine Bar aufgebaut, in sicherer Entfernung vom Haus. »Bist du sicher, dass du nichts trinken möchtest?«

»Nein, vielen Dank«, antwortete Aldo, und dann sprach er den Gedanken aus, der ihm gerade durch den Kopf ging: »Eine gute Idee, die Bar draußen zu machen. Kann man besser anstehen.« Er stellte fest, dass niemand die Ein- oder Ausgänge der Party blockierte. »Clever.«

Madelines lächelnder Mund zuckte leicht. »Na ja, wenn man das oft genug gemacht hat, lernt man das eine oder andere dazu. Aber vielen Dank.«

Er blickte zu ihr hinunter. »Du hast das organisiert?«

Diese Frage, ging ihm auf, zauberte ein ganz anderes Lächeln auf ihren Lippen hervor. Vermutlich hatten seine Worte mehr Wertschätzung als ein Kompliment für ihr gutes Aussehen ausgedrückt.

»So schwierig ist es eigentlich nicht«, erwiderte sie. »Du würdest nicht glauben, was für eine Party meine Eltern zu Carissas erstem Geburtstag ausgerichtet haben.«

»Kann ich mir vorstellen.« Das konnte er wirklich, obwohl es in erster Linie eine gern benutzte Phrase anderer Leute war. *Kann ich mir vorstellen*, als wenn sie sich schon häufig darüber Gedanken gemacht hätten. Die meisten Menschen drückten dabei in Wirklichkeit ihre Fähigkeit für das Erkennen von Mustern aus, für die Datenverarbeitung in ihrem Gehirn. Er bezweifelte, dass viele von ihnen ihre echte Fantasie dazu benutzten, ausgenommen vielleicht Regan. Später, nahm er sich vor, würde er sie das fragen: *Stellst du dir Dinge in der Fantasie vor? Ist dein Leben ein Traum oder eine Grafik? Hast du schon über dieses, jenes oder welches nachgedacht?*

Ihm war bewusst, dass sie diese Fragen beantworten würde, und er schauderte in Vorahnung.

»Es ist ein bisschen kühl«, sagte Madeline und blickte über die Schulter. »Ich würde ja wieder reingehen, aber wir sollten ihnen einen Moment Zeit geben. Tut mir leid wegen meiner Schwester«, fügte sie hinzu.

Aldo verstand nicht sofort, inwiefern diese beiden Gedanken miteinander verbunden waren.

»Warum?«, fragte er, und Madeline sah ihn erstaunt an.

»Na ja, du weißt ja sicher, wie sie ist«, sagte sie. »Sie ist ein wenig schwierig.«

»Schwierig«, echote Aldo, der bei der Fehlausrichtung des Worts ängstlich zusammenzuckte, und Madeline zuckte die Achseln.

»Sie war schon immer so. Extrem streitsüchtig, vor allem mit meiner Mutter. Ich sage ihr immer, dass sie viel zu defensiv ist und dass Mom eben so ihre Zuneigung zeigt, was manchmal vermutlich, du weißt schon … übergriffig ist. Aber dann wirft sie mir vor, ich stünde auf Moms Seite, daher ist es wirklich ein bisschen so eine Lose-Lose-Situa…«

»Natürlich ist sie schwierig«, sagte Aldo, der bei ihrer anfänglichen Wortwahl hängen geblieben war. »Tatsächlich ist sie sogar noch weit mehr als nur schwierig. Sie ist …« Er hielt inne, denn er hatte Mühe, sich zu erklären. »Also, innerhalb jeder Gleichung gibt es Variablen«, startete er seinen Versuch, und Madeline schenkte ihm, genau wie viele andere Menschen, mit denen er sprach, einen amüsierten und von Verwirrung durchkreuzten Blick. »Das weißt du natürlich«, erinnerte er sich. »Du bist Wissenschaftlerin.«

»So was Ähnliches«, räumte Madeline ein, und er nickte.

»Die meisten Menschen sind relativ einfach. Eine Kombination aus den Umweltfaktoren, genetischen Veranlagungen, vererbten Merkmalen …«

Er vergewisserte sich, dass sie ihn verstand. »Ich kann dir folgen«, sagte sie und nickte bekräftigend.

»Okay«, sagte er. »Die meisten Menschen sind also recht einfache Funktionen von x und y und verhalten sich im Rahmen der Erwartungen.«

»Soziale Konstrukte?«, riet Madeline.

»Vermutlich«, bestätigte Aldo. »Also sind einige Menschen, innerhalb dieser Parameter, Exponentialfunktionen, aber immer noch weitestgehend vorhersagbar. Regan« – *Charlotte*, ermahnte er sich selbst zu spät, tat es aber als verzichtbaren Irrtum ab – »ist nicht nur schwierig, sondern völlig verdreht. Sie ist widersprüchlich – ehrlich, selbst wenn sie lügt«, brachte er als Beispiel an, »und kaum je die gleiche Version ihrer selbst zweimal. Sie ist verwirrend, wirklich kompliziert. Unendlich.« Das war das Wort, dachte er und klammerte sich daran, sobald er es gefunden hatte. »Man müsste sie bis in die Unendlichkeit vermessen, um sie berechnen zu können, und das könnte niemand je schaffen.«

Er blickte zu Madeline, die ihm ein leicht belustigtes Lächeln schenkte.

»Ergibt das Sinn?«

»Ja«, erwiderte Madeline langsam. »Das tut es.«

Aldo entschied, dass er Madeline mochte.

»Wie auch immer«, sagte er, da er meinte, lange genug geredet zu haben. Normalerweise hatten die Leute kein Interesse an seinem Theoretisieren, und auch wenn er noch mehr zu dem Thema hätte sagen können, zwang er sich, es knapp zusammenzufassen: »Du solltest dich nicht für sie entschuldigen.«

»Nein«, stimmte Madeline ihm zu, »das sollte ich wohl nicht.«

Einen Moment lang blieben sie still, da es wirkte, als wäre es an ihr, etwas zu sagen. Aber sie schien in ihre eigenen Gedanken vertieft, und als sie die Arme vor der Brust verschränkte, sah Aldo die aufgestellten Härchen einer Gänsehaut, den Beweis, dass sie fror. In seiner Hosentasche summte sein Handy, wahrscheinlich sein Vater, der sich erkundigte, ob er sich auch gut benahm. *Versuch, nicht an die Decke zu starren, wenn jemand mit dir spricht*, riet ihm Masso normalerweise, aber Aldo fiel das sehr schwer. Im Augenblick war seine Decke ein Himmel voller Sterne. Wenn er einen Joint und Stille hätte, wäre es ein gewöhnlicher Abend, den er auf dem Dach seines Hauses verbrachte.

Nur dass es kein Abend wie jeder andere war, erinnerte er sich, weil Regan irgendwo in seiner Nähe war.

»Dir ist kalt«, sagte er zu Madeline, die die Arme fest um ihren

Körper geschlungen hatte, um sich zu wärmen. »Du solltest wieder reingehen. Ich bleibe noch ein bisschen hier draußen«, sagte er und setzte eine Lüge hinzu: »Und hol mir einen Drink.«

Sie nickte, immer noch in Gedanken.

»Es war nett, dich kennenzulernen«, sagte sie.

»Fand ich auch«, erwiderte er mit einer flüchtigen Kopfbewegung, dann lächelte sie ihn an und ging zurück zum Haus.

Zwischen seinen Fingern rollte Aldo einen unsichtbaren Joint und schlenderte zum Ende des Gartens. Als er am Morgen mit Regan angekommen war, hatte er bemerkt, dass das Haus einen kleinen Bach überblickte, den er jetzt gern sehen würde. Stattdessen konnte er ihn kaum hören und musste raten, ob er dort tatsächlich entlanglief oder nur seiner Fantasie entsprungen war. Ein Teil von ihm überlegte hineinzuspringen – es herauszufinden, indem er es ausprobierte. Nicht jedes Problem überließ man am besten der theoretischen Erklärung.

»Hab dir was mitgebracht.« Die Worte in seinem Rücken rissen ihn aus seinen Gedanken, und als er sich umdrehte, sah er Regan über den Rasen zu ihm kommen. Der Wind hatte ihre Haare zerzaust, und sie strich sich eine Strähne aus den Augen und warf ihm einen entschuldigenden Blick zu.

»Hier«, sagte sie und hielt ihm die Reste eines Blunts hin, den er äußerst skeptisch ansah.

»Ach, komm schon«, sagte sie und verdrehte die Augen. »Ich kann auch nichts für das Scheißgras, das mein College-Ich in meinem alten Zimmer liegen gelassen hat. Immer noch besser als gar nichts«, ermahnte sie ihn und wackelte verlockend damit zwischen ihren Fingern.

Er streckte die Hand aus und nahm ihn ihr ab. Ihre Finger waren warm.

»Ist dir gar nicht kalt?«, fragte er in beiläufigem Ton.

Sie zuckte die Achseln, hielt ein Plastikfeuerzeug hoch und gab ihm Zeichen, den Blunt zwischen seine Lippen zu stecken.

»Nicht besonders«, antwortete sie, als er ihrer Bitte gefolgt war. Sie nahm sein Kinn in eine Hand, zündete das Feuerzeug an und hielt die Flamme ans Ende des kümmerlichen Blunts, bis er zu glimmen anfing. »Na also«, sagte sie, offenkundig zufrieden mit sich, als er den Rauch inhalierte. »Besser?«

Sie ließ sein Kinn los, und er stieß den Rauch aus. Es war kein besonders gutes Gras, aber er hatte zweifellos schon schlechteres geraucht.

»Sicher«, sagte er und betrachtete den Stummel. »Obwohl es vorher auch nicht so schlimm war.«

Sie schien anderer Meinung zu sein, ging aber über ihre eigenen Gefühle in dieser Angelegenheit hinweg.

»Ich habe gehört, dass du dich mit Madeline unterhalten hast«, sagte sie leicht herausfordernd.

Er zuckte die Achseln. »Ein wenig. Hauptsächlich über Mathe.«

»Nicht über Bienen?«

»Nicht über Bienen«, erwiderte er und reichte ihr das Tabakgebilde. »Bienen sind für dich.«

Sie lächelte und nahm es an.

»Danke«, sagte sie, als hätte er ihr gesagt, sie sei hübsch.

»Sehr gern«, erwiderte er, als hätte er ihr das gesagt.

Sie inhalierte tief und bekam kaum noch Luft, als der Rauch ihren Mund füllte. »Das Zeug ist stärker, als ich es in Erinnerung habe«, sagte sie unter Husten, und er kicherte, während er seine Hand danach ausstreckte.

»Wirst du deswegen nicht Ärger kriegen?«

Gleichgültig zuckte sie die Achseln und warf einen Blick über die Schulter. »Ich bin erwachsen, Rinaldo. Oder etwas in der Art.«

»Hm.« Er nahm noch einen Zug und war schon viel entspannter. Über ihm waren Sterne. Unter ihm war Gras. Hier gab es ein Wunder zu bestaunen, selbst wenn Regan es nicht mehr sah. Selbst wenn ihr dieses Gefühl abhandengekommen war, er würde für sie beide fühlen. Später würde er es für sie übersetzen. Er würde lernen, es für sie zu zeichnen, dachte er, oder aufzuschreiben oder es grafisch darzustellen. Sie schien sichtbare Dinge zu schätzen. Er dachte an ihren Blick, der über die Narben auf seinen Schultern wanderte und ihn in sich aufsog. Ja, er würde es für sie zeichnen, und sie würde es sehen. Sie würde zuschauen, wie es Gestalt annahm, und er würde wissen, dass er es in einer für sie verständlichen Weise ausgedrückt hatte, und ihr wäre bewusst, dass sogar das hier, mit seinem gewöhnlichen Aussehen, auch Glanz und Wunder war.

Er gab ihr nicht die Schuld, dass sie es nicht sah. Die Schuld gab er allen anderen, die zugelassen hatten, dass sie es vergessen hatte.

Sie beugte sich vor und führte seine Hand für einen weiteren Zug zu ihrem Mund. Ihre Finger legten sich um seine, strichen über seine Fingerknöchel und glitten zu der Stelle zwischen der Fingerkuppe seines Zeigefingers und der Daumenspitze, wo er sicher den Blunt hielt.

»Was hältst du von tanzen?«, fragte sie, befeuchtete ihre Lippen und inhalierte. Diesmal ließ sie den Rauch sanft entweichen und stand so nah bei ihm, dass er ihren Atem spürte, als hätte er den Zug selbst gemacht.

»Ja«, sagte er – er hätte zu allem Ja gesagt, sie hätte eine Rebellion vorschlagen können, und er hätte unermüdlich nach einer Axt, einer Mistgabel, Excalibur selbst gesucht –, und sie lächelte ihn an und hob ihr Kinn, damit er ihre volle Anerkennung seiner Antwort sehen konnte. Die Aussicht auf einen Tanz, auf irgendetwas, rauschte in seinen Adern.

Dann war sie still, wie nur sie still sein konnte, bei jeder Bewegung unfassbar laut.

»Dein Haarschnitt sieht gut aus«, murmelte sie und hob ihre Finger zu den Haaren an seiner Schläfe. Sie schob die Strähnen zurück, und ihre Fingernägel kratzten leicht über seine Kopfhaut.

Er nahm noch einen Zug von dem Blunt, als ihre Finger sanft nach unten über seine Wange bis zu seinem Mund glitten. Ihre dunklen Fingerspitzen wanderten seine Oberlippe entlang, fuhren ihren Schwung nach, und in einer anderen Version von genau diesem Moment sagte er: Regan, komm näher, mal sehen, was passiert, wir wollen zuschauen, wie die Sterne auf deiner Haut schimmern.

Stattdessen sagte er: »Lass uns gehen«, leckte sich die Fingerkuppen und drückte das glimmende Ende des Blunts zwischen ihnen aus. Ihre dunklen Augen folgten feierlich seinen Bewegungen, als er den letzten Stummel in die Brusttasche seines Jacketts steckte und dort sicher verwahrte.

»Gehen wir«, willigte sie ein, schob ihren Arm unter seinen und führte ihn zurück zum Haus.

————

Du bist erwachsen, Charlotte, also benimm dich auch so.

Willst du Aufmerksamkeit? Haben wir dir mittlerweile nicht genug davon gezollt?

Sieh dir deine Schwester an, Charlotte, sieh dir Madeline an. Sie hat ein Leben, eine Familie, einen guten Job. Du kannst nicht ewig so unverantwortlich sein. Was willst du eigentlich beweisen? Dieser Mann, wer er auch sein mag, hast du ihn mitgebracht, um mich zu verärgern? Damit wir uns aufregen, geht's dir darum? Er ist unhöflich, er kommt als Gast in unser Haus und beachtet uns kaum, und wo ist überhaupt Marc? Habt ihr euch schon getrennt? Zigmal habe ich dir das bereits gesagt, Charlotte, wenn du eine erwachsene Beziehung haben willst, musst du dich auch dementsprechend benehmen. Nicht alles dreht sich immer nur um dich, was du willst, was du fühlst. Das bedeutet es, erwachsen zu werden und zu begreifen, dass es noch andere Menschen außer einem selbst auf der Welt gibt.

Natürlich mögen wir ihn nicht. Warum sollten wir? Er ist ein Spinner, Charlotte, sieh nur, wie seltsam er sich benimmt. Will er Geld von dir? Treibt er sich deshalb mit dir herum? Hoffentlich hast du ihm keine Versprechungen gemacht. Nein, reg dich nicht auf, werd bloß nicht wieder hysterisch, wir wollen dich nur beschützen. Denn das haben wir immer getan, oder nicht? Aber du hast das jetzt lange genug durchgezogen, Charlotte. Nimmst du deine Medikamente? Gehst du zu deiner Ärztin, wie wir dich gebeten haben?

Ich weiß, dass du nicht dumm bist. Das ist das Schlimmste daran, Charlotte, ich weiß, wie schlau du bist. Ich sehe klar vor mir, was du sein könntest, aber du wirfst es weg, oder etwa nicht? Du verschwendest dein Potenzial mit Ausbrüchen wie diesen, rebellierst ohne den geringsten Grund. Er? Er ist ein Nichts, Charlotte! Willst du dein Leben etwa mit jemandem verbringen, der keine Ziele, wirklich nichts hat? Ich weiß, das willst du nicht. Ich kenne dich, ich kenne dieses Spiel, und ich habe die Nase voll davon.

Er ist dein Freund, ja, das sagtest du bereits. Sicher, in Ordnung, dann such dir halt bessere Freunde. Vielleicht wäre Marc nicht unser Lieblingsschwiegersohn, aber zumindest kümmert er sich um dich, er kann dir ein gutes Leben bieten, aber natürlich musst du das wieder alles aufs Spiel setzen, als wäre es nichts wert. Weiß er denn, dass du einen anderen Mann mit zu unserer Party gebracht hast? Kennt er ihn überhaupt? Diesen … Ist mir gleich, wie er heißt, er sieht uns kaum an, Charlotte! Als ob wir überhaupt nicht da wären, und jetzt machst du eine Szene – Doch, eine Szene, Charlotte. Du *machst* eine Szene. Das hast du schon immer so gemacht. Du behauptest, du hättest dich geändert, aber sieh dich an, jetzt machst du schon wieder die gleichen Fehler. Wie hieß dieser Künstler noch gleich? Genau der, noch so einer deiner schrecklichen Einfälle. Das passiert, wenn du dein Leben wegwirfst für Männer, die verloren sind, kein Ehrgeiz, keine Motivation. Marc hat zumindest einen Job, einen *echten* Job. Mit jemandem wie ihm kannst du dir ein Leben aufbauen, Charlotte. Ich weiß doch, dass du jetzt eine Dummheit begehen wirst, irgendeinen Leichtsinn, ist es nicht so? Natürlich wird es so sein, siehst du, wie gut ich dich kenne? In Ordnung. Ruinier dein Leben, Charlotte, lass deinen Vater Geld zum Fenster hinauswerfen, für dich und deine Probleme, mal sehen, ob das hilft. Siehst du nun, wie gut ich dich kenne, dass ich selbst in diesem Moment weiß, was du denkst?

Ich kenne dich, Charlotte. Ich kenne dich so gut, dass ich sogar die Alarmglocken in deinem Kopf schrillen lassen kann, wenn ich gar nicht da bin, wenn du mit deinem nerdigen kleinen Mathematiker hinten im Garten dieses protzigen Hauses kiffst, du kannst mich hören, das weiß ich. Du kannst mich fühlen, meine Enttäuschung über dich, du spürst, wie sie dir in die Knochen fährt, während du die verfluchten Linien seines pietätlosen Munds nachziehst und dich fragst, ob die Stimme in deinem Kopf so grausam ist, weil es deine eigene oder meine ist. Er benimmt sich nicht ordentlich, Charlotte, du tust dir keinen Gefallen, du tust ihm keinen Gefallen, verdammt noch mal, ich will gar nicht erst von Marc anfangen. Hör auf mit dem Theater, du schlägst wie immer wild um dich, hast du deine Tabletten genommen? Hast du sie in der hohlen Hand gehalten, in der

Mulde zwischen Kopf-, Herzlinie und all den anderen? Hast du dich daran erinnert, wie schlecht es dir geht, wie krank du bist, wie verzweifelt?

Nicht mal das Gras kann das dämpfen, mich, alles aus deinen Sinnen verdrängen. Du hörst mich immer noch, so wie das Blut in deinen Adern rauscht, du fühlst mich wie das Kribbeln in deinen Fingern. Alles, was seine Lippen gestreift haben, wird dürftig, das spürst du, genau wie die unermessliche Weite, wo seine Berührung niemals hinkam. Oh, vielleicht täusche ich mich in ihm, vielleicht kannst du dich damit zufriedengeben, aber in dir täusche ich mich nie. Du willst, dass er dich begehrt, oder nicht? Er soll sich wie ein Anker, wie ein schweres Gewicht fühlen. Er soll dich ganz und gar mit sich herunterziehen und dich an irgendwas fesseln. Du willst, dass er dich fest an sich zieht, wie dieser Tanz, der kein Tanz ist, aber doch mehr von einem Tanz hat als alles, was du sonst mit irgendwem gemacht hast, aber du beherrscht nicht mal die Schritte, oder, Charlotte? Seine Hände auf deiner Taille, und wie viele andere Händepaare sind schon dort gewesen, oder dort, oder dort? Du kannst dich nicht verstecken, er wird dich durchschauen. Jeder durchschaut dich. Jeder durchschaut dich, und auf der anderen Seite von dir ist das Leben, wie es ohne dich aussieht, und unweigerlich werden sie alle erleichtert darauf loslaufen.

Du machst einen Fehler mit ihm, Charlotte. Noch weiß ich nicht, wie dieser Fehler aussehen wird, und du auch nicht, aber das ist nebensächlich, denn du und ich wissen beide, dass es so kommen wird. Ist es das wert, nur damit seine Hände auf deiner Haut liegen? Ist es das wert, wenn er dir durch die Finger gleitet, wenn er sich an einem nach dem anderen Knacks deiner Psyche blutig schneidet, nur um wieder daran erinnert zu werden, dass du jemand bist, den man verlässt? Vielleicht ist es das sogar wert, sieh dir nur seinen Mund an, welche Form er annimmt, wenn seine Augen auf dir ruhen. Es wäre keine Liebe mit ihm, es wäre Kunst. Möglicherweise wäre es das sogar wert, dennoch, Kunst ist Tragödie. Kunst ist Verlust. Es ist der flüchtige Atem eines vergangenen Moments, die Intimität nicht getaner Dinge, der Sommer, der vorübergeht. Es ist eine geschälte Zitrone und grätenreicher Fisch in der Ecke eines niederländischen Stilllebens, verfault, tot und vorbei. Er, der neben dir liegt, seine Beine eng um deine geschlungen, damit dir bewusst ist, dass er bald schon ein Hirngespinst sein wird, nächsten Monat, nächste Woche, in zehn Minuten. Das macht Kunst aus, Charlotte, und du hast das immer schon verstanden. Du hast schon immer verstanden, dass – vor allem anderen – der Schmerz die Schönheit erschafft.

Werd erwachsen, Charlotte, und akzeptiere die Dinge, wie sie sind. Du bist nicht in Rinaldo Damiani verliebt, dessen Haare wie ein Sonntagmorgen in der Sonne duften, du kennst ihn nicht einmal, und er kennt dich nicht. Du kannst deine Hände auf die Narben auf seinen Schultern legen und dich danach sehnen, ihn von jedem Anflug von Schmerz zu befreien, und dennoch wirst du nicht in ihn verliebt sein, denn das ist keine Liebe. Liebe ist ein Haus und eine Hypothek und das Versprechen von Dauerhaftigkeit. Liebe ist maßvoll und bedächtig, und das hier, der viel zu hastige Sprint von deinem Puls, das sind nur die Drogen. Drogen kennst du doch, oder, Charlotte? Euphorie kann in Dosen abgefüllt sein, sie kann geraucht werden, sie schmilzt auf deiner Zunge und rinnt brennend durch den Hohlraum deiner leeren verdammten Brust. Seine Hände auf dir, das kann bewahrt werden, es kann gemalt werden, es kann auf die Leinwand deiner Fantasie übertragen werden, und es kann in den hintersten Winkeln deiner heimlichen Sehnsüchte bleiben, deiner Luftschlösser, deiner wirren Träume.

Akzeptier es, Charlotte. Akzeptier es und werd erwachsen. Du bist ein mündiger Mensch, Charlotte, verhalt dich auch so.

Charlotte Regan, du dummes Ding, du warst in einem Trancezustand gefangen, wach auf.

Wach auf, Regan.

Regan, sieh mich an. Wach auf.

Würdest du bitte der Stimme in deinem Kopf befehlen, still zu sein? Ich weiß, dass du jetzt gerade nicht hier bist, dass du dich an einen Ort verirrt hast, wo ich nicht hinkomme, den ich weder berühren noch sehen kann, aber sieh mir in meine grünen Augen und sag mir, was sonst noch von Bedeutung ist. Bienen, Regan, denk an Bienen, denk an die Unglaubwürdigkeit von Zeit und Raum, denk an unmögliche Dinge. Denk an die Sterne in Babylon und sag mir, Regan, in dieser ganzen Zeit, in der wir miteinander gesprochen haben, in der du deinen Atem mit meinem synkopierst, deinen Puls mit meinem Puls und deine Gedanken mit meinen Gedanken, hast du gelernt, mich zu lieben, nicht wahr? Wenn ich unmögliche Probleme liebe, dann liebst du mich für meine Unmöglichkeiten, also sag mir, Regan, was anderes zählt als das hier, ich, wir?

Nichts.

Nichts.

Schön, dass du wieder da bist, Regan.

Ich habe dich vermisst.

———

»Aldo?«

Er schlug die Augen auf. Offenkundig hatte er nicht geschlafen – das Gras hatte geholfen, aber selbst damit, er befand sich im Gästezimmer von John und Helen Regan, ein viel zu befremdlicher Gedanke, als dass er ihn auch nur in die entfernteste Nähe von Schlaf hätte einlullen können –, dennoch war ihre Stimme im Dunkeln erschreckend. Sie schien beinahe ein Traum, als sie vorsichtig die Tür öffnete.

Er setzte sich ein Stück auf und sah das Mondlicht durchs Fenster auf ihre nackten Beine fallen. Sie schien sehr geübt im Schleichen über den Holzfußboden zu sein, wich einer Stelle nahe der Tür aus und machte einen kleinen Satz zum Bett hinüber, bevor sie sich auf dessen Kante niederließ.

»Habe ich dich aufgeweckt?«, fragte sie. Ihre Haare fielen ihr locker und nicht mehr ordentlich geföhnt ins Gesicht, sie teilten sich in der Mitte wie ein Vorhang.

»Nein«, erwiderte er, »eigentlich nicht.«

»Gut.« Sie stupste ihn an und glitt an seine Seite. »Hattest du Spaß? Oder, du weißt schon, etwas in der Art?«

»Etwas in der Art«, bestätigte er und legte sich auf die Seite, um ihr Gesicht zu sehen. »Definitiv etwas in der Art.«

»Gut.« Sie flatterte ein wenig, bebte beinahe vor etwas Undefinierbarem. Aufregung vielleicht. Schließlich hatte sie sich in sein Zimmer geschlichen, und vielleicht verblassten nicht alle Funken jugendlicher Rebellion im Älterwerden. »Du bist ein guter Tänzer.«

Das traf auch auf sie zu. Ihre Familie hatte sie den restlichen Teil des Abends meist allein gelassen, und ihre Mutter, Helen, hatte demonstrativ an die Wand hinter seinem Kopf geschaut. Er wusste (er war nicht dumm), dass es eine widerliche Gleichgültigkeit war, die er ihr übel nehmen oder, das wäre hilfreicher, entschärfen sollte, aber er war der Vorstellung, dass sie beide so wenig wie möglich kommunizierten, nicht vollkommen abgeneigt.

Regan rutschte näher an ihn heran und stützte ihren Kopf auf eine Hand, um ihn anzusehen.

»Ich hatte es schon länger nicht mehr gemacht«, sagte er. Tanzen, meinte er.

»Nun, du bist gut. Sehr gut.«

Vorsichtig streckte sie die Finger aus und fand die Narben, die die Bundesstraße quer über seinen Schultern hinterlassen hatte. Das Licht vom Fenster erhellte teilweise ihre Silhouetten, ihre rechte und seine linke Seite. So wie der Mondschein auf sie fiel, schien es ihm, als wären sie jeder ein halber Mensch, zweigeteilt, jeder verbleibende Teil das Spiegelbild des anderen. Er spürte, wie die Echos ihrer Berührung sich zu Gänsehaut auf seinen Armen, Beinen und bis in seine Fußsohlen ausbreiteten.

»Es tut mir leid«, sagte Regan. »Wegen meiner Eltern.«

»Warum?«

In der Dunkelheit erkannte er nur die Hälfte ihres zaghaften Lächelns, die abgesplitterte Sichel der Belustigung. »Das ist dir nicht aufgefallen? Nein, natürlich nicht.« Sie seufzte. »Ich hätte nichts sagen sollen.«

»Zu spät«, merkte er an, und ihr Lächeln verzog sich zu einer Grimasse.

»Nun, es ist keine Überraschung, dass sie dich nicht mögen«, sagte sie. »Sie verstehen dich nicht, und außerdem mögen sie sowieso niemanden.« Sie strich mit ihrem Daumen über sein Schlüsselbein. »Marc können sie auch nicht ausstehen. Nur aus anderen Gründen.«

Er hatte deutlich den Eindruck, dass sie ihn malte, irgendwo in ihrem Geiste.

»Was für Gründe?«

»Na ja, ich weiß nicht.« Sie zog ihre Hand weg, sie fiel auf die Laken, und augenblicklich bereute er seine Frage. »Marc ist, also, ist auf normale Weise unerträglich. Laut, protzend, all das.«

»Und ich bin ... abnormal?«

»Oh, und zwar extrem«, sagte sie, und dann lachte sie. »Du bist wirklich total seltsam, Aldo.«

Sie klang so lieb, als sie das sagte, dass er sich beinahe bei ihr bedankt hätte.

Dann, beim zweiten (genau genommen dem dritten) Drüber-Nachdenken, sagte er es: »Danke.«

»Gern geschehen«, erwiderte sie, drehte sich auf den Rücken und schloss die Augen. »Also, ich würde dir raten, es nicht persönlich zu nehmen, aber schätzungsweise tust du das sowieso nie.«

Nicht immer, wollte er einwenden, aber es kam der Wahrheit so nahe, dass er nicht streiten wollte. »Mir sollte es leidtun.«

Das brachte sie dazu, ein Auge zu öffnen. »Was?«

»Na ja, du wolltest, dass ich die Situation für dich leichter mache«, sagte er, »und das ist mir nicht gelungen.«

»Das ist …« Sie setzte sich auf und strotzte jetzt geradezu vor einer ganz anderen Energie, die er nicht identifizieren konnte. »Das nicht.«

Auch er setzte sich, spiegelbildlich zu ihr, auf. »Was nicht?«

»Das … denk das nicht. Ich weiß nicht.« Erregt schüttelte sie den Kopf. »Sie sind im Irrtum, wirklich. Und überhaupt, Madeline mag dich.« Sie strich mit der Hand über die Bettdecke, als wollte sie den Schaden wiedergutmachen, den ihre unerwartete Verstimmung angerichtet hatte.

Stumm flehte sie ihn an, und er sah sie lange Zeit einfach nur an. Mittlerweile hatte er ihre Augen häufiger gezeichnet, als er es beabsichtigt hatte, und es freute ihn, dass seine Einschätzungen in geometrischer Hinsicht korrekt waren, auch wenn sie nicht ausgeführt worden waren. Im echten Leben waren diese Augen Waffen oder möglicherweise Abwehrwaffen. Sie hatten sie vor dem Gefängnis bewahrt, dessen war er sich sicher. Weit auseinanderstehend und riesig groß, kleine Fotoboxen reinster Unschuld. Umrahmungen, die alles darin Verborgene zur Zielscheibe des Spotts machten.

»Und ich auch«, sagte sie, so verspätet, dass er schon nicht mehr wusste, worüber sie gesprochen hatten.

»Und du was?«

»Ich mag dich.« Sie rieb sich die Wange. »Ich meine«, sagte sie und beeilte sich, ihre koketten Worte zu verschleiern. »Also, das hier *ist* unser siebtes Gespräch, das muss doch etwas bedeuten.«

»Bedeutet es etwas?«

Einen Moment lang war sie still und rang mit der Wahrheit, die sie für sich allein zurückbehielt. Er spürte, dass sie einen Schubs, einen Stupser brauchte. Eine spiegelbildliche Bewegung. Nachdem er sich zu ihr gebeugt hatte, hielt er inne, bevor sie beide sich berührten, und ließ Raum offen, damit das Echo in ihrem Inneren in ihm widerhallte. Wieder konnte er es fühlen, das Schwirren, als sie das Zimmer betreten hatte, bebend in diesem leeren Raum, der jetzt von der zitternden Furcht vor dem Möglichen besetzt wurde. Sie konnte diese Leere mit sich selbst füllen, ihn fortschieben, ihn näher an sich heranziehen. Sie konnte seine Rippen auseinanderbrechen und dort ausgeweidet liegen lassen, mit einem Gedanken wie *Ich hätte nicht gedacht, dass es so glitschig wäre* in den weit aufgerissenen Rehaugen. Dort wartete er ab, in der grausigen Vorstellung von sich selbst, wie er Purpurrot über ihre Hände vergoss, das in das Nagelbett ihrer schmalen Nägel sickerte und Laken und Fußboden für immer mit Flecken verunstaltete – und wenn er Glück hatte, auch ihr Bewusstsein –, als sie auf die gleiche Entfernung zu ihm vorkam, die er zuvor schon zu ihr eingenommen hatte. Er konnte den Duft ihrer Haare wahrnehmen, ihrer Haut, ihre fehlende Zögerlichkeit. Die andere Hälfte ihrer Wahrheiten war eine Lüge.

Sie sagte: »Bilde ich mir das hier nur ein?«

Er schüttelte den Kopf. Nein, das bildest du dir nicht nur ein, und wenn doch, dann geht es mir ebenso.

»Oh«, sagte sie.

Sie neigte sich vor. Er tat es ihr gleich, und ihre Köpfe trafen sich an der Stirn wie zwei alte Freunde: Hallo, wie geht's, lange nicht gesehen, wie schön, dich wiederzusehen. Ihre Hände blieben währenddessen zurück wie erschöpfte Sträflinge, argwöhnische Kriegsgefangene.

»Diese Schlüssel zu mir«, sagte sie. »Wenn du nur einen davon haben könntest.«

Es war eine versteckte Frage: Wenn du nur einen einzigen Teil von mir öffnen könntest, für dein sehnsuchtsvolles Zehren, dein Ergötzen, die Launen deines karnivoren Geistes, welchen Teil würdest du dann sehen wollen?

Die Antwort, oder zumindest die Antwort, die sie gern hören wollte, war schwieriger zu erraten. Einerseits war das ganz offensichtlich Sex. Zweifellos hatte sie nichts anderes im Kopf. Er auch, im Moment. Mehr als nur im Moment, obwohl es jetzt gerade weniger vermeidbar war, während er so nah neben ihr saß. Er war nicht so selbstvergessen, dass er ignorieren konnte, wie nahe sie ihm war, wie verlockend. Im Wesentlichen hatte sie schon eine Antwort für ihn vorbereitet, es ihm leicht gemacht – hier, lass mich dir sagen, was du willst. Genau genommen, lass es mich dir zeigen. Lass mich für uns beide entscheiden. Lass mich dich so sehr begehren, dass du dich fügst und mich auch willst, so ersparen wir uns beide das qualvolle Rumeiern von »Hast du Lust?«, »Bist du sicher?«, das nervige kleine Begrüßungsritual der Intimität.

Er konnte sich ihre weiche Wange vorstellen oder sie selbst fühlen, es lag ganz an ihm. Auch ihre flatternden Lider konnte er sehen, da ihre Augen geschlossen und seine geöffnet waren, und wie sie die Naive spielte, er konnte ihr die Hauptrolle überlassen, so wie sie es wollte. Ihre Haare dufteten nach Blumen, weil sie sie in diesem Haus gewaschen hatte, unter diesem Dach. Irgendwo in seiner Nähe, innerhalb dieser vier Wände, war sie nackt gewesen; sie hatte das Wasser von ihrem Kopf hinunterrinnen lassen, der Strahl zerbrach wie eine Eierschale und tropfte ihr in die Stirn – dieselbe Stirn, die sich nun an seine presste – und dann weiter zu ihren Lippen. Diese Tropfen waren ihre Nase entlanggeglitten, so wie er es jetzt tun konnte, es fehlte nur ein kleiner Tick. Vielleicht war Wasser in die feinen Spalte ihrer Lippe gefallen, über die jetzt vorfreudig ihre Zähne strichen, und weiter von ihrem Kinn auf den Fußboden, während das restliche Wasser über ihre Schultern hinabbrann und ihre Haut durchtränkte. Irgendwann hatte sie mitten im Wasserdampf, der sie tröstend umhüllte, aufgeseufzt, die Anspannungen des Tages wurden fortgespült und ihre Glieder frei davon massiert – so wie seine Hände sich jetzt bewegen könnten. Er könnte den Riemen ihres Oberteils zur Seite schieben und entdecken, was bis jetzt nur ihr allein gehört hatte.

(Ihr allein und wem immer sie die Erlaubnis erteilt hatte, es zu sehen. Ihr allein und wer immer noch eine Version dieses Augenblicks mit ihr besaß, wer immer noch sie im Schutze dieses dunklen Zimmers berührte oder nicht berührte.)

»Irgendein Schlüssel?«, fragte er.

»Irgendeiner«, antwortete sie mit einer Stimme, die ihn absichtlich erschaudern lassen sollte.

Sie wandte leicht den Kopf, und ihr Kinn berührte seines. Er spürte ihren Atem auf seiner Haut, wie ihre Finger fester die Laken umklammerten, und er konnte die Bitterkeit, die Süße ihrer Erwartung schmecken, verschlungen und verknotet und angespannt.

Wie zerbrechlich doch das Verlangen ist, dachte er, und wie zart. Wie leicht könnte er mit den Fingern danach schnappen, es zwischen den Handflächen zerquetschen. Wie mühelos verwandelte sich der Wunsch in fieberhaftes Nehmen, und wie furchtbar, schrecklich einfach war es doch zu nehmen.

»Ich will«, begann er, und seine Stimme kämpfte sich durch seine trockene Kehle, während sie sich den Bruchteil eines Grads losmachte, nur so viel, dass er – wenn er wollte – ihren und seinen Mund zusammenbringen könnte. Um herauszufinden, welche Geheimnisse sie in ihrem Kuss hütete.

»Ja?«

Ein Anflug von Widerspenstigkeit brach aus dem Schleier ihrer Nähe.

»Deine Kunst«, sagte er und spürte, wie sie leicht erstarrte.

»Was?«

Schlagartig erfasste die Anspannung sie beide.

»Ich will deine Kunst sehen«, sagte er, und sie wich ein Stück zurück und blickte ihn ungläubig an.

»Aldo«, sagte sie. »Du verarschst mich.«

Er schüttelte den Kopf. »Nein, wirklich nicht.«

»Aber …« Ihre Zunge fuhr über ihre trockenen Lippen, und sie presste den Mund zusammen. »Aldo, ich habe einen Freund.«

»Ja«, erwiderte er. »Das weiß ich.«

»Aber ich bin hier. Bei dir.«

»Ja«, sagte er.

Sie starrte ihn immer noch an.

»Du weißt, was das bedeutet, ja?«

»Ich habe eine Ahnung.«

»Natürlich, du bist doch ein Genie.« Dieses Mal klang es bitter aus ihrem Mund, und obwohl sie sich nicht bewegte, konnte er sehen, wie sie sich in sich zusammenzog, sich zusammenrollte und schrumpfte. »Ich dachte, du …«

»Will ich auch«, fiel er ihr ins Wort.

»Aber warum dann …«

»Du hast gesagt, ich könnte nur einen Schlüssel haben«, sagte er.

Verständnislos sah sie ihn an.

»Dir ist klar, dass das deine einzige Chance sein könnte«, sagte sie.

»Nun, dann will ich sie nicht.«

Diese Information schien sie zu verwirren.

»Warum nicht?«

»Das ist nicht das, was ich will.«

»Diesen Schlüssel?«

»Diese Chance.«

»Was stimmt nicht mit dieser Chance?«

»Regan.«

»Sag's mir, Aldo. Ich will es wissen.«

Würde er eines Tages zu diesem Moment zurückkehren? Würde er sich das wünschen? »Du hast gesagt, nur ein Schlüssel«, rief er ihr in Erinnerung, und soweit er ihr Gesicht im schwachen Mondschein erkennen konnte, sah sie wütend aus.

»Ja, aber ich dachte …« Sie brach ab.

»Du liegst nicht falsch«, versicherte er ihr.

Die Knie an die Brust gezogen, sagte sie: »Ich fühl mich aber so.«

Rinaldo, wo sind wir heute?, hatte sein Vater ihn gefragt, und Aldo hatte geantwortet: »Wir sind irgendwo in den Tiefen der Zeit, an einem Ort, den die Menschen sich nur in ihren Träumen vorzustellen wagen. Wir schweben in dunkler Materie. Wir sind im Inneren eines Sterns gefangen, der in einem Sternensystem eingeschlossen ist, das wiederum eine Galaxie ist, aus der wir nicht entkommen können, und wir sind füreinander verloren, für uns selbst, für die Inkonsequenz des Raums.«

Ohne nachzudenken, streckte er die Hand aus, und sie atmete tief ein, als seine Finger ihre Wange berührten, den Knochen entlangfuhren, bis zu ihrem Kinn. Er setzte sich auf seine Knie und sah sie an, und sie tat es ihm gleich, wieder dieses Spiel des Spiegelns, ihre Hände hoben sich, um ihm eine Locke aus der Stirn zu streichen. Ihr Daumen ruhte an seiner Schläfe, und erleichtert griff er nach ihrer Hand.

»Welcher Schlüssel?«, fragte sie noch einmal. Eine zweite Chance.

Er schüttelte den Kopf, die Lippen weiterhin auf ihre Fingerknöchel gepresst. »Deine Kunst«, sagte er.

Regan, dachte er, Regan, diese Nacht ist gestohlen, ich will schweren Diebstahl, und das hier ist piefiges Gemopse.

»Das kann ich dir nicht geben«, aber er hörte es erst, nachdem er es bereits fühlte, das Zusperren von Türen und Verrammeln von Fenstern. In ihrem Inneren überprüfte sie dreimal die Schlösser, schluckte die verbleibenden Schlüssel hinunter, warf sie ins Feuer und zerschmolz sie, um daraus Schmuck, Waffen, Ketten herzustellen. Als Tresorraum erschuf sie sich neu, das spürte er in der Art, wie sie von ihm wegtrieb, noch bevor sie ihm ihre Hand entzog.

»Diesen Schlüssel habe ich nicht mehr«, sagte sie. »Wahrscheinlich habe ich ihn noch nie besessen.«

Ich weiß, dachte er, ich weiß.

»Wenn du ihn findest«, sagte er und ließ den Satz unvollendet.

Sie erhob sich vom Bett, eines ihrer langen Beine genügte, damit sie fest auf dem Boden stand, und er spürte die Schritte, die sie von ihm entfernten, wie Nachbeben unter ihren Füßen.

»Gute Nacht«, sagte sie.

Er wusste, dass sie ihm nie verzeihen würde. Damit hatte er sein eigenes Ende gewählt.

»Gute Nacht«, erwiderte er. Die Tür ging auf und schloss sich wieder, und dann war sie von ihm fortgegangen.

So weit weg, wie sie es noch nie gewesen war.

―――

Die alte Standuhr unten im Wohnzimmer teilte Regan mit, dass der Tag schon lange vorbei war und ein neuer angebrochen. Bald schon würde wieder die Sonne aufgehen, und sie würde immer noch von den Entscheidungen der vorherigen Nacht besudelt sein. Die Arme um den Körper geschlungen, zitterte sie, neuerlich fröstelnd in Aldos Abwesenheit, und tappte vorsichtig den Flur entlang, wobei ihre nackten Füße die Holzdielen küssten.

Sie hatte gemischte Gefühle, weiche und harte. Verschiedenes verdichtete und dehnte sich in ihr aus. Diese Empfindungen hatte sie schon gehabt, bevor sie das Zimmer betreten hatte, aber nun, da sie es verlassen hatte, fühlte sie sich immer noch genauso, nur schlimmer. Genauso, nur viel schlimmer.

Sie schlich zu ihrem Schlafzimmer zurück und blieb neben der Badezimmertür stehen. In ihrer Kosmetiktasche war das Make-up von Armani, die Wimperntusche von Dior, der Abdeckstift von Givenchy, den sie kaum je Grund hatte zu benutzen. Dort befand sich Rouge, um Unschuld vorzuspielen, Selbstbräunungscreme, um Sonne nachzuahmen, Lipgloss, um Begehren zu postulieren. Ein Täschchen voller Lügen, und unten drin lagen orangefarbene durchsichtige Döschen, die nach ihrer Aufmerksamkeit verlangten und die Lügnerin an ihren rechtmäßigen Platz zitierten. Ich nehme sie, dachte sie. Jetzt gleich nehme ich sie, es wird schon okay sein, das hatte ich sowieso vor, und so war es. Nur wenige Minuten zuvor hatte sie hier in ihrem Badezimmer gestanden, die Döschen betrachtet und gedacht: Ich nehme diese Tabletten jetzt sofort, aber dann: Nein, erst gehe ich zu Aldo, der Beat von

Du-und-ich, du und ich zusammen, *Du-und-ich-zusammen* wummerte in ihren leichtfertigen Blutgefäßen.

Sie war sich über ihre Erwartungen nicht ganz im Klaren gewesen, als sie zu ihm gegangen war. Nein, nicht wahr, sie wusste, was sie erwartet hatte, aber nicht, was sie *wollte*, und jetzt war ihr nur allzu bewusst, dass sie nichts bekommen hatte und ihre Hände daher leer waren, leerer als zuvor. Ihre Neugier hatte sie stillen wollen, möglich; sie wollte eine Kostprobe von etwas Überstürztem, Überladenem und Unheimlichem, damit sie keine andere Wahl hätte, als es als Enttäuschung zu betrachten und abzuhaken. In seinen Armen wollte sie ihn anflehen, von all dem fortgebracht zu werden, von ihrem vorgegaukelten Leben. Er sollte ihr seine leidenschaftliche Hingabe darbieten, sich in einen Verehrer aus dem neunzehnten Jahrhundert verwandeln und inbrünstig um ihre Hand anhalten. Sie wollte Rinaldo Damiani ficken, dann zu Marc Waite zurückkehren und sagen: Siehst du, er begehrt mich, ich bin was wert. Siehst du, ich hatte ein Genie zwischen meinen Beinen, habe ihn in mir festgehalten und verschlungen, und dann habe ich seine Brillanz zu meiner gemacht.

Irgendwo erinnerte sie eine schwache Stimme daran, dass sie sich vielleicht am meisten danach sehnte, von Aldo abgewiesen zu werden; er sollte ihre Hand küssen und sagen: Nicht heute Nacht, Regan, nicht so, nicht, wenn du nicht Meine bist. Aber nicht einmal das hatte er gesagt, nicht wirklich, und jetzt fühlte sie nichts als Abscheu für die Art, wie sie nur sich selbst hassen und ihm doch nichts anlasten konnte.

Ihre Kunst. Das war es, was er wollte.

Sie blickte auf die Tabletten in ihrem Kosmetiktäschchen. Die würde sie einnehmen und zu Bett gehen, und morgen würde sie Aldo sagen, dass es zwischen ihnen aus sei, was immer es auch gewesen war. Das war's jetzt, sie hatte einen Freund, sie hatte sich mitreißen lassen, wie es ihr immer passierte; nichts, was sie beide erlebt hatten, war neu oder seltsam oder auch nur anders. Du hast zu viel von mir verlangt, würde sie sagen. Du wolltest mehr von mir, als ich auch nur wert bin.

Kunst. Sie war noch nicht mal gut darin gewesen, nicht so richtig. Nicht so, wie er es von ihr erwarten, und auch nicht so, wie er es sich wünschen würde. Ihre Kunst würde ihn nicht zufriedenstellen, weil es überhaupt keine Kunst war, weil es gar nichts war. Kunst war emotionale Wahrheit, und die besaß sie nicht, keine einzige Wahrheit, und dafür war dieses Täschchen, neben allem anderen, der Beweis.

Und überhaupt, sie war einer ihrer Misserfolge, und die sollten ausschließlich ihr gehören.

Regan betrachtete kopfschüttelnd ihr Spiegelbild – *wo wir schon von Misserfolgen sprechen*, flüsterte eine Stimme, ähnlich der ihrer Mutter, in ihrem Kopf – und ging aus dem Bad in Richtung Arbeitszimmer ihres Vaters. Streng genommen dürfte sie sich nicht in dem Raum aufhalten, aber ausnahmsweise würde er nicht dort sein. Sicher schlief er tief und fest, genau wie alle anderen, bis auf vielleicht Aldo, aber zufälligerweise war das Arbeitszimmer der im ganzen Haus von Aldo entfernteste Ort.

Vorsichtig öffnete sie die Tür einen Spalt, schaltete das Licht an und trat ein. Ihr Vater hatte den Raum nicht selbst ausgestattet, daher gab er, am Maßstab des Persönlichen gemessen, nur sehr begrenzt Aufschluss. Erkenntnisse über die Privatperson John Regan beschränkten sich darauf, dass er ordentlich und gut organisiert sowie im Besitz von Unmengen von Papier war. Er mochte es, wenn alles seinen Platz hatte, so war es schon immer gewesen. Regan ging zu den Aktenschränken, öffnete sie und ließ ihre Finger über die Schildchen gleiten. Madeline, die gute Tochter. Charlotte, das Problem. Wahrscheinlich hatte er sie tatsächlich irgendwo hier abgeheftet, und es gab eine Aktenmappe über sie, oder zumindest über die Version von ihr, die Dokumente belegen konnten. Meine Damen und Herren Geschworenen, wir haben hier ein überprivilegiertes Kind, ein Kind mit einer zu großen Fantasie, ein Kind, das nie gelernt hat, sich der Autorität der Realität unterzuordnen, ein Kind, das zur Frau wurde, die immer noch nicht gelernt hat – und niemals lernen wird –, welches Wagnis es wert ist, dass man es eingeht.

»Das schon wieder«, hatte Helen am Abend mit einem raschen Blick auf Aldo gesagt.

»Das schon wieder«, als wäre Rinaldo Damiani einfach eine altbekannte Kinderei. Einfach nur das letzte Beweisstück in der Mappe über Regan.

Ich habe versucht, ihn zu vögeln, und er hat Nein gesagt, Mom. Er ist anders, er will mich nicht.

Natürlich will er dich nicht, Charlotte. Sieh dich nur an, dein Benehmen ist ungehörig.

Nein, dachte Regan und unterbrach ihre eingebildete Konversation. Nein, du irrst dich, das würde Helen nicht sagen. Vielleicht über Marc, das schon. Helen betrachtete Marc als irgendwie erhaben, eine beeindruckende Aktenmappe, mit erkennbarem Wert, trotz ihrer Abneigung für den Inhalt. Aber nein, über Regans Charakterfehler waren Helen und Regan insgeheim immer einer Meinung gewesen, viel wichtiger waren die Punkte, in denen sie sich nicht einig waren. »Er ist ein Nichtsnutz ohne Zukunft, hat einen schlechten Einfluss auf dich« – als wäre Regan immer noch ein Kind, das man beeinflussen konnte, mit einer nur zur Hälfte ausgebildeten Persönlichkeit, immer noch empfänglich für Veränderungen.

Daher nein, Regan würde zu ihrer Mutter sagen: Ich habe versucht, ihn zu vögeln, und er hat Nein gesagt, und Helen würde erwidern: Gut so, ohne ihn bist du besser dran, mach deine Beziehung mit Marc nicht kaputt, du wirst nur älter, und bald schon werden sich die Männer nach anderen Frauen umschauen. Nach einer Frau, die vielleicht du bist, aber jünger, denn Wildheit altert nicht mit Anmut.

Zeit, dachte Regan plötzlich, das *Du-und-ich* immer noch irgendwo in ihrem pochenden Puls. Die Zeit hatte Helen auf die gleiche Weise wie ein Spuk verfolgt, wie sie Aldo verzaubert hatte. Die Zeit hatte sie beide, wenn auch auf unterschiedliche Art, zum Gespött gemacht.

Inmitten ihrer verdrehten, stammelnden Gedanken drehte sich Regan zu einem Bild neben sich an der Wand um. Eines der wenigen dekorativen Stücke, die John Regan selbst ausgewählt hatte. Er hatte es einem Freund abgekauft. Die nüchterne Strenge des Bilds habe ihn angezogen, sagte er. Damals, im Alter von sechs oder sieben Jahren, hatte Regan ihrem Vater gelauscht, wie dieser das Bild genauso lobte, wie er Madeline lobte, mit Stolz, Überzeugung und Gewissheit. Seine Stimme hatte vermittelt: Dieses Gemälde ist gut, das ist ein ausgezeichnetes Gemälde, und daraufhin hatte Regan gedacht: Dann will ich wie dieses Gemälde sein.

Jetzt, da sie erwachsen war und einen Abschluss in Kunstgeschichte hatte, konnte Regan sehen, dass das Bild nicht besonders beeindruckend war. Es stammte von einem Künstler, der inzwischen ziemlich berühmt war, darin hatte die ursprüngliche Anziehungskraft gelegen, und der wahrscheinlich inzwischen für jede Auftragsarbeit eine hübsche Summe kassierte. Dieses frühe Werk war sicher noch im Wert gestiegen; John Regan, ein Meister des Investments, hatte damals anscheinend genug gewusst, um seinen zukünftigen Wert richtig zu taxieren.

Regan trat darauf zu und betrachtete die Pinselstriche. Sie waren nicht direkt einfach, aber sie waren auch nicht besonders emotional. In ihnen schwang keine fieberhafte Leidenschaft, kein zwanghaftes Bedürfnis. Dieses Gemälde war nicht zur Befriedigung des Herzens geschaffen worden, sondern eher, um den Lebensunterhalt zu bestreiten. Ihr kam in den Sinn, dass ihr Vater genau das gemeint hatte, als er von der nüchternen Strenge des Bildes gesprochen hatte. Mit dem geschulten Auge einer Kunsthistorikerin erkannte Regan auf den ersten Blick, dass er es damit als *schlicht, distanziert, emotionslos* hatte beschreiben wollen. In ihren Augen: sinnentleert.

Nüchterne Strenge. Das ist ein kalter Begriff, hatte Aldo einmal gesagt, und bei der Erinnerung daran fing sie an zu frösteln.

Das Sujet des Gemäldes war eine Architekturlandschaft. Harte Linien, seelenlose Vertikalität. Das war Schönheit? Natürlich, das wusste sie. Sie sollte ihre Tabletten nehmen. Solche Linien wären unglaublich einfach nachzumachen. Reproduktion, Redundanz, Rückfälligkeit. Das ganze Bild war nichts Besonderes, nimm deine Tabletten, Regan (Bist du glücklich über den Platz, den ich in deinem Leben eingenommen habe?), es war nichts besonders Beeindruckendes. Wie hatte sich ihr Vater so für dieses Gemälde begeistern können? Wie hatte er etwas so Banales fälschlicherweise für ein Meisterwerk halten können? Nimm deine Tabletten, schluck sie einfach hinunter, das hast du schon Millionen Mal gemacht, es bedeutet nichts, und nichts wird dir wehtun, wenn du das nicht willst. Das hier war nichts. Dieses Gemälde war nichts. Seine Anerkennung war nichts. Nimm deine Tabletten. Er würde das Geniale verkennen, wenn es ihm eine Ohrfeige verpasste, wenn es ihm eine boshafte Klatsche verabreichte, wenn es sich aus seinen Zwängen befreite, um sich aus dem Fenster zu stürzen, wenn es die ganze Nacht hindurch wach in seinem Gästezimmer lag. Nimmst du deine Tabletten, Charlotte? Natürlich, Mutter, verdammte Scheiße, und wenn nicht, würde ich dich anlügen, denn die Fähigkeit, die Wahrheit zu sagen, hast du mir bereits genommen. Denn ich musste eine Lüge sein, so wie du eine bist. Selbstverständlich möchtest du, dass alles ordentlich aussieht, du willst alles an Ort und Stelle haben, du bist eine Fälschung, ein Fake. Dein Name ist nicht Helen. Dieses Gemälde ist nicht schön. Du hast Schönheit noch nie begriffen, und was noch schlimmer ist, du wirst sie auch nie begreifen.

Regan drehte sich um und verließ das Zimmer. Jetzt waren ihre Bewegungen entschlossen, ihr Gang kein sanfter Kuss, sondern ein Donnerhallen bei jedem Schritt. Wie wild durchwühlte sie die Schubladen in ihrem Zimmer, bis sie ihre Acrylfarben, ihre Leinwände, jeden Fetzen gefunden hatte, der von ihrem früheren Selbst übrig geblieben war. Hastig suchte sie alles zusammen, mutmaßte Farbwerte und klemmte sich dies und das unter die Arme. In Windeseile war sie zurück im Arbeitszimmer ihres Vaters, stellte sich dem Gemälde gegenüber, bis Aldos Gesicht endlich aus ihrem Gedächtnis gelöscht war.

Mein Gott, das war wahrscheinlich nicht einmal Europa, nur das Abbild eines Bildes. Oder sogar das Bild einer Google-Suche, das keine andere Bestimmung hatte, als im Haus eines reichen weißen Börsenmaklers zu hängen, in einem Zimmer, das nie betreten wurde. Wahrscheinlich hatte der Künstler Farbproben auf dem Rand seiner Mietmahnung getestet.

Gut, beschloss Regan. Besser, das Werk ist von Anfang an leer, besser, wenn es ausgehöhlt und unausgefüllt bleibt. Je weniger von ihm vorhanden war, desto leichter sind seine Missstände zu beheben.

Sie blickte auf die Leinwand hinunter, nahm den Pinsel in die Hand, und für den Bruchteil einer Sekunde hielt sie den Atem an.

Und dann, zum ersten Mal seit drei Jahren, vier Monaten und fünfzehn Tagen, begann Charlotte Regan zu malen.

»Bitte tu mir einen Gefallen«, sagte sie, und Aldo blickte auf, überrascht, dass Regan wiederum in der Tür stand. Aber diesmal schien die Sonne bereits durchs Fenster, und er konnte sie klar erkennen.

Konnte klar erkennen, dass sie nicht geschlafen hatte.

»Ja«, erwiderte er. »Natürlich gern.«

»Kannst du fahren?«, fragte sie und wischte sich mit dem Handrücken über die Stirn. Ihre Haare waren zu einem fahrigen Pferdeschwanz zusammengebunden, aus dem sich an den Schläfen einige Strähnen gelöst hatten. »Also, du kannst fahren, oder?«

»Ja«, antwortete er. Natürlich konnte er Auto fahren, er kam aus Kalifornien, wo alle mit dem Auto fuhren, aber sie sah aufgewühlt aus. Er machte ihr keinen Vorwurf, dass dieses Detail ihrer Aufmerksamkeit entgangen war.

»Können wir jetzt los?«

»Du möchtest dich nicht verabschieden?«

Sie schüttelte den Kopf. »Ich will zurückfahren.«

»Okay«, sagte er.

Ohne ein Wort miteinander zu wechseln, gingen sie in die Garage. Er stieg ein. Sie ebenfalls. Als er in den Rückspiegel blickte, entdeckte er die Ecke von etwas Großem, Weißem, das aus der Plastikkiste auf dem Rücksitz herausragte. Er sagte nichts und sie auch nicht. Sie sank in den Beifahrersitz, lehnte den Kopf ans Seitenfenster und schloss die Augen. Aldo startete den Motor und fuhr von der Auffahrt auf die Straße, während die leise Stimme des Navigationssystems ihm Anweisungen gab. Der Blinker klang wie ein schwingendes Pendel, das Schweigen war nachdrücklich und akzentuiert. Er bog ab, sie atmete durch. Er dachte an die Autos auf der Straße, die Linien und den präzisen Moment, zu dem er, wenn möglich, zurückkehren würde.

Sie öffnete seine Tür. Er stand auf, nahm sie in seine Arme, Sag nichts, Regan, er küsste sie, sie stieß ihn weg, du bist ein Schwein, Männer sind Abschaum, es ist vorbei.

Sie öffnete seine Tür. Er wartete, sie stieg zu ihm ins Bett, Aldo, Regan, sie küssten sich, er ließ seine Hand unter ihre extrem weichen Pyjamashorts gleiten und fand dort ihre extrem weiche Haut, er schob ihre Beine auseinander, und sie seufzte, ich will es, willst du es auch? Ja, ich will es, verdammt noch mal, auch, am Morgen war sie fort. Kannst du mich zurückfahren? Zurück in ihre Wohnung, zurück zu ihrem Freund, zurück zu ihrem Leben. Einen Moment lang hat es Spaß gemacht, Aldo, aber jetzt ist es vorbei.

Sie öffnete seine Tür, er sagte hastig: Jetzt nicht, nicht heute Nacht, aber irgendwann auf jeden Fall, wenn du mich willst, sie lachte ihn aus. Warum sollte ich dich ihm vorziehen, dich allem hier vorziehen, dich irgendetwas vorziehen?, dennoch vögelte sie ihn mit rachsüchtigem Übermut, mit boshaftem Vergnügen, sie krallte ihre Finger in seinen Hals, als er kam, sie schmeckte wie Cocktailbitter. Du bist ein Idiot, Aldo, es ist vorbei.

Sie öffnete seine Tür, alles lief schief, er starb im Schlaf, es ist vorbei.

Sie öffnete seine Tür, alles lief gut, er starb in ihren Armen, es ist vorbei.

Sie öffnete seine Tür,

Sie öffnete seine Tür,

Sie öffnete seine Tür,

»Aldo«, sagte sie, und er erwachte aus seinem Tagtraum, sah sie an. Ihre Augen waren immer noch geschlossen.

»Ja?«

»Danke fürs Fahren.«

Das hier, erkannte er niedergeschlagen, war das Fluchtfahrzeug. Es war schon passiert.

»Gern geschehen.«

»Es tut mir leid, dass ich …« Sie hielt inne und schlug kurz die Augen auf. Kauerte sich dann noch enger zusammen und schloss wieder die Augen.

»Es muss dir nicht leidtun«, sagte er, und dann, in der Hoffnung, dass sie ihn um eine Erklärung bitten würde: »Mir tut es auch leid.«

Sie sagte nichts.

»Bin ich«, begann er und verstummte dann. »Sind wir …?«

»Ich glaube, wir sollten uns besser eine Weile nicht sehen«, bestätigte sie.

Seine Brust barst, in zwei Hälften gespalten und fest verschlossen.

Er atmete tief aus.

»Eine Weile?«

»Ja, eine Weile.«

Sie öffnete seine Tür, und es war schon vorbei, noch bevor sie eingetreten war. Er hatte es oft genug durchgespielt, um es zu wissen. Dieser Moment hätte nichts geändert.

In seinem Inneren stellte er seine Ergebnisse vor, und etwas Unachtsames und Verzweifeltes wies sie zurück.

»Bittest du mich zu gehen«, fragte er, »oder zu warten?«

Sie öffnete die Augen und starrte ausdruckslos auf die Straße.

»Ich weiß es nicht«, sagte sie.

Die Augen machte sie nicht wieder zu. Er antwortete nicht.

Keiner von ihnen sagte noch ein Wort.

———

Es fühlte sich nicht so an, wie sie erwartet hatte. Nicht so wie in der Vergangenheit. Diesmal war es eher, wie unter Strom zu stehen, Elektrizität in ihren Knochen, Feuer zu fangen. Du und ich zusammen, *Du-und-ich-zusammen*, du und ich. Ein Gedanke, der sie aus ihrem Schlummer aufweckte, wie eine Inspiration oder Bauchschmerzen. Eine Vorstellung, die nicht gelöscht, nicht zunichtegemacht werden konnte, außer durch die Bewegung ihres Pinsels. Sie malte, um ihre Gedanken zu besänftigen, die sich in ihren Geist einschrieben wie Insekten, die mit jähem Satz zwischen den verschiedenen Ebenen hin und her schnellen.

Irgendetwas ist falsch, dachte sie, irgendetwas ist richtig. Irgendetwas ist definitiv falsch, aber das richtige Irgendetwas ist irgendwie größer, näher an der Wahrheit. So wie die Wahrheit falsch ist, wenn sie richtig ist.

»Hast du deine Tabletten genommen?«

»Nein«, antwortete Regan, und die Psychiaterin sah sie bestürzt an.

»Charlotte.«

»Das war ein Scherz«, sagte sie mit einem beruhigenden Lächeln, und die Ärztin legte die Stirn in Falten.

»Mir geht's gut«, versicherte sie.

Die Psychiaterin kniff die Augen zusammen, argwöhnisch.

Dann sagte sie in diplomatischem Ton: »Du hast mir noch gar nicht erzählt, wie das Wochenende bei deinen Eltern gelaufen ist.«

»Nicht gut«, erwiderte Regan. »Meine Eltern mochten den Freund nicht, den ich mitgebracht hatte.«

»Einen Freund?«

»Ja, einen Freund.« Du und ich, du und ich, du und ich. Aldo, Aldo, Rinaldo, dem Gedanken an deinen Namen auf meiner Zungenspitze bin ich mehr verfallen als irgendeinem anderen Laster. Der Gedanke, dass du mein bist, ist gefährlicher als jeder Drogencocktail, die Vorstellung, zu dir zu gehören, unendlich destruktiv. »Er ist theoretischer Mathematiker, so ein vollkommen in seinen Gedanken versunkener Mensch. Meine Mutter fand ihn unhöflich.«

»Und dein Vater?«

»Ist normalerweise der gleichen Ansicht wie meine Mutter.«

»Was ist mit deiner Schwester?«

Ich mag ihn, hatte Madeline im Vorbeigehen in Regans Ohr geflüstert und dabei ihren Arm gedrückt, mehr hatte sie nicht gesagt.

»Ich weiß es nicht.«

»Stört dich das? Dass sie ihn nicht mögen, meine ich.«

Regan blickte unbeteiligt zur Seite.

Du hast keine Ahnung, wie sehr mich das hier anödet, dachte sie.

Also sagte sie: »Ich habe wieder zu malen angefangen.«

Regan beobachtete, wie ungestellte Fragen die Ärztin steif und starr werden ließen, sie aber, zögernd, doch ein »Ah?« herausbrachte.

»Ja«, erwiderte Regan, fügte aber nichts weiter hinzu.

»Also ... läuft es gut?«

Es ist ein Feuer. Früher bin ausgebrannt, heute stehe ich nur in Flammen.

»Ja«, sagte sie.

Die Aufmerksamkeit der Ärztin glitt zu der Tischuhr neben ihr.

»Nun gut«, sagte sie und räusperte sich. »Wie läuft's mit Marcus?«

»Er will wissen, warum ich nicht ins Bett komme.«

Die Ärztin blinzelte, zum zweiten Mal bestürzt. Wie billig, dachte Regan verächtlich. Was für lächerliche Bedenken. Wie schnell dein Verständnis doch an Grenzen stößt.

»Und warum gehst du nicht ins Bett?«

»Weil ich male.« Das liegt doch auf der Hand, siehst du das nicht? Kannst du das nicht hören? Sein Name ist in meiner Haut eingeritzt, er hat Narben hinterlassen. Ich habe meine ganze Gestalt verändert, weil ich in seine ungeheuerlichen Gedanken gepasst habe, und jetzt sind *Linien* und *Farbe* die einzigen Wörter, die ich kenne.

»Und …« Die Ärztin sah angespannt aus. »Schläfst du?«

Regan warf einen teilnahmslosen Blick aus dem Fenster.

»Dieses Jahr wird es früh kalt«, bemerkte sie, während sie die grauen Straßen und den gräulichen Himmel betrachtete. Gesteigerte Wahrnehmung von Grau, der Ansturm des Winters.

»Anzeichen einer Depression sind nichts Ungewöhnliches, wenn die Tage kürzer werden.«

Diese Symptome sind natürlich: Trägheit, Gleichgültigkeit, mangelndes Interesse an Dingen, die normalerweise Freude bereiten, Gefühl des Versagens, Wertlosigkeit.

»Ich weiß«, erwiderte Regan. »So ist es nicht.« Hörst du mir überhaupt zu?

»Nein?«

Draußen war das Grau des Himmels beinahe blau. Jetzt konnte sie es wieder wertschätzen. Jetzt konnte sie es wieder von Nahem betrachten.

»Also, wie ist es dann?«, hakte die Ärztin nach.

Regan blickte zu ihr, und das Wort kam ihr genau in dem Moment in den Sinn, als ihre Zunge zwischen ihre Zähne fuhr.

»Ein Weißglühen.«

Der Gesichtsausdruck der Psychiaterin verriet, dass sie Mühe hatte, ihre Verwunderung und ihre Besorgnis zurückzuhalten.

»Charlotte, wenn sich etwas verändert hat, sollten wir unbedingt darüber sprechen.«

»Ja, das ist mir klar, und ich habe es dir gesagt: Es hat sich etwas verändert«, bestätigte Regan und stand auf. »Ich habe wieder zu malen angefangen.«

»Ja, das ist wunderbar, aber Charlotte …«

»Das ist alles«, sagte Regan. »Das ist der einzige Unterschied.«

»Ja, aber wenn du eine … *Spaltung* erlebst oder wenn deine Medikamente nicht wirken …«

»Ich komm dann übernächste Woche wieder«, sagte Regan und verließ die Praxis. Dann nahm sie ein Paar Handschuhe aus ihrer Tasche und wagte sich wieder hinaus in die Kälte.

————

Allmählich wurde es kalt, und das Motorrad war kein vernünftiges Transportmittel mehr. Aldo fröstelte ein wenig, als er auf dem Weg zu seinem Stammplatz unter dem Baum war. Sein Handy klingelte, noch bevor er dort angekommen war.

»Du bist früh dran«, sagte er, und sein Vater kicherte.

»Zwei Minuten zu früh. Wie geht es dir, Rinaldo?«

»Mir ist kalt«, antwortete er.

»Diese Winter dort.« Masso seufzte. »Du solltest nach Hause kommen.«

»Genau genommen ist es noch Herbst, und ich komme nach Hause, wenn das Semester zu Ende ist. Nach den Abschlussprüfungen.«

»Dann verpasst du wieder einmal Thanksgiving.«

»Ich weiß, es geht nicht anders. Ich muss Klausuren korrigieren. An meiner Dissertation arbeiten.«

»Diese Sache, die ich nicht kapiere?«

»Ja, diese Sache, die du nicht kapierst.«

»Ich verstehe generell nur sehr wenig.«

»Nett von dir, das zuzugeben. Anders als die meisten Leute in meiner Fakultät.«

»Sag ihnen, sie sollen sich ein neues Hobby zulegen.«

»Man hat mir geraten, anderen Menschen keine Ratschläge zu erteilen.«

»Das ist wahrscheinlich das Beste. Niemand hört gern auf andere.«

»Nein«, stimmte Aldo zu und zitterte wieder vor Kälte.

Kurzes Schweigen.

»Hast du etwas von ihr gehört? Von der Künstlerin?«

Aldo schüttelte den Kopf. »Das erwarte ich auch gar nicht.«

»Ach so.« Ein Räuspern. »Besser so. Konzentrier dich auf die Arbeit, und dann komm nach Hause.«

»Ja, ich weiß.«

»Ein Stammgast im Restaurant hat eine Tochter, die in Stanford studiert. Gute Uni.«

»Ja, Dad, ich habe schon von Stanford gehört. Ist aber auch nicht gleich um die Ecke von dir.«

»Lieber Palo Alto als Chicago. Vielleicht versuchst du's mal hier am Caltech?«

»Ja, wenn ich meine Dissertation fertig habe, schau ich mal, ob sie mich am Caltech gebrauchen können.«

»Natürlich können sie dich dort gebrauchen, Rinaldo.«

»Ja, natürlich.«

In seinem Ohr piepte sein Handy und kündigte einen weiteren Anruf an, den er ignorierte.

»Also, wo sind wir heute?«

»Im Baltikum«, sagte Aldo. »Nein, in London zur Zeit der industriellen Revolution. Zur Zeit von Dickens.«

Der Piepton verstummte, und sein Vater lachte. »Dir ist einfach nur kalt.«

»Wir rackern uns im ... wie heißt das noch? Wo die Würste hergestellt werden, der Kühlraum.«

»Es ist alles gekühlt, Rinaldo. Schließlich ist es Fleisch.«

»Richtig, also, da sind wir.«

»Ich würde einen anderen Ort vorziehen.«

»Glaub mir, ich auch.«

In seinem Ohr fing es wieder an zu piepen, und Aldo seufzte.

»Was ist denn?«, fragte Masso.

»Ein weiterer Anruf, bleib dran …«

Seine Zähne klapperten vor Kälte, und er zog seine Jacke fester um sich, als er auf das Display blickte – und blinzelte.

»Dad«, sagte er, »ich ruf dich wieder an.«

»In Ordnung, wir können morgen sprechen.«

»Okay, danke …«

Sein Daumen bebte, als er das Gespräch mit seinem Vater beendete.

»Hallo?«

»Hey«, sagte Regan.

Sie klang atemlos, beinahe hektisch.

»Ist alles okay bei dir?«, fragte er, und ein banges Lachen ertönte.

»Ich brauche etwas«, sagte sie. »Es ist … ein merkwürdiger Gefallen. Aber genau genommen hast du mich zuerst gebeten.«

»Okay«, erwiderte er unsicher. »Bist du sicher, dass alles in Ordnung ist?«

»Mir geht's gut. Ich bin nur …« Ihr ganzer Körper vibrierte wieder, das konnte er durch das Handy hindurch spüren. »Ich habe es gefunden.«

»Was gefunden?«

»Den Schlüssel.«

Er stutzte.

»Aldo?«, fragte sie.

»Ja, ich bin hier.«

»Du musst mir einen Gefallen tun.«

»Ja, natürlich. Worum geht es?«

»Ich muss dich sehen«, sagte sie, und nach einem Räuspern: »Ich will, hm. Dich malen«, erklärte sie, und der erste Impuls der Verblüffung verblasste, abgelöst von einer unaufhörlich hämmernden Neugier.

»Mich?«, echote er.

»Ja. Hast du heute Zeit?«

Er dachte darüber nach, während er zusah, wie sein Atem sich in der beißenden Kälte ausbreitete.

»Ja«, antwortete er nach einem Moment des Zögerns.

»Oh, wie schön.«

Er hielt inne, dann fragte er: »Soll ich zu dir kommen?«

»Nein, nein, ich fahre zu dir. Dein Appartement geht nach Norden raus, richtig? Dann ist das Licht da sicher gut.«

Erstaunlich, dass sie sich an dieses Detail erinnerte, dachte er. Sie war nur ein Mal bei ihm gewesen, und da hatte er sie die ganze Zeit über beobachtet, dennoch hatte sie sich die Himmelsrichtungen seiner Fenster gemerkt. »Ja, okay.« Allmählich schmerzte sein Atem in seinen Lungenflügeln, die er in seinem Brustkorb bis zum Äußersten aufpumpte. »Vielleicht so gegen zwölf, halb eins?«

»Halb eins wird's wohl. Ich muss hier erst noch was fertig machen.«

»Möchtest du, dass ich … irgendetwas vorbereite, oder …«

»Nein.« Sie lachte. »Nein, Aldo, du musst nichts vorbereiten.«

»Ach so. Okay.« Er atmete tief aus.

»Du kannst was rauchen«, schlug sie trocken vor. »Wenn du meinst, du brauchst das.«

Er schüttelte den Kopf. »Nein, brauch ich nicht.«

»In Ordnung, gut. Dann bis halb eins.«

»Bist du sicher, dass es dir gut geht?«

»Ja, warum sollte es mir nicht gut gehen?«

»Du klingst«, begann er, brach dann aber ab. »Gut«, sagte er schließlich.

Das Wort, das er hatte sagen wollen, war *strahlend*, vielleicht sogar *blendend*, aber es ergab keinen Sinn, und sie lachte schon wieder.

»Du klingst auch gut. Dann bis gleich?«

»Ja. Ciao, Regan.«

»Ciao, Aldo«, sagte sie und war schon weg.

Vollkommen betäubt starrte er auf sein Handy und sah zu, wie ihr Name vom Display verschwand.

Vielleicht hatte er es geschafft, dachte er. Vielleicht war eine Version von ihm in der Zeit zurückgereist und hatte es geändert, irgendwie geregelt, hatte die Tür aufgemacht, die sie letztlich nie geöffnet hatte, und das hatte sie zu ihm zurückgebracht. Vielleicht hatte er es gelöst, irgendwo, und sein jetziges Ich würde es nie erfahren.

Möglicherweise aber war es noch nicht geschafft. Noch nicht.

Die Kälte ließ ihn heftig zittern, er zog seine Jacke fester um sich und griff nach seinem Helm.

Das waren genügend Überlegungen für einen Tag.

———

Regan blickte in den Raum, den sie angemietet hatte, wo im Moment fünfzehn Leinwände verschiedener Größen lagerten. Eine, das Gemälde aus dem Arbeitszimmer ihres Vaters, thronte feierlich in der Ecke und ragte über die anderen – alles Repliken der Originale anderer Leute –, die dieses erste Bild hervorgebracht hatte, hinaus. Das, rief sie sich mit einem Seufzer in Erinnerung, war das Problem. Zumindest *war* es das Problem gewesen, bis sie gestern mit dem Schlüssel für das Lager in ihren Hän-

spielt und dabei an nichts anderes als an die Größe des Raums gedacht hatte.

Früher hatten ihre Träume so ausgesehen, nichts anderes als Linien und Muster und Strukturen. Kunst war eine Sprache aus einem grenzenlosen Wortschatz und gleichzeitig einem begrenzten Satzbau; aus endlosen Konzepten, die mit grenzenlosen Ausdrucksmöglichkeiten gezeigt werden konnten, aber nur einer begrenzten Anzahl von Ausführungsvarianten. Farbe, Linie, Form, Raum, Struktur sowie Licht und Schatten, sechs Elemente insgesamt, was eine neue Erkenntnis für sie war, bis sie – mit einem Finger über die Zähne des Schlüssels streichend – den Grund dafür verstand.

Bienen.

Sie blickte auf ihre Fälschungen, ihre zauberhaften Imitationen.

»Heute male ich etwas«, sagte sie zu ihnen. »Etwas Neues.«

Sie blickten sie wenig ermutigend an.

Warum ausgerechnet er?, fragte die Nachahmung des Gemäldes aus dem Arbeitszimmer ihres Vaters.

»Eben weil«, sagte sie. Weil ich weiß, dass er für mich Modell sitzen wird. Weil er mich nicht auslachen wird, er wird mir nicht die Luft abschnüren, nicht diesen kleinen Keim abtöten, den ich gefunden habe, diesen Atemzug, den ich, flügge geworden, getan habe. Weil er wissen wird, was es bedeutet, weil er mich darum gebeten, danach gefragt hat. Weil er das ist, was ich nicht ungesehen machen kann. Weil ich nicht weiß, ob ich ihn richtig malen kann, ohne ihn anzusehen, ohne Beweis, aber auch, weil ich es wissen muss, weil ich es bereits versucht habe. Weil dies entweder der Weg ist, wie sich alles ändert oder wie alles endet.

Im Museum hatte sie schon angerufen und Bescheid gegeben, dass sie den Tag frei bräuchte. Man hatte nichts dagegen gehabt

und ihr gute Besserung gewünscht, obwohl sie gar kein Unwohl-
sein erwähnt hatte.

Bei Marc hatte sie sich auch schon gemeldet, gleich nach dem
Museum.

»Find ich total süß, dass du ein Hobby gefunden hast, mein
Schatz«, hatte er am Vorabend zu ihr gesagt und ihre Haare ge-
küsst, während sie den Skizzenblock näher an sich herangezogen
und mit dem Arm verstohlen seinen Blick von ihren Zeichnungen abgeschirmt hatte. Würde er die Hand wiedererkennen, die
Form der Handfläche, die Fingerhaltung? Hatte er diese Hand
sich in ihren Augen widerspiegeln gesehen, so wie sie sie sich in
ihrer Vorstellung ausgemalt hatte? Wahrscheinlich nicht, aber sie
wollte nicht, dass er die Konturlinien ihrer Gedanken erfuhr, deren Geografie erkannte.

Das war es, was Kunst ausmachte, oder nicht? Diese lärmende
Zurschaustellung des Inneren ihres Kopfs.

»Ich habe heute Therapie«, erzählte sie ihm. »Vielleicht gehe
ich hinterher noch shoppen.«

»Warst du nicht gerade erst vor Kurzem bei deiner Psychiaterin?«

»Ja. Mir geht einfach gerade eine Menge im Kopf herum.«

Im Grunde wusste sie nicht genau, warum sie Marc überhaupt
angerufen hatte, denn eigentlich tat sie die meiste Zeit, oder besser gesagt die ganze Zeit, was ihr in den Sinn kam. Vermutlich
sollte er denken: Das ist merkwürdig. Vielleicht wollte sie ihn sagen hören: Geht es dir gut? Möglicherweise sollte er spüren, dass
etwas systematisch schieflief und in dieser Sache feinen Instinkt
beweisen, der ihm nahelegte, dass dieses Gespräch anders als alle
vorherigen war.

Sie wollte ihn zu einer Frage herausfordern: Lügst du?

Tatsächlich sagte er: »Nun ja, schön, dass du dich um dich

kümmerst«, versicherte ihr seine Liebe, erzählte ihr, dass er gerade zu einem Meeting mit der Firma eines potenziellen Kunden ging, und versprach, sie am Abend zu Hause zu sehen, bevor er das Gespräch beendete und das Display in ihrer Hand schwarz wurde.

Regan betrachtete das Gemälde aus dem Arbeitszimmer ihres Vaters und spielte im Kopf die Mechanismen seiner Konzeption durch. Sie war die ganze Nacht aufgeblieben, um daran zu arbeiten, und als sie wieder zu Hause war, hatte sie es tagelang perfektioniert. Schließlich hatte sie es stundenlang angeschaut, um damit abzuschließen. Es war Diebstahl, in jedem denkbaren Aspekt seiner Erschaffung. In seiner Reproduktion hatte sie nichts von sich selbst zurückgelassen, sondern nur die hungernde Leere geklont, die schon vorher dort existiert hatte, und dann hatte sie das Gleiche noch ein weiteres Dutzend Mal gemacht: Sie hatte sich selbst bewiesen, dass sie, zumindest, noch sehen, immer noch denken und interpretieren konnte.

Doch das genügte nicht, und sie wusste es. Kunst, summte eine Stimme in ihrem Ohr, war Schöpfung. Kunst bestand darin, einen Teil ihres Selbst zu sezieren und ihn zum Verzehr, zur Spekulation freizugeben. Zur eventuellen Fehlinterpretation und zur unweigerlichen Beurteilung. Die Belohnung für das Aufgeben der Angst wäre die Möglichkeit des Scheiterns, und darin zeigte sich das der Kunst innewohnende Opfer. Das, flüsterte ihre innere Stimme, war Kunst, und sie ließ den Finger über den Schlüsselbart gleiten, die gezackten Kanten kratzten wie Zähne über ihre Haut. Du und ich, Du-und-ich, du und ich, mein Herz wird ein Loch in meine Brust brennen, bis ich es weiß, und ich bin noch nicht fertig, ich kann noch nicht fertig sein, das hier kann nicht das Ende sein.

In dem Moment griff sie nach ihrem Handy, wählte den Kontakt aus, der *Wenn du es gefunden hast* hieß, und rief Rinaldo Damiani an.

––––––––

Sie stand in Jeans und einem grauen Oversized-Pullover mit ihrem Skizzenblock und ihren Bleistiften in den Händen vor seiner Tür. Ihm fiel auf, dass sie die Granatohrringe trug, aber auf jedes weitere Accessoire verzichtet hatte. Sie sah entschlossen, beinahe herausfordernd aus, als sie den Mund öffnete und, immer noch mit Buch und Stiften hantierend, sagte: »Eins möchte ich klarstellen. Ich bin nur hier, um dich zu zeichnen. Nichts weiter.«

»Okay«, sagte er und bat sie herein.

Sein Appartement war nach dem Geschmack des Besitzers mit einem Lichtschienensystem ausgestattet. Nachdem sie eingetreten war, durchquerte Regan die Wohnung und schaltete überall die Lampen ein und aus. »Hast du etwas zum …?«

Auf eine Geste von ihr hin nickte er und holte eine Trittleiter, die in einer Ecke in der Küche gestanden hatte. Sie stieg hinauf und richtete die Lichter neu aus.

»Sei vorsichtig mit den …«

»Die Birnen sind noch nicht heiß«, versicherte sie ihm energisch, dann bedeutete sie ihm, sich ans Fenster zu stellen. »Warte da drüben«, sagte sie und fügte dann hinzu: »Ich kümmer mich gleich um dich.«

Er gehorchte, stellte sich wie gewünscht neben das Fenster, und sie sah finster drein, während sie den leeren Raum in ihrem Kopf herrichtete.

»Okay«, sagte sie und blickte erneut missbilligend, diesmal zu ihm. »Willst du das anbehalten?«

Er trug wie üblich ein T-Shirt und Jeans.

»Jetzt habe ich das gerade an, ja«, erwiderte er. »Konzeptuell gedacht, nein. Ich könnte mich umziehen.«

Ihr düsterer Blick wechselte von nachdenklich zu zögernd.

»Darf ich …?«, fragte sie und deutete vage zu seinem Kleiderschrank.

»Du bist die Künstlerin«, erwiderte er und nickte ihr aufmunternd zu.

Sie drehte sich um und ging seine Garderobe durch, die, gelinde gesagt, spärlich war. Während er sie beobachtete, fiel ihm ihre Unsicherheit auf, und er räusperte sich.

»Und wie ist es dir ergangen?«, fragte er versuchsweise.

»Gut«, antwortete sie. Sie hielt inne, verkniff sich eine weitere Bemerkung und blickte dann über die Schulter zu ihm. »Ich bin immer noch mit Marc zusammen«, sagte sie.

»Okay«, erwiderte er.

»Es gibt nicht wirklich was Neues.«

Unbeabsichtigt ließ er ein tiefes Geräusch hören, etwas wie ein gehüsteltes Lachen, und sie wandte sich blitzschnell um.

»Was ist?«, wollte sie wissen.

»Offensichtlich gibt es doch was Neues«, antwortete er und berichtigte sich: »Oder, ich weiß nicht. Alles ist neu.«

»Etwas oder alles?«

»Sag du es mir.«

»Nichts hat sich verändert.«

»Etwas hat sich doch verändert«, entgegnete er, und sie drehte sich wieder zu seinem Kleiderschrank um und richtete ihre Aufmerksamkeit woandershin, auf den Platz zwischen den Bügeln.

»Ich habe wieder zu malen angefangen«, sagte sie und sah sich seine Hemden an.

»Aber du willst mich zeichnen?«

Er betonte ausdrücklich *zeichnen* und nicht *mich*.

»Ja«, antwortete sie. »Ich würde dich auch malen, aber dafür muss man mehr Zeug mitschleppen. Vielleicht ein anderes Mal.«

Also hatte sie aus einem Impuls heraus gehandelt. Oder aus einem Zwang heraus. »Was wirst du zeichnen?«

»Ich weiß nicht. Schätzungsweise dich. Ich dachte mir, du hast wahrscheinlich nichts dagegen.«

»Hab ich nicht.«

»Nun, da hast du's, andere Leute wären nicht einverstanden.«

»Verständlich.« Er hielt inne. »Machst du gerade so eine Art anatomische Studie, oder …?«

Sie erstarrte und wandte sich dann zu ihm um.

»Ja«, sagte sie so langsam, dass er nicht sicher war, ob ihr Gehirn und ihr Mund tatsächlich konform gingen. »Ja«, bestätigte sie noch einmal, diesmal mit mehr Nachdruck, und dann fügte sie mit hocherhobenem Kinn hinzu: »Ja. Also musst du wahrscheinlich deine Sachen ausziehen.«

Er sah sie erstaunt an. »Oh.«

»Nur dein T-Shirt«, versicherte sie ihm und zog sogleich eine Grimasse. »Also, eigentlich nicht. Du musst doch alles ausziehen.«

»Alles ausziehen«, wiederholte er, und sie nickte.

»Ich will jetzt keine Stoffe zeichnen«, sagte sie und trat ein für alle Mal von seinem Kleiderschrank zurück. »Sie sind eine Illusion, und außerdem mag ich deine Klamotten nicht. Ich möchte zeigen, wie die Schatten in Wirklichkeit fallen.«

»Und ich soll dein Modell sein?«

»Natürlich. Wer würde das sonst schon machen?«

»Woher weißt du, dass ich es mache? Schließlich habe ich noch nicht Ja gesagt.«

»Nun, das ist mir klar«, sagte sie nachdrücklich, und er ließ diese Worte einen Augenblick lang auf sich wirken.

»Was willst du mit den Zeichnungen machen?«

»Sie im Louvre ausstellen«, teilte sie mit vollendetem Ernst mit.

»Dort haben sie höhere Ansprüche«, erwiderte er. »Nehm ich an. Hoffentlich.«

»Und was ist, wenn du mich unterschätzt, hm? Außerdem hast du doch selbst gesagt, dass du den Kunstschlüssel haben wolltest«, erklärte sie ihm, schloss die Schranktür und kam auf ihn zu. Sie hatte sich entschieden; das war eindeutig der Fall. »Jetzt bekommst du ihn quasi auf dem Präsentierteller«, sagte sie, seinen Widerspruch herausfordernd, »oder nicht?«

»Ich habe den Kunstschlüssel gewählt, weil ich so gut wie sicher war, dass du ihn mir nicht geben würdest«, erwiderte er wahrheitsgemäß. Er war fähig, seine Gedanken einer beliebigen Anzahl unlösbarer Probleme zu widmen. Wie sich nun herausstellte, suchte er auch gern nach dem, was man nicht bekommen konnte.

»Tja, dann hast du dich geirrt«, sagte sie.

Dann huschten ihre Augen an ihm hinunter, und ihr Blick besagte: Los, zieh dich aus.

Er gab nach, zog sich sein T-Shirt über den Kopf und hielt dann inne, um zu fragen: »Wo willst du mich haben?«

Noch einmal musterte sie eingehend sein Appartement. »Im Bett, denke ich.«

Es war so sauber gemacht, wie es ein Bett aus solchen bloßen Bestandteilen nur sein konnte. Sie ging weiter und zog die Bettdecke zurück, strich die Laken glatt, dann lehnte sie zwei Kissen an die Wand. »Hier, setz dir hierhin.«

Er schlüpfte aus seiner Jeans, seinen Boxershorts, faltete beide sorgfältig zusammen und legte sie auf den Fußboden, bevor er ihrer Bitte nachkam. Seinem Gefühl nach war seine Nacktheit nicht so relevant wie die Tatsache, dass sie ihn genau analysieren, ihn auf ihre eigene Weise theoretisch durchdenken würde, mit oder ohne Klamotten. Plötzlich war ihm sehr bewusst, was es hieß, eine Gleichung zu sein.

Nachdem er sich auf dem Bett niedergelassen und an die Wand zurückgelehnt hatte, trat sie schnell vor, legte ihm eine Hand auf die Mitte seiner Brust, um ihn aufzuhalten, und rückte die Kissen in seinem Rücken zurecht. Ihre Finger bewegten sich eifrig und doch unbeteiligt auf seiner Haut, wechselten zu seinen Schultern, lehn dich zur Seite, heb das Kinn ein wenig höher, nein, wieder runter, okay, jetzt winkel dein Knie an, genau, so gebeugt, gut, das ist perfekt. Sie hielt inne, betrachtete ihn wieder, nahm dann seinen Ellbogen und legte ihn auf sein Knie. So? Ja, genau so, ihre Kommunikation war stumm, er sah sie an, während sie seine Glieder arrangierte. Sie blickte zum Fenster, zu den Lampen an der Decke und wieder zu ihm. Sollte er wegschauen? Er wandte sein Kinn in die gleiche Richtung wie seinen ausgestreckten Arm, und sie korrigierte die Bewegung, indem sie es in ihre Hand nahm und wieder zurückschob.

»Sieh in diese Richtung«, sagte sie laut und positionierte sein Kinn über der Schulter, sodass er sie ansah. »Ich mache ein paar Studien von deinen Händen«, erklärte sie und schüttelte seine Finger für eine lockere Haltung. »Und auch von deinen Beinen, aber ich will auch deinen Hals zeichnen. Und dein Gesicht.«

»Porträtzeichnen also?«, fragte er.

»Nur am Rande.« Im Handumdrehen war er zu einem Objekt geworden, ein Gegenstand im Zimmer wie ein Tisch oder eine Lampe. Sie betrachtete ihn, wie sie auch einen Kondensstreifen hätte ansehen können. »Kannst du das so eine Weile lang aushalten?«

»Ja, das ist in Ordnung.«

»Gut.« Sie schob einen Finger unter sein Kinn und hielt es fest. »Bleib so. Nicht bewegen.«

»Soll ich dich ansehen?«

»Du kannst hinsehen, wo du willst, nur nicht das Kinn bewegen. Lass deine Finger locker, und vergiss nicht zu atmen.«

»Warum sollte ich das Atmen vergessen?«

»Weiß ich auch nicht, das sagen wir den Leuten halt so.«

»Wir?«

»Ich wurde dafür ausgebildet, Aldo. In einem Unterrichtsraum. Zusammen mit anderen Kunstschaffenden.«

»Aha«, sagte er, »dann *bist* du also doch eine Künstlerin.«

Sie warf ihm einen warnenden Blick zu.

»Still«, sagte sie, trat einen Schritt zurück und zog einen Hocker unter seiner Kücheninsel hervor. »Ich setze mich hierhin und zeichne, okay?«

»Okay.«

»Du kannst reden, wenn dir danach ist. Ich mache nur Skizzen.«

»Worüber reden?«

»Egal«, erwiderte sie, wählte einen Bleistift und senkte den Blick. Zuerst bewegte sie ihre Hand in der Luft, bevor er das leise Kratzen von Grafit auf Pergamentpapier vernahm. »Zeit, wenn du magst.«

Zeit.

Es war einmal vor langer Zeit.

Zu gegebener Zeit.

Von Zeit zu Zeit.

Im Laufe der Zeit.

Zeit ist eine Funktion der Lügen, ein Trick des Lichts, ein Übersetzungsfehler.

»Da gibt es diese Gruppe von ungefähr achthundert Menschen, ein indigenes Volk in Brasilien«, berichtete Aldo. »Sie heißen Pirahã.«

Anscheinend amüsierte sie das. »Okay, erzähl mir von ihnen.«

»Also, sie befassen sich mit nichts außer dem, was sie selbst erlebt haben. Lebendes Gedächtnis könnte man wohl dazu sagen. Sie bereiten sich nicht auf die Zukunft vor, und sie legen keine Nahrungsmittelvorräte an. Sie essen einfach … das, was sie gerade haben.« Er hielt inne und lauschte dem kratzenden Geräusch ihres Bleistifts. Dann fuhr er fort: »Sie haben keine Religion – was vollkommen einleuchtet, denn was ist Religion anderes als das vage Versprechen einer Belohnung, die niemand je gesehen hat?«

Regan hob den Kopf. »Was hat dieses Volk mit der Zeit zu tun?«

»Nun, wahrscheinlich hat die Zeit eine vollkommen andere Form, wenn man nur in der unmittelbaren Gegenwart lebt«, erläuterte er.

»Eine andere Form«, echote sie und konzentrierte sich wieder auf ihre Zeichnung. »Nicht hexagonal?«

»Das ist die Richtung der Zeit«, wiederholte er eine seiner Erklärungen, »nicht ihre Form.«

»Und wie ist dann die Form?«

»Weiß ich auch nicht. Ich kann die Zeit nur im Rahmen meiner eigenen Erfahrung begreifen.«

»Die da wäre?«

»Ein wenig anders als die der Pirahã«, erwiderte er trocken. »Im Sinne von: Ich rechne damit, morgen früh aufzuwachen, ich brauche Licht, den Kühlschrank und all das, also bezahle ich jeden Monat die Stromrechnung. So Zeugs halt.« Sie sah zu seinem angewinkelten Knie und hielt den Kopf schräg, um die Beugung genau zu erfassen. »Es ist ein Ding der Unmöglichkeit zu verstehen, wie sich die Zeit manifestiert, weil ich in meiner

Erfahrung bin, aber unabhängig davon, in welcher Version der Zeit ich mich befinde, sie muss auf jeden Fall anders sein als die Version der Pirahã.«

»Bei dir klingt das, als wärst du in der Zeit gefangen«, bemerkte Regan. »Oder sie auch.«

»Tja, bin ich das denn nicht? Sind wir das nicht alle? Wir können sie nicht beschleunigen und auch nicht langsamer machen. Wir können die Zeit nicht steuern.«

»Noch nicht«, sagte sie und schenkte ihm ein leichtes Lächeln.

»Also, wir wissen nur, dass die Zeit unmöglich in der Sechzigereinheit der Babylonier existieren kann. Nicht *in Wirklichkeit*. Eine Sekunde ist nur in *unserer Wahrnehmung* eine Sekunde. Wir versuchen, die Zeit zu standardisieren, sie nützlich zu machen, aber wir wissen nichts über die Regeln. Wahrscheinlich werden wir die Regeln niemals kennen.«

»Und wie fühlst du dich dabei?« Sie kicherte in sich hinein, wie über einen Insiderwitz.

»Gefangen«, antwortete er, und sie sah auf.

»Wirklich?«

»Ja, von Zeit zu Zeit.«

»Als befändest du dich in einem Gefängnis aller Sterblichen?«

»Du bist sarkastisch«, stellte er fest und beobachtete, wie sich zur Bestätigung ihr Mund verzog, »aber ja, irgendwie schon. Fragen dich die Leute manchmal, was du als Nächstes tun wirst?«

»Immer. Die ganze Zeit.«

»Richtig«, sagte er. »Genau das meine ich.«

»Behalt das Kinn oben«, befahl sie ihm.

»Okay.«

Sie widmete sich wieder ihrer Zeichnung.

»Ich habe nichts gegen die Gefangenschaft«, murmelte sie. Die kurzen Striche ihres Bleistifts waren wie ein sanftes Streicheln des

Papiers. »Manchmal mag ich das sogar. Es ist einfacher. Nichts, worüber man nachdenken müsste.«

Er trommelte mit den Fingern auf seinem Knie. Missbilligend sah sie auf, und ihr Blick sagte: Hör auf damit.

Er gehorchte.

»Im Grunde willst du doch gar nicht, dass alles einfach ist, oder?«, fragte er.

»Nein, eigentlich nicht. Aber ich wünschte, es wäre so.«

»Warum?«

»Nun ja, wenn die Zeit wirklich eine Falle wäre und ich mich auf einer Art vorherbestimmtem Kurs befände, dann würde mich das erleichtern«, sagte sie. »Die Vorstellung, dass ich noch andere Optionen habe oder mich in anderen Raumzeiten aufhalten kann, finde ich doch ein wenig überwältigend.«

»Wirst du nicht gern ein wenig überwältigt?«

Ein argwöhnischer Blick. »Warum sagst du das?«

»Keine Ahnung«, erwiderte er. »Du wirkst einfach, als ob du auf der Suche nach etwas wärst, das dich überwältigt.«

»Ich wirke, als ob ich auf der Suche nach etwas wäre?«

»Ich glaube«, antwortete Aldo bedächtig, »wenn es nicht so wäre, dann wärst du jetzt nicht hier.«

Erneut hob sie den Kopf, und auch der Bleistift in ihrer Hand bewegte sich nicht mehr.

Es frustrierte ihn maßlos, aber er würde niemals beweisen können, dass die Zeit stillstand, wenn sie ihn anblickte. Obwohl, mahnte er sich selbst, wenn er den Moment gut im Gedächtnis behielte, könnte er in anderer Form, mit einem besseren Verständnis, zu ihm zurückkehren.

Schließlich räusperte sich Regan. »Ich zeichne jetzt deinen Mund«, sagte sie. »Daher sollten wir eine Weile besser nicht sprechen.«

»Okay«, erwiderte er, und als sie ihre Aufmerksamkeit wieder dem Pergamentpapier zuwandte, erwog Aldo, zu dieser einen Sekunde in der Zeit zurückzukehren, in der sie und er in vollkommener Synchronizität existiert hatten.

———

Sein zweiter Zeh war länger als der erste, seine Füße waren schmal, mit hohem Spann und weitestgehend frei von Hornhaut. Wäre er dazu geboren worden, High Heels zu tragen, hätte er sich unerbittlich Blasen gelaufen, und Regan war erleichtert, dass er diesen Schmerz wahrscheinlich niemals kennenlernen würde. Seine Waden waren schmal und dünn, der Quadrizeps ebenfalls. Seine Oberschenkel waren gut proportioniert, obwohl das Knie eine Verletzung davongetragen hatte. Es hatte eine Narbe, vielleicht eine Operation, vielleicht war er einmal gestürzt. Keine Mutter hatte den Schmerz weggeküsst, und nun würde das Merkmal fehlender Aufmerksamkeit bleiben.

Seine bemerkenswerten Linien waren, in der Chronologie des Hinsehens: eine entlang der Seite seines Oberschenkels, der Bogen von seiner Schulter um seinen Bizeps herum, der Grat entlang seines Schlüsselbeins, die Kontur seiner Kinnlade. Sein Farbton wies an den Beinen eine größere Sättigung auf und blich dann zu den Hüften hin aus, um schließlich an Armen, Hals und im Gesicht wieder an Wärme zu gewinnen. Die charakteristisch hervorstechendste Besonderheit war der unsichtbare Raum zwischen seinen Augen und seinen Gedanken, der sich Regans Empfinden nach meilenweit, Ewigkeiten, Lichtjahre entfernt befand.

Seine Finger, die sie, abgesehen von seinem Mund und seinen Augen, schon besser kannte als den Rest seines Körpers, begannen sich bereits nach nur wenigen Minuten des Schweigens zu bewegen. Sein Verstand hatte sich irgendwo anders hin begeben, und seine Finger wiegten sich im Tanz zu seinen Gedanken. Dabei malte er winzige Formen, kleine Buchstaben, in die Luft und erklärte dem leeren Raum fieberhaft jedes Detail seiner Theorien.

Das Zimmer wirkte voll, vielleicht sogar überfüllt mit all dem, was er dorthinein gebracht hatte, obwohl sein Kinn brav an Ort und Stelle blieb, wo sie es positioniert hatte. Dort befand sich kein auffallender Spalt; sein ganzes Wesen war glatt und ohne jegliche Unterbrechung, ausgenommen sein Dreitagebart, den er nie ganz loswurde, und den dunklen Schatten unterhalb der Wangenknochen. Er atmete regelmäßig, rhythmisch, und sein Puls war am Hals sichtbar. Regan zählte seine Herzschläge, dabei klopfte sie leicht aufs Papier und sagte sich, dass dies wichtig für eine exakte Darstellung war. *Ruhender Mann* würde sie die Zeichnung betiteln, nur dass er überhaupt keine Ruhe ausstrahlte.

Seine Finger bewegten sich; er hatte sich wieder an etwas festgebissen. Ein Gedanke fing Feuer in seinem Kopf, und man sah es in seinen Gliedern, die auseinandergerissen wurden. Seine Stirn war gefurcht; das Knie hatte er näher an sich gezogen. Sie konnte die Linien auf seinem Bauch sehen, wo sein Unterleib zusammengedrückt worden war. Die Neigung seines Rumpfs hin zu seinen Hüften war jetzt deutlicher zu erkennen, und alles war völlig falsch. Er war wieder er selbst, genau so, wie sie ihn niemals mit dem Stift würde festhalten können – das hatte sie immer gewusst.

»Stopp«, sagte sie, und seine Gedanken sprangen von diesem unbekannten Ort zurück, seine Aufmerksamkeit gehörte wieder ihr allein. »Du bewegst dich zu viel.«

»Oh.« Er setzte sich zurecht und versuchte, wieder die richtige Position zu finden. »So richtig?«

»Nein, Aldo, so nicht –« Sie seufzte, legte ihren Skizzenblock fort, kam zu ihm hinüber und berichtigte seine Haltung. »Die Beine hier, die Hände hier. Entspann deine Finger«, sagte sie und schüttelte seine Fingerknöchel aus, was ihm einen amüsierten Blick entlockte. »Nein, *entspann* sie, einfach … hier, lass mich …«

Sie ließ ihre Finger zwischen seine gleiten, krümmte seine Hand zusammen mit ihrer und öffnete sie wieder. Dann ließ sie ihre Finger locker auf seinem Knie ruhen und betete insgeheim, dass er mit seinen das Gleiche tun würde. Während sie wartete, lag ihre Handfläche warm auf seinen Fingerknöcheln, bis er sich allmählich, ein Finger nach dem anderen, entspannte.

Sie konnte die Stille in seinem Oberkörper spüren. Er atmete nicht, obwohl sie ihn dazu ermahnt hatte, aber er hatte ihr nicht zugehört. »Atme«, befahl sie ihm, und seine Finger verkrampften sich wieder. »Aldo«, entfuhr es ihr empört, dann schubste sie ihn zur Seite, setzte sich neben ihn und korrigierte selbst seine Position.

Das Knie so, ja, danke. Den Arm so. *Krümm* die Hand, ja, genau so, lass sie fallen.

Als sie sich umdrehte, hoben sich seine Augen von der zuvor fixierten Stelle auf ihrem Hals.

Sie konnte das Verlangen nicht unterdrücken, seine Gedanken zu erfahren. Sie wollte sie zwischen ihren Fingern durchfädeln, in ihren Händen verwurzeln, sie um ihre Gliedmaßen schlingen, bis er sie sicher in dem unsichtbaren Netz seiner sorgfältig geordneten Verrücktheit hielt.

»Zeit«, fragte sie, »oder Bienen?«

»Nur gewöhnliche alte Quantengruppen diesmal«, antwortete er sanft. Sie fühlte die Worte, als hätte er sie ihr in die Hand gelegt. »Im Grunde denke ich gar nicht so viel über Bienen nach, wie du glaubst.«

»Wie ist das«, murmelte sie, »wenn man so viel nachdenkt, dass sich der ganze Körper verändert?«

»Inzwischen ist das ziemlich normal.« Er machte eine kurze

Pause. »Wenn ich nicht in Bewegung bin, habe ich irgendwie das Gefühl von … Stillstand.«

»Rasende Gedanken lösen auch im Rest deines Körpers den Wunsch zu rennen aus?«

»Ja, so was in der Art.«

Sie ließ ihre Finger über die Knöchel seiner Hand gleiten, beugte sie und ließ sie wieder los. Du und ich, dachte sie rhythmisch, Du-und-ich.

»Kann ich dir die Wahrheit anvertrauen?«, fragte sie, ohne ihn anzusehen.

Als er sich vorbeugte, berührte seine Wange ihre Schulter, und er nickte.

»Ich nehme meine Tabletten nicht«, sagte sie. »Ich schlafe nicht.« Sie atmete stoßweise aus. »Ich bin … ich habe Probleme. Die wurden bei mir diagnostiziert. Dagegen sollte ich Medikamente nehmen.«

Dann fügte sie reumütig hinzu: »Vermutlich hätte ich dir das schon früher sagen sollen.«

Er wandte den Kopf. Sie spürte seinen Blick auf sich ruhen, selbst wenn sie sich weigerte, ihn anzusehen.

»Hast du das Gefühl, dass du Probleme hast?«, fragte er.

»Nein.« Das Gesicht verzogen, drehte sie sich zu ihm um, und er gab seine Haltung, das anstrengende Posieren, auf. »Das Gefühl ist ein bisschen wie … keine Ahnung. So wie ich mich früher gefühlt habe, oder vielleicht ist es immer noch so, aber es ist nicht dasselbe. Das Dach wurde ausgebessert, aber die Fensterläden sind immer noch kaputt.«

»Und vorher?«

»Da ist überall Wasser eingedrungen. Keine Überschwemmung, aber es hat ständig getröpfelt, unmöglich, herauszufinden, wo. Und immer drei Grad kälter, als es mir gefällt.«

»Aha. Und was hat sich verändert?«

»Jetzt male ich.« Jetzt kann ich wieder malen. »Ich will nicht aufhören. Nicht einmal die Fensterläden will ich reparieren, am liebsten würde ich das ganze verdammte Haus fluten.« Sie räusperte sich. »Nein, das ist eine Lüge. Ich will keine Überschwemmung, im Grunde will ich das Haus gar nicht.« Eine Pause. »Ich will das Haus in Brand setzen und weggehen, während es abbrennt.«

»Okay«, sagte Aldo. »Dann mach das.«

»Das kann ich nicht.«

»Warum nicht?«

»Weil das aus medizinischer Sicht Manie ist. Oder Hypomanie.«

»Na ja, ich bin kein Arzt.«

Sein Mund war verzerrt, und wenn sie den Blick senkte, würde sie sich selbst sehen – sie würde sehen, wie sie sich in seine Arme gelehnt hatte –, aber da schaute sie nicht hin. Sie konnte den Blick nicht von seinem Gesicht abwenden, das nicht fragte: Was stimmt mit dir nicht?, sondern sie stattdessen begrüßte mit: Hey. Hallo. Schön, dich kennenzulernen.

»Du hast nicht gefragt, ob ich lüge«, sagte sie.

Er zuckte die Achseln. »Weil ich schon weiß, dass das jetzt keine Lüge ist.«

»Das Zeichnen«, sagte sie, »das ist kein Trick. Ich werde dich wirklich zeichnen.«

»Ich weiß.«

»Ich meine es ernst.«

»Das weiß ich, denn ich glaube dir.«

»Aber du hast gesagt, dass ich anders wirke.«

»Ja, und das stimmt. Du klingst anders.«

Sie zog eine Grimasse. »Wahrscheinlich liegt das an den rasenden Gedanken.«

»Dann nimm deine Tabletten. Wenn es das ist, was du willst.«
Sie legte ihre gespreizte Hand auf seine Brust und ergriff Besitz von ihm.

»Das will ich nicht«, bekannte sie. »Ich kann nicht zurück, jetzt nicht mehr.« Das Verbrennen kann man nicht einfach rückgängig machen, dachte sie verzweifelt, und in Erwiderung legte Aldo beruhigend seine kühle Hand auf ihre und fuhr die Formen ihrer Finger nach.

Ihre Nase glitt dankbar unter sein Kinn, als ihre Lippen seinen Hals streiften, der sich beim Schlucken bewegte.

»Wohin zurückgehen?«, fragte er.

Die Frage roch nach ihm. Seine Finger spielten mit ihrer Wirbelsäule, sprangen so flink über ihre Rückenwirbel wie die Fortentwicklung seiner Formeln. Was würden sie tun, dachte sie, wenn sie sich daranmachten, sie wie ein Problem zu lösen?

Sie schauderte, ihr Atem ging schneller, seine Hand auf ihrem Rücken ruhte erwartungsvoll, wo Kaschmir auf Haut traf.

»Du kannst mich nicht zurechtbiegen«, flüsterte sie, und ihr Mund fuhr an seinem Hals entlang. Verstehst du das, weißt du, was du in den Händen hältst, weißt du, wie leicht es zerbrechen kann?

»Ich sehe nichts, was man zurechtbiegen müsste«, sagte er.

Sie vergrub ihre Fingernägel in seiner Brust, eine kleine Gewalttätigkeit, um ihre eigene Sanftheit zu bekämpfen, um ihre drohende Unsicherheit zu untergraben, und im Bruchteil einer Sekunde hielt er sie in seinen Armen, lange bevor sie sich weigern konnte, bevor sie selbst auch nur daran denken konnte. Sie schlang ihren Körper um ihn, chaotisch willfährig, und ihre Finger fuhren durch seine Haare mit ihren Lippen auf seinen Narben, während seine Hand ihren Nacken umfasste. Du und ich, hämmerte ihr Puls, du und ich, und seine Antwort: Ja, ja, ja, und sie konnte es durch ihren Körper rauschen hören. Du und ich zusammen, ja, ich weiß, denn ich fühle es auch. Beug dich vor und flüster es mir zu; Komm näher und wiederhol es noch mal.

Sein Mund an ihrem Hals war warm, sanfter Atem neben ihrem Kiefer, und der Seufzer entfuhr ohne Erlaubnis ihren Lippen, er entschwand in ein Verlangen, so mächtig, dass sie sich wunderte, wieso sie es früher nicht hatte befriedigen können. Das war nicht die Antwort, dachte sie verzweifelt, und während ihr Puls sagte: Du und ich, mahnte sie ihr Verstand: Dieser Augenblick wird immer nach Schmutz schmecken und nach Staub riechen, bis du deinen Geschmackssinn läuterst.

In einem raschen Moment rutschte sie fort, stand auf, nahm ihren Skizzenblock, warf ihre Stifte in ihre Tasche und ging zur Tür. Er setzte sich auf, rührte sich aber nicht vom Bett, folgte ihr nicht, sagte kein Wort. Ihre Hände zitterten, und sie stürzte aus der Zimmertür in den Flur, *du, du, du* in ihrem Schritttempo.

Sie hatte bereits den Schalter am Fahrstuhl gedrückt, als sie sich plötzlich umdrehte und beinahe im Sprint zurückkehrte.

Beim ersten Klopfen öffnete er die Tür, nun in Boxershorts.

»Ja?«

»Aldo, ich ...«

Hilflos sah sie ihn an.

»Möchtest du sie sehen?«, fragte sie, da sie nichts Besseres anzubieten hatte, während sie ihren Skizzenblock mit ihren unsicheren Händen umklammerte, und Aldo maß sie schweigend mit seinem Blick.

Der Moment zog sich in die Länge, und er ließ es zu. »Bist du bereit, sie mir zu zeigen?«

Bist du bereit?, hatten seine grünen Augen gefragt. Denn wenn du eintrittst, lasse ich dich nicht mehr fortgehen.

Sie atmete tief durch, denn sie verstand.

»Nein«, antwortete sie. »Nein, noch nicht.«

»Okay«, sagte er.

Sie trat einen Schritt zurück.

»Okay«, stimmte sie zu und ging fort.

Wenn sie zurückkäme, was unweigerlich geschehen würde, würde er ihr die Tür öffnen und ihren offenen Armen begegnen, und für den Rest der Nacht würden alle Fragen verstummen. Allerdings würden zwischen diesen Ereignissen einige Stunden vergehen, vielleicht auch ein Tag.

Zuerst wäre da Madeline, die anlässlich des Feiertags nach Hause gekommen war und fragte: Was machst du da mit Dads Gemälde?, und dann käme der übliche Austausch zwischen den Schwestern: Erzähl bloß nichts Mom.

Meine Güte, Char, die sehen identisch aus.

Ja, ja, ich weiß schon.

Hast du das gemalt?

Erzähl bloß nichts Mom.

Charlotte, was machst du? Steckst du in Schwierigkeiten?

Nein, nein, nur bitte erzähl Mom nichts, okay?

Mach ich nicht, aber Char – Warte mal. Charlotte, sind das meine Ohrringe?

Ja, willst du sie zurückhaben?

Nein, sie stehen dir besser als mir.

Ich weiß, dann eine Umarmung zum Abschied, ein Kuss auf Carissas Köpfchen.

Und dann, nach Madeline?

Dann der Händler, der selbstverständlich fragen würde: Ist das echt?

Natürlich ist das echt. Sehen Sie die Signatur? Die können Sie gern auf ihre Echtheit überprüfen lassen.

Das hier ist was wert … Nun, um die Wahrheit zu sagen, es ist eine stattliche Summe wert.

So stattlich, dass Sie es erwerben wollen?

Ja, definitiv stattlich genug, lassen Sie mich einen Anruf machen.

Und als Nächstes?

Eine Tasche, die Tasche, von der Regan immer gewusst hatte, dass sie sie eines Tages packen würde, nur als sie diesmal innehielt, um wichtige Dinge hineinzulegen, stellte sie fest, dass überhaupt nichts von Bedeutung gewesen war. Daher stopfte sie beinahe alles in Müllsäcke, unzählige pralle Plastikballons, die alle ihre immateriellen Materialien enthielten, und das wäre ein weiteres Gespräch. Zwei Gespräche, genau genommen.

Das erste wäre kurz: Regan, ich habe gleich ein Meeting, was gibt's?

Nichts Wichtiges, ich wollte dir nur mitteilen, dass ich nicht da sein werde, wenn du nach Hause kommst, danke für die Form, die du in meinem Leben angenommen hast, aber jetzt ist es vorbei, sie passt nicht.

Dann das zweite: Kann ich dir behilflich sein?

Ja, wie viel ist das alles hier wert?

Na ja, schwer zu sagen, das ist ja ein ganzer Kleiderschrank.

Ja, schon klar. Kannst du mich das bald wissen lassen?

Vielleicht … vielleicht morgen? Übermorgen?

Das geht in Ordnung, lass dir Zeit, hier ist meine Telefonnummer.

Und wie lautet deine Adresse? Für den Fall, dass wir einige Sachen nicht annehmen können …

Das weiß ich noch nicht. Aber spendet einfach das, was ihr nicht behalten könnt.

Bist du sicher? Das sind sehr viele Klamotten, und die meisten sehen teuer aus.

Ja, ich bin mir sicher.

Dann, wenn alles weg wäre, würde sie etwas, irgendetwas finden.

Achtundzwanzig Quadratmeter? Sicher, gut, sie brauchte nicht viel Platz. Was besaß sie schon? Solange das Licht gut war, würde es genügen.

Selbstverständlich müssen wir eine Standard-Bonitätsüberprüfung vornehmen. Das werden Sie verstehen.

Ich kann Ihnen die Miete ein Jahr lang im Voraus bezahlen.

Das ... dazu sind Sie in der Lage?

Ja. Geht ein Barscheck in Ordnung?

Nun ... in Ordnung, ja, gut.

(Es ist nicht die beste Gegend, aber auch nicht die schlechteste).

Sie würde ihr Handy nicht in den Fluss oder in den See werfen. Das würde bedeuten, dass sie davonliefe, und das war nicht der Fall.

Sie lief nicht fort. Sie lief überhaupt nicht. Sie kehrte zurück, und es würde nur wie Laufen aussehen und sich so anfühlen, bis sie an Aldos Tür klopfte, er aufmachte, und dann würde es so weitergehen:

Bist du bereit?

Und sie würde sagen: Ja, ich bin bereit.

Komm, Rinaldo, lass uns noch mal von vorn anfangen.

Vierter Teil

Die ersten Male

Das erste Mal mit ihr ist überhastet, peinlicherweise, schneller, als er es möchte. Die erste Nacht ist sie an seiner Tür, sie sagt Worte, die er kaum hören kann angesichts seines Kraftaufwands, die Realität zu erkennen, seine innere Stimme – Ist das hier ein Traum? Haben wir das nicht geträumt? – zum Schweigen zu bringen und sich daran zu erinnern, dass, nein, das hier real war, das hier war real, weil hinter ihm gleich das Wasser kochen wird, Salz wird hinzugefügt werden und dann die Pasta, der Ofen wird piepen, und als Nächstes gibt es Abendessen. Sein Verstand denkt nicht, Oh, sie ist hier, ich hab's doch gewusst, stattdessen nützt ihm sein Verstand gar nichts. Er denkt, Wie spät ist es?, und das bedeutet nicht sechs Uhr, es bedeutet nicht abends, es bedeutet nicht Essenszeit, es bedeutet nur, Wo sind wir *im Kosmos*, weil ich das hier so viele Male in meiner Fantasie durchlebt habe, dass daraus sechs verschiedene Formen der Realität geworden sind, und jetzt sag mir mal, in welcher Realität befinden wir uns?

Das erste Mal stellt er keine Fragen, die als solche zählen würden; kein journalistisches Bohren nach dem Wann, Wie, Wo, Was und, am allerwichtigsten, dem Warum. Im Sinne von, warum er, warum überhaupt irgendjemand, aber vor allem, *warum er*? Aber er fragt nicht nach Informationen, er tritt nur zur Seite und bittet sie herein. Sie sieht zu dem köchelnden Wasser, der Pasta und dem Hühnchen im Ofen; sie erkennt, dass sie einen Raum betreten hat, der keinen Platz für sie vorgesehen hatte und sich jetzt ausdehnen muss. Sie öffnet den Mund, um sich zu entschuldigen, und er, gedankenlos – denn er denkt nur, dass es ihr nicht leidtun soll, dass »Es tut mir leid« aus ihrem Mund tatsächlich nur für das schwerwiegendste Kapitalverbrechen reserviert sein sollte, wie zum Beispiel für immer aus seinem Leben zu verschwinden –, er nimmt ihre Hand und drückt sie, ganz fest. Sie senkt den Blick und schließt den Mund, und vielleicht schlägt ihr Herz schneller. Vielleicht geht ihr Atem schneller, vielleicht hält er an. Über das laute Rauschen in seinen Ohren hinweg kann er ihre Körpergeräusche nicht hören. Er ist Mathematiker, Wissenschaftler, und er ist akkurat in seinem Warten, daher tastet sie gnädigerweise nach ihm, in seine Richtung, in seinem Namen. Er hebt sie auf die Kücheninsel, und sie sind beide noch fast vollständig angezogen, als er sie ausfüllt, genau dort neben dem Topf mit der Pasta, die bald fertig sein wird. Seine Stirn presst sich an ihre, als sich ihre Hüften von der Arbeitsplatte heben, die vielleicht, vielleicht aber auch nicht, aus Marmor ist, er war noch nie ein Experte für Materialien, aber er weiß, dass sie sich weich und glatt anfühlt, wie Samt. Jetzt kennt er ihre taktile Wahrnehmung, und das wird er nie mehr nicht wissen können. Das Wasser kocht, und er kommt, er weiß nicht, ob sie auch, er fragt sie, und sie lacht. Sie zieht seinen Mund zu ihrem und sagt zu seiner Zunge, seinen Zähnen, seinem kurzen Atem: Ich habe Hunger, was gibt's zum Abendessen?

Das zweite Mal ist langsamer, sogar träge. Diesmal sind sie beide voll, Wein spritzt auf sein T-Shirt, weil sie betrunken voneinander sind, instabil. Er isst gar nichts von der Pasta, sieht nur ihr beim Essen zu, als sie begeistert ruft: Hast du die selbst gemacht? Ja, ja, die habe ich selbst gemacht, Masso findet Barilla inakzeptabel, Nun, gut, umso besser für mich. Ihre Bluse ist aufgeknöpft, er kann ihren BH sehen und ihre geröteten Brüste, wo seine Lippen und wahrscheinlich auch seine Bartstoppeln rüde ihre Haut entstellt haben. Verzweifelt denkt er, ich sollte mich rasieren. Sie erhascht seinen Blick und lacht, beugt sich vor, zeigt auf den Weinfleck auf seinem T-Shirt und sagt: Du bist ein Schmutzfink. Er denkt daran, wie ihre Beine seine Hüften umklammert halten. Ja, er ist ein Schmutzfink. Tu es in die Waschmaschine, bevor der Fleck nicht mehr rausgeht, sagt sie, und während er liebend gern ein T-Shirt opfern würde als Beweis dafür, dass das hier wirklich stattgefunden hat, erwidert er: Okay, schon gut, zieht das T-Shirt aus und legt es in die Waschmaschine (eine Waschmaschine in der Wohnung, der größte Segen überhaupt), damit es gewaschen wird, nur dass sie jetzt im Flur steht und ihn ansieht. Er war in ihr drin, sie mochte sein Essen, sie ist seinetwegen hergekommen. Wie eine Welle überkommt es ihn, dämmert es ihm, und zunächst betäubt es ihn, bevor es ihn entflammt, bevor er damit leuchtet, wieder zum Leben erweckt. Sie schlendert zu ihm hinüber und beugt sich vor, um seine Hausarbeit zu inspizieren, dann schließt sie den Deckel der Waschmaschine. Er tritt hinter sie, als sie vorgibt, die Temperaturskala zu studieren. Er legt seine Hand auf ihre Hüften, und sie schaudert.

Diesmal wird es ganz für sie sein.

Ihre flache Hand platziert er auf der Waschmaschine, als diese mühevoll zu vibrieren beginnt und unter ihrer Handfläche summt. Von seinem Standpunkt aus, die Lippen auf ihrem Nacken, bebt die ganze Sache vor Erwartung. Diesmal ist es Barolo und sie an seinem Gaumen. Diesmal zieht er ihr langsam die Kleider aus, entblättert sie sanft, wartet, bis ihre Fingerknöchel auf der Maschine weiß werden, und schlängelt dann seine Zunge zwischen ihre Lippen, die Hände um ihre Oberschenkel geschlungen. Die Pasta wird er vergessen, die Farbe des Weinetiketts wird er vergessen, aber an den Wein wird er sich erinnern. Jedes Mal, wenn er ihre nackten Beine sieht, wird er an ihn denken, jedes Mal, wenn er vor ihrem Rücken steht. Saubere Wäsche, Rotwein und sie, vom ersten Mal an, als er die kleine blasse Sommersprosse auf der Rückseite ihres Knies, die es wie den Polarstern kennzeichnet, entdeckt und jedes Mal danach. Diesmal entfährt ihr am Ende ein Keuchen. Knirschend dringt es durch ihre Zähne, und sie lehnt sich zurück, um ihm, abgehackt, zu sagen: Ich wusste, dass du dich so anfühlen würdest. Ich wusste, ich würde dich überall spüren, in meinem ganzen Körper, ich wusste es. Sie drückt sich an ihn, schaukelt langsam vor und zurück und flüstert: Ich wusste es, ich wusste es, ich wusste es, in sein Ohr, bis sie wieder seufzt, seine Hände fest auf ihren Hüften.

Das dritte Mal ist zittrig, voller kleiner Nachbeben, die seine Wirbelsäule hinauf- und wieder hinunterwandern, im freien Fall auf eine Kollision zu. Sie sind auf dem Dach, es ist eiskalt, er versucht, sie wieder nach unten in sein warmes Appartement zu bringen, aber sie sagt Nein, nein, lass uns hier oben bleiben, so fühle ich mich lebendig, als könnte ich so sterben. Er erzählt ihr nicht, wie oft er den gleichen Gedanken hat, denkt aber, dass sie es vielleicht sehen kann, denn aus irgendeinem Grund finden ihre Hände seine Wangen. Sie trägt seine Klamotten, ist mit ihm unter eine Decke gewickelt, als ihre Hände wandern, als sie zum Ausdruck bringen, dass sie nicht mehr leer sein wollen, als sie sich mit ihm füllen. Er stößt hervor: Ich bin kein Teenager mehr, sie lacht: Echt nicht?, und ja, sie hat recht, er ist wieder hart, verdammt noch mal. Hierfür gibt es Regeln, irgendwo. Regeln der Körperlichkeit, Regeln grundlegender menschlicher Anstrengung, Regeln dafür, nicht auf dem verdammten Hausdach zu vögeln, aber sie ist unerbittlich, und er leckt sich den Geschmack ihres Körpers immer noch von den Lippen. Er hat den nicht angezündeten Joint zwischen den Zähnen und tut so, als könnte er sich verweigern. Kann er nicht. So viel kann sie erkennen. Sie senkt den Kopf, um ihn auf die Probe zu stellen, und der Joint fällt aus seinem Mund irgendwo in die Ritzen im Betonboden unter ihnen, in die Risse seiner Konstitution. Er gibt auf, dreht sich herum, und sie beide zittern vor Kälte und wahrscheinlich auch vor Adrenalin in den Adern, und an das hier wird er sich erinnern, wie seine Armmuskeln und ihre Beinmuskeln zittern, während er sich oben hält; während sie ihn begierig verzehrt.

Verzehren, das ist es. Freiwillig lässt er sich bei lebendigem Leib aufessen. Er sagt Gute Nacht, und sie lächelt, sagt: Bis morgen, sie verschlingt ihre Beine mit seinen. Sie macht ihn fest, dann zieht sie sich zurück und umkreist ihn auf einer Umlaufbahn. Er bewegt sich, sie bewegt sich. Im Schlaf ist sie anders. Ihre Haare sind glatt und weich, und aus Angst, sie zu wecken, berührt er sie nicht, aber das Verlangen ist da. Im Schlaf sieht sie aus, als würde sie schweben, als wären er und sie irgendwo unter Wasser und hielten beide die Luft an. Gegen vier Uhr wacht sie auf und wirkt desorientiert – Wie sind wir hierhergekommen, so tief unten in diesem Ozean? –, und dann entdeckt sie ihn und tröstet sich mit einem lauten: »Ach, gut.« Das vierte Mal berührt er sie, wegen dieses: »Ach, gut.« Woran hat sie gedacht, als sie das sagte? War es das, was er hoffte – »Ach, gut, es bist immer noch du, ich habe es nicht geträumt« –, oder sieht ihr Gedanke ganz anders aus? »Ach, gut, du bist nicht weggegangen.« – »Ach, gut, ich fühle mich immer noch so wie gestern Abend.« – »Ach, gut, heute ist Sonntag, ich bin aufgewacht und nicht im Schlaf gestorben«, was ist los? Fragt er sie stumm, während er sie vögelt, flehentlich mit seinen Lippen auf ihre gepresst. Er hat noch nicht einmal angefangen, über ihren Kuss nachzudenken, was normalerweise der erste Schritt ist, aber mit ihr liegt das irgendwo jenseits der Intimität. Das auf ihrer Zunge befindliche Ding zu sein, bedeutet mehr für sie, da ist er sicher. Mehr Erlaubnis war erforderlich, um ihre Lippen zu küssen, ihren Atem zu teilen, als in ihre Pussy hineinzugleiten, ihre Fotze zu besetzen.

»Ach, gut«, sagte sie, als sie ihn beim Erwachen erblickte, und das denkt er auch, während er sie küsst.

Ach, gut. Du bist es.

Eine kurze Atempause, als sie mit ihm in die Kirche kommt. Diesmal hält sie beim Hineingehen seine Hand, lässt sie nicht los. Wahrscheinlich hätten sie duschen sollen, aber ihm gefällt es, sie überall auf seinem Körper zu spüren. So fühlt er sich frommer, in etwas gehüllt, das keinen Zweifel enthält. Er trägt ihren Geruch über seine Schultern drapiert, wo ihre Beine gewesen sind. Niemand sonst kennt die Strecke, die er gegangen ist, den Mann, der er geworden ist, seit er sie berührt hat. Er denkt an all die anderen Versionen seiner selbst, die all die anderen Versionen von ihr lieben, und beschließt, sie aus ihren alternativen Realitäten herauszulösen, aus ihren alternativen Räumen und Zeiten, um sie in diese hier zu legen. Hoffentlich hat sie nicht die Fähigkeit entwickelt, seine Gedanken zu lesen, hoffentlich sieht sie nicht sich selbst über die Kirchenbank gebeugt oder königlich hoch oben auf dem Altar sitzen, mit seinem ekstatischen Kopf zwischen ihren Beinen. An diesem Sonntag ist er, mehr noch als sonst, voller Verehrung. An diesem speziellen Sonntag fällt er bereitwillig auf die Knie.

Das fünfte Mal ist vollkommen neu und fremd, Unvertrautheit an sich. Sie zeigt ihm das Atelier, das sie gemietet hat. Mit den öffentlichen Verkehrsmitteln ist es schwer zu erreichen, aber er geht sowieso lieber zu Fuß. Sie zeigt ihm ihre Bilder, ihre Zeichnungen von ihm. Das alles ist unmöglich, scheiße, sie ist unmöglich. Sie hat ein leeres Blatt genommen und es in etwas Schönes verwandelt, wie ist ihr das gelungen? Sie ist eine Zauberkünstlerin, natürlich kann sie seine Gedanken lesen, sie weiß genau, was er eine Stunde lang mit ihr in dem Gotteshaus gemacht hat. Sie lächelt. Du bist furchtbar still, sagt er. Bin ich das? Sie zuckt die Achseln. Wir sollten duschen. Sie ist glitschig, schwer zu halten, aber sein Griff bleibt fest.

Eine Weile trennen sie sich, er muss arbeiten, aber in Wahrheit will er sie nicht erdrücken. Sein Wunsch ist, sich auf sein Motorrad zu setzen und irgendwohin zu fahren, wo er in die leere Luft schreien kann, wo er einen Atemzug nehmen kann, der nicht von ihr erfüllt ist, nur um zu beweisen, dass es immer noch etwas bedeuten kann, nur für den Fall. Nur für den Fall. Sie ist ausweichend, impulsiv, gestern wollte sie ihn, und heute war er »Ach, gut«, aber wird er morgen etwas Geringeres sein? Wird er »Ach, hm« sein, und dann irgendwann nur noch »Ach«? Er schreibt seine Gedanken auf, zumindest versucht er es. Etwas entgleitet ihm, Formen, organisierte Formen, sauber zusammengefügt. Er braucht Ordnung. Sein Appartement ist ein Chaos, schmutzige Teller, in der Waschmaschine liegt ein fleckiges T-Shirt, und sie ist überall. Sie ist in all seinen Räumen und all seinen Gedanken. Er befasst sich mit Formeln und Stufen von Rationalität, und alle werden zu ihr. Er denkt über die Zeit nach, die erst vor Kurzem begonnen hat oder sich zumindest jetzt anders anfühlt. Er denkt: Die Babylonier haben sich geirrt, die Zeit ist aus ihr gemacht.

Beim sechsten Mal bemerkt er Farbflecken auf ihren Armen, einige Spritzer auf ihrer Wange. Er lacht. Was hast du gerade gemalt? Sie antwortet sehr ernst: Dich, immer dich, ich kann nicht anders. Immer nur dich zu einer Zeit. Herrgott, denkt er, irgend etwas stimmt nicht mit uns, wir sind krank, niemand hat je solche Gefühle gehabt, ohne dass Zerstörung drohte. Auf diese Weise sind Weltreiche untergegangen, fährt es ihm durch den Kopf, aber dann wird sein Verlangen nach ihr nur größer, er blickt auf seine Hände und denkt: Mein Gott, ich will sie nur in den Armen halten, alles andere ist Zeitverschwendung. Was für eine Verschwendung, und dann sagt er laut: Scheiß Herrgott, was hast du mit mir gemacht? Und sie sagt: Küss mich.

Er küsst sie, denkt: Mach weiter, richte mich zugrunde. Bitte zerstör mich.

Sie erwidert seinen Kuss, und sie tut es.

———

Als sie sich zum ersten Mal streiten, ist sie sicher, dass sie ihn liebt. In dem Moment weiß sie es zum ersten Mal, denn auch wenn ihre Gedanken es ihr schon seit Tagen zuflüstern und irgendwo ein brennendes Verlangen nach ihm entfacht wurde, das unmöglich ausgelöscht werden kann, glaubt sie doch nicht, dass Liebe mehr ist als Wissenschaft. Hormone, Evolution, Liebe, Kernfusion, Quantentheorie, das ist alles nur Theorie. Das ist alles nur eine Empfindung, für die man eine Erklärung zu finden versucht, denn Menschen sind klein und dumm. Denn die Menschen wollen bei allem romantisch sein, sie wollen den Sternen Namen geben, sie wollen Geschichten erzählen. Liebe ist eine Story, das ist alles, bis sie sich zum ersten Mal mit ihm streitet.

Als sie sich zum ersten Mal streiten, weiß sie, dass sie ihn liebt, denn bisher ist sie nie den Streit wert gewesen. Mit anderen, mit Marc, hieß es immer: Regan, bitte sei vernünftig, Regan, ich habe jetzt keine Lust darauf, denn ich bin müde. Regan, machst du Stress, weil du dich langweilst? Und für sie hieß es immer: Okay, okay, tut mir leid. Vielleicht nicht der Teil mit Tut mir leid, denn das tat es ihr fast nie, aber das Aufgeben war immer gegenwärtig. Das Gefühl der Resignation, es war unweigerlich an den Streit gefesselt. Vor Aldo war Liebe ein

Zugeständnis gewesen. Liebe war ein vernichtendes Ja, Liebling gewesen, und das Gefühl von Fang nicht an zu streiten, pass auf, wo du hintrittst, du bist hier nicht zu Hause und kannst jederzeit fortgeschickt werden. Sie hatte gedacht, Liebe bedeutete, VERNÜNFTIG zu sein, ein angemessenes Nomen für eine angemessene Anstrengung, für die Plackerei des Ausweichens bei Liebe und Beziehungen, und von Zeit zu Zeit erinnerte es sie an ihre kürzeste Liebesgeschichte. An den Tag in Istanbul, als sie die Straße überquert hatte, eine Straßenbahn ihr den Weg versperrte, ein schöner Junge im mittleren Wagen stand. Irgendwie fand sein Blick ihre Augen (die Blicke fanden immer zu ihr), und er bat sie: Komm, komm. Sie schüttelte den Kopf. Nein, sei nicht verrückt, schmollte er und formte mit den Lippen: Bitte. Und für eine Sekunde – einen Moment lang – einen Atemzug lang – dachte sie darüber nach. Dachte daran, in diese Straßenbahn zu steigen, nur um zu ihm zu sagen: Ist das Schicksal? Sie stieg nicht ein, und er verschwand, für immer fort. An sein Gesicht kann sie sich nicht mehr erinnern, wohl aber an das Gefühl: Bin ich das Mädchen, das bleibt, während die anderen fortgehen?

Manchmal hasst sie es, dass sie nicht die erforderliche Verrücktheit besessen hat, diese Bahn zu besteigen, und der Stachel, das zu korrigieren, es auf andere Weise zu erfüllen, ist bis heute zurückgeblieben. Es hat in ihr gegärt und eine Impulsivität hervorgebracht, die nicht verschwinden wird. Sie denkt: Ich hasse es, dass ich nicht in diese Bahn eingestiegen bin, ich hasse es, dass ich zugesehen habe, wie er fortfuhr und im Nichts verschwand, und zuerst glaubt sie, dass sie Rinaldo Damiani auf die gleiche Weise liebt wie den Jungen in der Straßenbahn. Als würde die Tatsache, dass sie ihn hat fortfahren sehen, sie bis ans Ende ihres Lebens verfolgen.

Doch dann streiten sie sich, und sie denkt: Vielleicht ist das hier anders. Es ist kein sehr großer Streit, wichtig ist, dass sie streiten, dass es passiert. Überraschenderweise erfährt sie dabei nicht, dass er sie liebt. Bei dem Streit geht es überhaupt nicht um ihn. Ihr ist bereits bewusst, dass sein Gehirn ein fremdes Ding für sie ist, dass es kleine Kammern des Mystizismus enthält, die sie nie begreifen wird, ganz egal, wie eifrig sie ihre gierigen Haarsträhnen dort vergraben kann. Als er also sagt, _____, sagt sie, _____, hauptsächlich, um ihn zu provozieren. Später wird sie sogar vergessen, worum es bei dem Streit überhaupt ging, sie wird nur noch wissen, dass es dazu kam und, am wichtigsten, dass, als sie ??? sagte, er !!! erwiderte, und das Thema nicht einfach als unwesentlich abtat. Er sagte nicht: Regan, willst du jetzt wirklich darüber reden? Regan, ich bin müde, lassen wir es. Regan, geh ins Bett, es ist spät, und du streitest nur um des Streitens willen. Er sagt und tut nichts davon, stattdessen erwidert er !!, als sie ?? sagt, und als sie !! verkündet, fragt er ??, und sie weiß, sie sollte verärgert sein. Gereizt oder müde sollte sie sein, so wie die Menschen immer mit ihr umgehen, aber das ist nicht der Fall. Stattdessen denkt sie: Ich liebe ihn, und einen Moment lang ist es gleichgültig, ob er ihre Liebe erwidert. Die Erfahrung, dass das Innere ihrer Brust mehr ist als ein Lagerplatz, genügt.

Sie weiß, man sollte Entschuldigungen nicht mit Zuneigung verwechseln. Den Menschen tut es immer leid, als er also im Bett zu ihr kriecht, ist sie so schlau, mit dem Seufzer und dem Ist-schon-gut zu warten, nur dass seine Worte sie überraschen: Ich liebe deinen Verstand. Sie weiß nicht, womit sie sich als Erstes auseinandersetzen soll, damit, dass er von Liebe gesprochen hat oder dass er ganz anders reagiert, als sie erwartet hat, oder mit der Vorstellung, dass irgendjemand tatsächlich liebevoll von ihrem Verstand denken kann, wenn sie fast gar keine Mühe darauf verwendet hat, ihn zu formen. Ihr Körper, der ist einfach zu lieben, und auch ihre Persönlichkeit, welche Version auch immer, ist für jede Gelegenheit speziell herausgebildet. Schon immer hat sie von anderen Menschen gelernt, trotz der Überzeugung ihrer Mutter. Ihre Mutter glaubt, sie rebelliere, nur um zu rebellieren, nur um zu provozieren, aber Regan hält das für eine andere Art des Lernens. Sie versteht, was die Menschen von ihr wollen, weiß, wann sie es geben soll und wann nicht. Ist das nicht der Sinn der Sache? Ist das nicht der Erfolg einer Rebellion, wenn man weiß, was die Menschen wollen, sodass man vehement verweigern kann, was die anderen sich so verzweifelt wünschen?

Darin war Regan immer sehr gut, sie konnte die Menschen dazu bringen, sie zu hassen oder sie zu lieben, je nach ihrer Stimmung, aber sie hat nie einen Gedanken an ihre Gedanken verschwendet. Dann sagt er es: Ich liebe deinen Verstand, und sie ist so verblüfft, dass sie den Streit mit ihm noch einmal ganz von vorn beginnen will. Wilde Behauptungen möchte sie ihm an den Kopf werfen – Gott ist ein Mythos! Zeit ist eine Falle! Jungfräulichkeit ist ein Konstrukt! Liebe ist ein Gefängnis! –, nur damit er es wiederholt, damit er die Wahrheit seiner Worte beweist. Oh, du liebst meinen Verstand? Nun, liebst du ihn auch, wenn er diese Sache macht, oder diese andere? Liebst du ihn auch, wenn ich leblos auf dem Fußboden liege und meine Zunge sich um eine Tablette windet oder um den Schwanz eines Fremden? Kannst du meinen Verstand lieben, wenn er schwach ist? Wenn er bösartig ist? Gewalttätig?

Kannst du ihn lieben, wenn er mich nicht liebt?

Ihre Gedanken sind so laut, dass sie diese mit Sex zum Schweigen bringen will, was fast immer funktioniert. Oh, sie mag Sex mit Aldo, sie sehnt sich danach, allein der Gedanke daran versetzt ihren ganzen Körper in Schwingungen. Wie er zu ihr passt, in sie passt, das will sie bis zum Exzess – sie will, so wie sie es immer will, davon eingehüllt werden, darin ertrinken, es soll so unermesslich und verzehrend sein, dass es sie vollkommen verschlingt – aber dieses Gefühl hatte sie schon früher für Sex, für Männer und Jungen. Viele Male schon hat sie sich selbst verloren, auf vielerlei Weise, also will sie es wiederholen und glaubt, dass es ihr vertraut wäre. Aber mit ihm ist nichts vertraut, und Sex am allerwenigsten. Nicht, dass es *nichts* wäre – beim Schlafen hat sie eine Hand um seinen Penis gelegt, nur um ihr Unterbewusstsein mit seiner Form zu trösten –, aber dieses Ich-liebe-deinen-Verstand bedeutet mehr. Sie weiß bereits, dass sie in ihn verliebt ist, und jetzt vermutet sie, dass auch er in sie verliebt ist, also ist sie geneigt, ihm zu glauben. Mit einem Ruck zieht sie ihn zu sich hoch, bereit, ihn mit den Körperstellen, die sie biegen kann, zu belohnen, aber er lacht und besänftigt ihre hektischen Hände. Wir können mal eine Pause machen, weißt du, sagt er. In Gedanken spottet sie ein wenig – Oh, ihr Verstand, das ist es, was er will? Okay, dann soll er ihn haben, ihren ganzen Verstand. Sie zieht seinen Kopf zu ihrem, beißt in seine Lippe und sagt: Ich werde dir meine Geheimnisse anvertrauen.

Er leckt an ihrem Mund. Na gut, dann schieß los.

Sie fängt klein, aber mäßig sündhaft an, denn sie ist nicht vollkommen überzeugt, dass er für die großen Verfehlungen, oder schlimmer noch die Unterwürfigkeit, bereit ist. Sie erzählt ihm, wie sie mit einem Professor geflirtet und ihn dazu gebracht hat, ihre Note zu ändern. Auch von dem Nachbarsjungen, der als Erster seine Hand auf ihre Brust legte und sagte: Schön. Und von dem Chemieunterricht, wo sie beinahe durchgefallen wäre, wenn nicht der Junge neben ihr alle Versuche für sie durchgeführt hätte, weil sie ihm hübsche Augen gemacht und ein paar schmutzige Nachrichten geschickt hatte, okay, schön, da draußen hat irgendjemand Bilder ihrer Titten in seiner Cloud, na, wenn schon. Aldo lauscht mit einem Lächeln auf den Lippen, das sagt: Hmhm.

Bevor sie es begreift, gesteht sie ihm auch andere Sachen: Ich bin eigentlich in nichts besonders gut. Ich bin nicht sehr klug. Das erkennen die Leute nicht sofort, aber irgendwann kommen sie dahinter. Manchmal denke ich: Nein, warte, jetzt lüge ich, die ganze Zeit denke ich: Alle anderen schätzen mich richtig ein. Ich bin der gemeinsame Nenner, nicht wahr? Das muss heißen, dass alle anderen recht haben.

Zuerst sagt er gar nichts, streichelt ihre Wange, so wie er es tut, wenn er über eines seiner Themen nachdenkt (sie hat weder die Erwartung, es zu verstehen, die Zeit oder auch irgendetwas anderes, noch den Wunsch; ehrlich, für sie sind Geheimnisse in Ordnung), aber dann fragt er sie wieder: Warum hast du es gemacht?

Damit will er sagen: Warum hast du, die du über mehr als genug Geld und Talent verfügst und allem Anschein nach einer vielversprechenden Zukunft entgegensiehst, beschlossen, das für ein Verbrechen wegzuwerfen?

Ihre Psychiaterin, die Ärztin, sagt, dass sie scheitern wollte. Weil ihr Verhalten selbstzerstörerisch war.

Okay, das ist eine Theorie, aber er hatte sie nicht nach der Meinung ihrer Psychiaterin gefragt.

Nun, wer sagt, dass sie selbst den Grund überhaupt kennt? Wenn sie gewusst hätte, dass sie eventuell erwischt werden könnte, hätte sie es dann einfach gelassen?

Er hält das für eine ausgezeichnete Frage.

Nun, sie ist froh, dass er so denkt.

Er meint, sie solle die Frage beantworten oder es zumindest versuchen.

Sie glaubt, dass er heimlich Zeit herausgeschlagen hat.

Das stimmt, aber er hat kein Problem damit.

Sie will, dass er sie küsst. (Sie legt seine Hand zwischen ihre Oberschenkel.)

Aber damit kommt sie bei ihm nicht durch.

Schön und gut, vielleicht geht sie dann einfach, schließlich hat sie ihre eigene Wohnung, sie muss nicht unbedingt hier schlafen, und vielleicht ist er sowieso nur neugierig.

Vielleicht ist das so, aber sie hat angefangen, und sie kann jederzeit gehen, wenn sie nur zurückkommt.

In Ordnung, aber nur, weil er diese letzten Worte hinzugefügt hat. Sie hat Leute satt, die ihr sagen, sie könne jederzeit gehen, das hasst sie.

Er will überhaupt nicht, dass sie weggeht, aber in dem Buch mit den Regeln gibt es ein ganzes Kapitel darüber, Menschen Handlungsspielraum zu geben. »Wenn es so sein soll« und dergleichen.

Sie findet, das ist Bullshit, können die Leute nicht einfach mal durchhalten?

Er ist ihrer Meinung.

Okay, gut, sie weiß nicht genau, warum, aber sie denkt, dass es teilweise darum ging, Kontrolle über ein sinkendes Schiff zu bekommen und es in eine Richtung, irgendwohin, zu steuern. Selbst die Aussicht eines Zusammenstoßes war besser, als ziellos dahinzutreiben.

Warum sank ihr Schiff?

Das war nur eine überflüssige Metapher, so eine Angewohnheit von ihr.

Das merkt er sich und fragt erneut: Warum sank ihr Schiff?

Ihr Schiff? Das ist schon immer gesunken, sie hasst es, entweder es sinkt oder es explodiert, so oder so scheint es nie irgendwohin zu gelangen.

Er denkt nicht, dass das wahr ist.

Nun ja, er kennt sie doch noch gar nicht so gut, oder? Er hat doch nur eine Anzahl x an Gesprächen mit ihr geführt und sie y Male gevögelt.

Nein, nein, das muss er sehr deutlich festhalten: So funktioniert Mathe nicht.

Meine Güte, fängt er allen Ernstes jetzt davon an?

Da er extrem viel Wert auf Genauigkeit legt, setzt er sich auf, um es ihr zu veranschaulichen: x bezeichnet, wie lange man einen Menschen kennt, y wie gut man ihn kennt. Vielleicht kennt er sie nur über einen Zeitraum x hinweg, aber sieh mal hier das ganze exponentielle Wachstum in y. Sieh, wie steil die Kurve ansteigt, versteht sie, was das bedeutet?

Ja, widerwillig sieht und versteht sie es. Worauf will er hinaus?

Er will auf gar nichts hinaus, er wollte es ihr nur klarmachen.

Sie findet, dass er unglaublich verschroben ist.

Das weiß er. Ist das für sie okay?

Ob das für sie okay ist? Scheiße auch, er hat ja nicht die geringste Ahnung.

Er erinnert sie daran, dass sie nicht darüber gesprochen haben, wie es ihr geht, mit ihren Tabletten und all dem.

Die will sie nicht mehr einnehmen. Sie mag ihre Wirkung nicht, sie fühlt sich dann so verloren. Vielleicht ist das das große Geheimnis, dass sie ihre Gefühle, obwohl sie jede ihrer Empfindungen hasst, dennoch lieber durchleben möchte, als sie gar nicht zu spüren. Möglicherweise ist das die große Ungeheuerlichkeit, dass sie ihre Hochs und Tiefs total verabscheut und weiß, dass sie SCHLECHT sind, NICHT VORKOMMEN SOLLTEN, aber ohne ihre Gefühle ist sie nicht sie selbst. Sie vermisst sich sonst. Auch wenn sie sich nicht richtig kennt, *würde sie sich gern* kennen, sie möchte es *herausfinden*, und mit den Tabletten geht das nicht. Aber sie hat Verständnis, dass das schwierig für ihn sein könnte.

Warum ist es wichtig, was für ihn schwierig sein könnte? Er hat damit doch nichts zu tun.

Doch, natürlich hat er etwas damit zu tun, das muss er, denn er verpflichtet sich gerade, den Raum ihres Verstandes, ihren Gedankenraum, zu teilen. Ob es ihm gefällt oder nicht, aber der Streit, den sie gerade hatten? Das wird wieder passieren, und er wird genervt von ihr sein, und *sie* wird genervt von sich sein, aber sie will lieber von ihrem ganzen Selbst genervt sein als von der halben Portion, die sie mit den Tabletten fühlt.

Selbstverständlich hat er dafür angeheuert.

Was?

Selbstverständlich hat er dafür angeheuert, denn genau das will er. Warum sollte jemand anderes ihre Hochs und Tiefs bekommen? Er will sie alle für sich, ganz egoistisch und besitzergreifend. Er will sie haben, er selbst hat keine Hochs und Tiefs, er ist … festgefahren.

Festgefahren? Er ist nicht festgefahren, er ist ein Genie.

Er versucht seit Jahren, ein und dasselbe Problem zu lösen. Das ist die Definition von festgefahren.

Das ist die Definition von Geistesgestörtheit, und das ist er definitiv. (Sie sagt dies sehr liebevoll.)

Okay, gut, er ist geistesgestört, ist sie jetzt zufrieden?

Ungemein. (Das ist sie wirklich.)

Die Sache ist die, für ihn muss sie gar nichts sein, für ihn muss sie keine Tabletten nehmen. Er hätte gern, dass sie ehrlich ist, wenn sie das möchte, aber wenn sie lügt, dann würde er ebenso gern dabei sein.

Das ergibt überhaupt keinen Sinn.

Doch, doch, er will nicht der Mensch sein, *vor* dem sie sich versteckt, sondern der Mensch, *mit* dem sie sich versteckt. Da besteht ein Unterschied, begreift sie das nicht? Hat sie eine Ahnung, wie schwer es ihm fällt, mit anderen Menschen zu leben? Und doch ist sie hier, dieses Geheimnis, dieses Rätsel, weiß sie überhaupt, wie sehr er ihre Unvorhersehbarkeit liebt, ihre Irrungen und Wirrungen? Sie glaubt, ihr Verstand stelle irgendein Problem dar? Okay, super, er liebt Probleme.

Er sagt immer wieder das Wort *lieben*. Ist ihm das überhaupt klar?

Nun, er hat noch nicht genau darüber nachgedacht, aber was sollte er denn sagen?

Sie erwartet nicht, dass er irgendetwas sagt, sie … hat es nur so angemerkt. Bis jetzt hatten sie noch nie über Liebe gesprochen, nur über Sex.

Weil er bisher nur Menschen geliebt hat, die er nicht gevögelt hat, und nur Menschen gevögelt hat, die er nicht liebt, alles rein zufällig. Sex war immer erst ein Gedanke im Nachhinein.

Seltsame Vorstellung, dass er Gedanken im Nachhinein hat. Das sind zu viele Gedanken. Außerdem geht es beim Sex ums Vergessen, ums Fühlen.

Weder vergisst noch fühlt er gern.

Dann mag er also den Sex mit ihr nicht?

Nein, das hat er nicht gesagt, er liebt den Sex mit ihr.

Schon wieder *lieben*. Er macht es schon wieder.

Okay, er *mag* den Sex mit ihr, besser so?

Nein, nicht besser. Er *mag* den Sex?

Genau deshalb hat er *lieben* gesagt.

Er kann nicht besonders gut mit Worten umgehen.

In der Tat nicht, das ist ihm bewusst, Menschen mögen seine Worte nicht, und außerdem kann er nicht gut erklären. Sie hat ihn unterrichten gesehen, oder nicht? Also weiß sie das.

Warum wird er nicht einfach besser im Unterrichten?

Sie sollte zur Kunsthochschule gehen.

Also, jetzt lenkt er ab.

Nein, er denkt nach. Sie sollte Künstlerin sein, und wenn sie zur Kunsthochschule gehen will, sollte sie das tun.

Er weiß gar nichts über Kunst, er ist einfach nur parteiisch.

Für was?

Offensichtlich für sie.

Nein, wenn er sie nicht für talentiert hielte, würde er ihr das sagen. Zumindest würde er ihre Kunst nicht preisen, wenn sie nicht gut wäre.

Egal, er liegt immer noch falsch. Vielleicht gefällt es seinem ungeübten Auge, aber sie kann nicht einfach Künstlerin *werden*, so läuft das nicht.

Richtig, deshalb hat er die Kunsthochschule erwähnt, wenn sie da hinwill.

Zuerst braucht sie etwas. Eine Idee.

Ein unlösbares Problem? (Er neckt sie, aber ihr ist es ernst.)

Ja, genau. Diese Idee muss es wert sein, dass sie ihr all ihre Gedanken widmet.

Kann sie nicht einfach darüberstolpern?

Doch, das wäre denkbar, aber sie möchte sie gefunden haben, bevor sie entscheidet, mehr darein zu investieren.

Wie will sie die finden? So nicht, um das klarzustellen. (Er schüttelt den Kopf, als sie sich an seinem Oberkörper abwärtsbewegt.)

Sie weiß es nicht. Verdammt, kann er nicht ein ganz normaler Typ sein, einfach den Blowjob genießen und Danke sagen?

Er bedankt sich bei ihr. Aber er ist auch ernst, er will, dass sie die Idee findet, kann er ihr dabei helfen?

Er kann helfen, indem er ruhig ist.

Inzwischen sollte sie wissen, dass sich die Geheimnisse des Universums nicht in seinem Schwanz befinden.

Hat er das überprüft?

Er ist mit dem Objekt vertraut.

Das hat sie nicht gemeint.

Er hat, ehrlich, keine Ahnung, was sie meint.

(Schweigen.)

Sie sollten sich öfter streiten.

Genau den gleichen Gedanken hatte sie auch. Was waren seine Gründe, nur Blowjobs? Die kann er auch ohne Streit haben, sie sind Teil des All-inclusive-Angebots.

Nein, nicht die Blowjobs, er glaubt, er könne fühlen, wie sie (er-und-sie) ein klein wenig ihre Form verändern. Und er hat so lange in dieser Form verharrt, dass ihm ein wenig Ausdehnung guttäte.

Sehr strange Begründung, aber sie ist nicht überrascht.

Sie weiß nicht, was er meint? Ziemlich sicher weiß sie das genau.

Nun, schön, vielleicht weiß sie es doch. Aber sie fühlt sich jetzt die ganze Zeit anders, wer weiß also, ob er der Grund dafür ist oder etwas anderes oder einfach alles?

Hätte sie ihn lieben können, wenn sie weiter ihre Tabletten genommen hätte?

Nein, sie hätte es nicht gekonnt, sie hätte es sich nicht erlaubt, oder die Pillen hätten es ihr nicht erlaubt. Und außerdem hat er es noch mal gesagt.

Was, lieben? Wahrscheinlich, weil er nicht so gut lügen kann wie sie.

Das weiß sie.

Heißt das, dass sie ebenso fühlt wie er?

Hat sie ihm gerade einen geblasen oder etwa nicht? (Sie wird es nicht zugeben.)

Sicher ist ihr vollkommen bewusst, dass das keine Liebe ist.

Sie ist überrascht, dass er überhaupt an Liebe glaubt.

Glaubt er eigentlich nicht, aber das gibt der ganzen Idee am ehesten einen Namen. So wie die Zeit nur innerhalb ihres Verständnisses von Zeit existiert, obwohl die Zeit wahrscheinlich etwas völlig anderes ist. Aber man nennt es dennoch Zeit, weil das die Bezeichnung ist, auf die sich alle geeinigt haben.

Wie … unglaublich theoretisch von ihm.

Er *ist* schließlich theoretischer Mathematiker.

Okay, angenommen, es gibt keinen bereits festgesetzten Namen dafür, was fühlt er?

Sie stellt ihm ein paar echt schwierige Fragen.

Gut, einfach mag sie nicht so.

Das weiß er. Und das mag er.

Oh, also *das* mag er.

Er möchte sie gern festhalten, aber das kann er nicht.

Er hält sie doch gerade im Arm, oder? (Ja, eine lockere Umarmung.)

Nicht so. Nicht körperlich.

Er möchte sie … geistig festhalten?

Irgendwie so. Klar doch. Wenn sie das verstehen kann. (Kann sie nicht.)

Vielleicht sollten sie besser ein anderes Mal darüber sprechen. Ihnen bleiben noch sehr viele Gelegenheiten für ein Gespräch, sagt er, und in dem Moment weiß sie es – mein Gott, sie *weiß* es –, dass sie ihn aus tiefstem Herzen, voller Leidenschaft und bis zur Selbstaufgabe liebt, so sehr, dass die Worte, wenn sie ihm sie zuflüstert, sich unweigerlich leer und belanglos anfühlen werden.

Als sie sich zum ersten Mal streiten, ist sie sicher, dass sie ihn liebt.

Doch das sagt sie ihm nicht, nicht wirklich, noch nicht.

———

»Komm mit mir nach Hause«, sagte er.

Sie tat so, als würde sie sich im Zimmer umblicken, und legte sich dann gelangweilt hin, um mit ihren Fingerknöcheln über seine Brust zu streifen.

»Ich dachte, ich wäre bereits bei dir zu Hause«, erwiderte sie, und er schüttelte den Kopf.

»Nach Hause-Hause.«

»Nach *Hause*-Hause?«

»Nach Hause-Hause.«

Sie dachte darüber nach. Das hätte er als Erstes tun sollen, nur dass es zunehmend schwieriger wurde, etwas ohne sie zu unternehmen, und sei es auch nur in seinem Kopf. Jetzt waren sie und seine Gedanken untrennbar miteinander verbunden, so sehr, dass sogar Mathe, eine angenehme, weil allein zu betreibende Tätigkeit, inzwischen zutiefst einsam geworden war. Manchmal stellte er sie sich in seinem Unterrichtsraum vor, wie sie ihn aus der letzten Reihe beobachtete: »Aldo, hab Geduld, erklär das, du hast es nicht erklärt.« Er sah sie in den Besprechungen seiner Dissertation, wo sie neben ihm saß: »Aldo, bist du dir sicher?«, fragte sie mit gedankenvoll zerfurchter Stirn. »Aber hast du das hier bedacht, oder dieses oder jenes?«, fragte sie regelmäßig, wie eine Bodenschwelle auf der Fahrbahn seiner inneren Erzählung. Immerzu unterbrach sie ihn, hielt ihn davon ab, auf unterschiedliche Weise zu sagen: Das ergibt keinen Sinn. Ständig musste sie die Dinge aus jedem

Blickwinkel betrachten, alles auf den Kopf stellen und auf der Suche nach der Wahrheit durch Schlüssellöcher spähen.

Die WAHRHEIT. Anscheinend fand sie die nur, wenn sie sich mit einer obszönen Faszination, einer beinahe perversen Verwüstung in – egal welches – Thema verbohrte. Diese Pastasorte, warum? Warum diese Temperatur? Was passiert, wenn du x an diese Stelle setzt, nein, so funktioniert das nicht, warum nicht? Selbst Sex war ein Versuchsgegenstand. Versuch das hier, Aldo, sag das zu mir, nein, nicht so. Regan dachte ständig nach, aber sie nannte es fühlen, und egal was, es war schnell und nicht leicht, dem zu folgen. Er fühlte sich durchweg verloren, aber er konnte spüren, wie er sich veränderte. Er konnte neue Denkwege spüren, jene, die er früher aus Selbstschutz nicht genommen hatte (Ansätze, die er aus folgenden Gründen verworfen hatte: keine praktische Frage, unmöglich, das kann niemals auf diese Weise funktionieren), wurden zu ausgetretenen Pfaden unter seinen Füßen. Er konnte fühlen, wie Regan ihre Hand mit seiner verschränkte und ihn mit sich zog – Was ist *damit*, hast du schon *auf diese Weise* darüber nachgedacht, Aldo? Aldo, schlaf mit mir und beantworte alle meine Fragen, besänftige mich mit Antworten!, mit Aufmerksamkeit!, mit deinen Berührungen. Aldo, vögel mich, bis meine Gedanken stillstehen; stürze, voller Euphorie, mit mir über eine verdammte Felskante.

Das Semester war vorüber, endlich. Er hatte die nächste Runde mündlicher Verteidigung seiner Dissertation hinter sich gebracht, hatte alle Prüfungen korrigiert, hatte ein »Danke, Damiani« von den Studierenden entgegengenommen, die nur knapp bestanden hatten, hatte dem Dekan die Bewertungen seiner Kurse zum Semesterende übergeben. Alles war so wie früher, wie es in den vorherigen Semestern gewesen war, abgesehen von kleinen, feinen Unterschieden. Dem zusätzlichen Helm, den er immer an seinem

Rucksack befestigt hatte, nur für den Fall. Das häufigere Checken seines Handys, während er darauf wartete, dass ihr Name auf dem Display erschien. Der zusätzliche Schlüssel an seinem Schlüsselbund, neu gefertigt und glänzend, für die Gelegenheiten, wenn sie um drei Uhr morgens wach war und ihre Stimme nur mehr ein heiseres Flüstern: »Aldo, du musst diesen Blauton sehen, *sofort*, ich will, dass du ihn mit mir zusammen siehst; ich will beobachten, wie du ihn zum ersten Mal siehst.«

Er hatte nie viel vor seinem Vater verborgen, und Regan war kein Geheimnis. Was ist sie, deine Freundin? Ja, nahm er an, obwohl ihm das wie ein dummes Wort für sie vorkam. Nun gut, was war sie dann? Sie ist, ich weiß nicht. Was meinst du damit, du weißt es nicht, wie kannst du das nicht wissen? Nein, ich weiß es, ich denke nur, dass das Wort für sie nicht existiert. Hm, na schön, dann sag mal, wo in der Zeit befinden wir uns, Rinaldo? Verloren, Dad, wir sind verloren, ich weiß nicht mehr, was die Zeit ist, wie sie funktioniert, was sie tut, ich geb's auf. Aha, sagte Masso, okay, jetzt begreife ich, was sie ist. Was soll das heißen, Dad, was ist sie? Sie ist deine ... du weißt schon, deine Agent Provocateur, sie ist dein Störfeuer. Große Worte, Dad. Ja, Rinaldo, große Worte für eine große Sache, viel Glück, hab dich lieb, bis bald.

»Nach Hause«, echote Regan. Er spielte mit ihrem Haar, wickelte es immer weiter um seinen Finger, die dicken seidigen Strähnen schimmerten spiralförmig. »Bist du sicher, dass du mich mitbringen willst? Ich weiß, wie viel dir dein Dad bedeutet.«

»Ja«, genau aus diesem Grund.

»Vielleicht mag er mich nicht.«

»Ach ja? Deine Eltern mögen mich nicht.«

»Das ist etwas anderes, sie können niemanden leiden, und außerdem zählen sie nicht.«

»Das glaube ich nicht.«

»Nun, glaub mir einfach«, spottete sie und drehte sich zu ihm um. Ihre Augen waren riesig groß, verletzlich. Sie trug kein Make-up mehr, wenn sie mit ihm zusammen war, und es war ein schöner, zerstörerischer Anblick, ihre Augen so deutlich zu sehen. Sie wirkte jünger, mindestens fünf Jahre oder ganze Lebzeiten. Es löste ein Knurren in ihm aus, den primitiven Wunsch, Tiger für sie zu töten, andere Männer mit Knüppeln niederzuschlagen. Marc hatte mindestens schon zweimal angerufen. Das hatte sie ihm nicht verheimlicht, sie hatte sogar gelacht und Aldo das Handy angeboten, aber er hatte es nicht genommen. Er traute sich selbst nicht mehr.

»Ich mache nicht immer einen guten ersten Eindruck, Aldo. Besonders nicht bei Vätern.«

»Warum nicht bei Vätern?«

»Keine Ahnung, ich kann nur flirten. Im Beisein von älteren Männern fühle ich mich unwohl.«

Männer, dachte er. Mit Männern fühlst du dich unwohl.

»Mein Dad wird dich mögen. Er mag, du weißt schon, Verrücktheit.«

»Oh, dann bin ich jetzt also verrückt?«

»Du verbringst deine gesamte freie Zeit mit mir, oder etwa nicht?«

»Korrekt.« Sie ließ einen Fingernagel über seine Brust gleiten und umkreiste sein Sternum. »Hast du ihm erzählt, dass ich Künstlerin bin?«

»Ja.«

»Bin ich aber nicht.«

Er küsste sie aufs Haar. »Okay, dann bist du eben keine.«

»Sei nicht so herablassend«, murrte sie, obwohl sie einen Arm um seinen Hals legte und seine Lippen an ihre zog. »Das hasse ich«, flüsterte sie, während ihre Zunge über die Kanten seiner

Zähne fuhr. Sie schmeckte nach Salz, wie Amatriciana, das ihm immer salzig schien.

»Komm mit mir nach Hause«, sagte er wieder, und sie vergrub seufzend ihre Finger in seinen Haaren.

»Und wenn dein Vater mich nicht ausstehen kann?«

»Das wird er nicht. Ist bei ihm noch nicht vorgekommen.«

»Aber möglicherweise kann er mich nicht ausstehen.« Ihre Stimme klang bitter und schmeckte jetzt wie Anis. »Vielen Leuten geht es so mit mir.«

»Völlig egal«, erwiderte er und hob ihr Kinn in die Höhe.

Ihre Hand umfasste seinen Hals, experimentierfreudig. Ihr Daumen glitt über seinen Adamsapfel, versuchsweise. Er fragte sich, was sie wohl gerade dachte. Andauernd grübelte er über ihre Gedanken nach, selbst in den seltenen Fällen, wenn er wusste, dass sie keine hatte. Was dachte Regan über Quantengruppen? Antwort: Regan dachte nicht über Quantengruppen nach, und doch konnte sein Verstand keine Pause einlegen. Sie schlich sich in seine Berechnungen, stupste ihn an und wies auf bestimmte Dinge hin. Was passiert wirklich in einer Superposition, Aldo? Wenn sich Partikel in einem oder zwei Zuständen zugleich befinden, Aldo, was bedeutet das, was bedeutet das für uns, was bedeutet das für die Zeit? Werden wir jemals *Die Wahrheit* kennen?, und dann dachte er unzufrieden: Nein, Regan, das werden wir nicht, ich schaff's nicht, ich habe immer gewusst, dass ich es nie rauskriegen werde, und sie würde ihre Enttäuschung mit einem Biss, mit einem Zusammenpressen ihrer Finger ausdrücken. Verschaff mir Wahrheit, Aldo, oder verschwinde mir aus den Augen, hau ab.

Der Kuss dauerte an, wie es typisch für Küsse ist. Er mochte die Art, wie sie die Richtung änderte, die Art, wie sie ihr Tempo wählte, oder aber sie legte ihre Hände auf seine und sagte zu ihm:

Du entscheidest, du sagst an, du bringst mich dorthin, wo du mich haben willst, arrangier mich nach deinem Belieben und lass uns sehen, lass uns sehen, wohin das hier führt. Er war in seinem Kopf, immer, auch während des Sex, aber das schien sie an ihm zu mögen. Ihre Hände strebten immer zu seinen Haaren, zu seinem Hals oder gruben sich in seinen Schädel, als wollte sie ihn aufbrechen und Anspruch erheben auf das, was sich im Inneren befand. Das mochte er. Und er mochte ihre Gier, ihre egoistische Hartnäckigkeit. Er mochte sie auch, wenn sie kleinlich war, nicht freigiebig. Am liebsten hatte er sie, wenn sie mit einer Bewegung ihrer Finger sagte: Du gehörst bereits mir.

»Vermutlich«, sagte sie und seufzte, »sollte ich alles tun, was du verlangst, oder nicht?«

»Verlange ich denn viel?«

»Oh, einfach alles«, antwortete sie mit einem leichten Lächeln und wandte den Kopf. »Werde ich dich enttäuschen?«, fragte sie, und ihre Stimme klang gedämpft, wieder spielte ihr junges Gesicht ihm einen Streich und lockte ihn in vermeintliche Sicherheit. Genau deshalb waren seine ganzen Urinstinkte so lächerlich. Sie war die Jägerin, nicht er.

»Nein«, erwiderte er.

Einen Moment lang dachte sie darüber nach, während sie mit ihrem Daumen über seinen Wangenknochen strich.

»Okay«, sagte sie und küsste ihn. »Dann komme ich mit.«

———

Dinge, die Rinaldo Damiani weiß:

Quantenphysik oder so ähnlich. Regan versteht sie nicht ganz, aber egal, Aldo kennt sich damit aus. Auf jeden Fall beherrscht er Differential- und Integralrechnung und Algebra, das meiste, was nach Differential- und Integralrechnung und Algebra kommt, alles, was dem vorausgeht. Bis zu einem gewissen Grad beherrscht er auch Physik, interessiert sich aber nicht dafür; die Tatsache, dass etwas funktioniert, ist für ihn weit weniger wichtig als die Vorstellung, was er zum Funktionieren *bringen* könnte, wenn er nur intensiv genug darüber nachdächte. Er weiß von den Schrammen, den Narben auf ihrem Körper, er weiß, wie oft und wie viel sie isst, er weiß, dass sie keinen Ziegenkäse mag, es sei denn, er mischt ihn mit etwas Süßem. Er weiß, wie man boxt, hat es ihr gezeigt, er kennt sich gut genug aus, um stillzustehen und zu sagen: Schlag mich hier, es wird mir nicht wehtun, wenn nötig, wehre ich den Schlag ab. Er weiß sich zu verteidigen, und hierin liegt wieder Ironie: Er hasst Physik, aber er versteht Physis. Er weiß, wie er ihre Hüften umfassen muss. Er weiß, wie tief er in sie eindringen kann, wie hart, bevor es sie schmerzt. Er weiß, dieser eine Gesichtsausdruck von ihr bedeutet: Jetzt nicht, ich denke nach, und er kennt diesen anderen, der: Ja, aber gib mir einen Moment, besagt, und er kennt den, der ihm mitteilt: Spar dir die Worte, zieh einfach deine Klamotten aus, wieso hast du die überhaupt an? Er ist sich im Klaren, dass ihre Beziehungen kompliziert sind. Er weiß, wessen Anrufe sie entgegennimmt und wessen sie ignoriert. Ihm ist bewusst, im Gegensatz zu ihrer Ärztin, dass sie ihre Tabletten nicht nimmt. Er weiß, dass sie die Stimme ihrer Mutter in ihrem Kopf hört, und manchmal verliert sich ihre eigene Stimme darin; er weiß, dass sie die wiederfindet, wenn er ihr Gesicht in seine Hände nimmt und fragt: Bist du da drinnen? Er weiß so viel; er weiß fast alles. Genauso weiß sie, dass er ein Genie ist.

Dinge, die Rinaldo Damiani nicht weiß:

»Charlotte? Bist du da? Ich habe mich schon vor zwei Wochen bei dir gemeldet, und du hast nicht zurückgerufen, da habe ich es bei Marc probiert, und er hat mir erzählt, du seist ausgezogen.

Was denkst du dir dabei?« – »Charlotte, ich wollte mich nur kurz nach dir erkundigen, du hast deine letzte Sitzung verpasst. Bitte melde dich, damit wir einen neuen Termin ausmachen können.« »Char, Mom flippt total aus, ruf sie mal zurück. Grüß Aldo von mir. Carissa fragt, ob du an Weihnachten hier sein wirst. Komm lieber, sonst explodiert Mom noch. Das ist kein Scherz.« – »Guten Tag, das ist eine Nachricht für Charlotte Regan von der Praxis Dr. ———, bitte rufen Sie uns so bald wie möglich an.« – »Regan, echt, das ist so typisch für dich. Wenn du wieder zur Besinnung gekommen bist, weißt du ja, wo du mich findest.« – »Regan! Ich bin bis Weihnachten in der Stadt, wollen wir zusammen Mittag essen? Schon klar, schon klar, ich war nicht wirklich gut im Kontakthalten, aber wir sollten unbedingt was trinken gehen oder so.« »Wow, kaum zu glauben, aber du hast zurückgerufen, ein Wunder. Entschuldige, ich hatte eine lange Schicht, aber hör mir zu, im Ernst, ich will es Mom nicht beibringen müssen. Gibt es irgendeine Möglichkeit, dass du, du weißt schon, das nicht machst? Ich bin glücklich, dass du mit Aldo glücklich und am Leben bist, Char, aber mal ehrlich, du kannst nicht wirklich glauben, dass das der richtige Weg ist.« – »Charlotte, natürlich finden wir für dich einen Ersatz während deiner Abwesenheit – die Feiertage sind eine schwierige Zeit. Wir freuen uns schon, dich nach deiner Rückkehr wiederzusehen! Was den Unterricht angeht, ich werde bei der Kunsthochschule anrufen, sicher gibt's da eine Möglichkeit.« – »Hallo, diese Nachricht ist für Regan. Das bestellte Buch über Figurenzeichnung ist angekommen, du hast fünf Tage, um es abzuholen.« – »Regan, Süße, habe zufällig diese Kommilitonin von dir aus der Studentinnenverbindung getroffen – Sophie? Samantha? Egal, sie hat erzählt, dass sie dich angerufen hat, da sie in der Stadt ist, du dich aber nie zurückgemeldet hast. Ich mache mir ein wenig Sorgen um dich, da will ich nicht lügen. Entschuldige bitte die Nachricht neulich Nacht, ich hatte total den Verstand verloren, aber ich mache mir halt immer noch etwas aus dir. Lass mich einfach wissen, dass es dir gut geht.« – »CHARLOTTE, WIESO BEZAHLEN WIR FÜR EIN HANDY, WENN DU DIR NIE DIE MÜHE MACHST RANZUGEHEN?«

»Hey«, sagte Aldo und stupste sie an. »Alles okay?«

»Habe nur gerade gedacht, dass ich mir ein neues Handy besorgen sollte«, erwiderte Regan. »Oder dies hier einfach wegwerfen und netzunabhängig leben.«

»Unpraktisch, nehme ich an«, sagte Aldo achselzuckend. Er warf ihr einen zweiten Blick zu, vielleicht auch einen dritten. Sie steckte das Handy in ihre Hosentasche, drehte sich mit einem Lächeln zu ihm, aber er schüttelte den Kopf. »Du lügst.«

»Ich habe nicht mal was gesagt!«

»Ja, und es ist eine Lüge.« Er blickte über die Schulter, dann zog er sie an sich und schlang seinen Arm um ihren Hals; beinahe ein Schwitzkasten, aber so war Aldo. Seine Auffassung von Nähe war einschränkend, und ihr gefiel das. Sie mochte es, wenn er seine Hand um ihren Nacken gleiten ließ, sie so herumführte. Dann fühlte sie sich stabil, sicher. Sie beugte sich vor, ihre Lippen wanderten zu seinem Kinn, und sie biss sanft zu.

»*Aua* …«

»Du hast mich eine Lügnerin genannt«, sagte sie. »Du bekommst, was du verdienst.«

»Okay, dann lügst du eben nicht. Aber du hast auf jeden Fall nachgedacht.«

Als Antwort (als Vergeltung) glitt ihre Hand zum Schlitz seiner schwarzen Jeans. Er schenkte ihr einen warnenden Blick.

»Wir sind im Flughafen«, sagte er.

Sie zog an dem Reißverschluss, nur um ihren Standpunkt zu verdeutlichen, und er seufzte brummig.

»Okay, na gut, erzähl's mir nicht«, sagte er, und sie reckte ihr Kinn, um ihm in die Augen zu sehen.

»Ich habe meinen Eltern nicht gesagt, dass ich Weihnachten nicht nach Hause komme«, sagte sie.

Er zog eine Augenbraue in die Höhe.

»Tatsächlich habe ich ihnen gar nichts gesagt«, erklärte sie.

Er zog sie mit sich, und sie bewegten sich mit der Warteschlange vorwärts.

»Weil du nicht willst, dass sie von mir erfahren?«, fragte er.

»Nein, ich will nicht, dass sie von *mir* erfahren.«

»In Ordnung.« Er drückte ihr einen flüchtigen Kuss auf die Stirn. »Nun, das ist deine Entscheidung.«

Ha, als würde sie es dabei belassen. »Du findest das nicht gut, nehme ich an?«

»Ich behaupte nicht, dass ich deine Beziehung zu deinen Eltern verstehe.«

»Warum nicht? Alles andere verstehst du doch auch.«

»Eines Tages«, sagte er seufzend, »wirst du feststellen, dass mein Verständnis von Mathe sich nicht auf ein Begreifen menschlichen Verhaltens übertragen lässt, und dann wird dir aufgehen, dass ich im Grunde ein Idiot bin.«

»Oh, das weiß ich bereits«, versicherte sie ihm, woraufhin er leicht den Mund verzog. »Du bist vollkommen nutzlos, aber dennoch, gib's zu: Du findest das nicht gut.«

»Mir fehlt jegliche Grundlage, um dein Verhalten zu billigen oder zu missbilligen. Ich bin einfach, weißt du. Einfach hier, solange du mich bei dir haben willst.«

Erschrocken sah sie auf. »Du glaubst, ich meine es nicht ernst mit dir?«

»Das habe ich nicht gesagt.«

»Irgendwie schon.«

»Also, ich hatte nicht die Absicht, etwas ›irgendwie‹ zu machen. Ich wollte dir nur sagen: Ich bin hier, solange du mich willst.«

»Aber das heißt doch, du glaubst nicht, dass es halten wird.«

»Heißt es das?«

»Ja, natürlich, sonst würdest du es doch nicht sagen.«

Er erwiderte nichts.

Sie drängte ihn. »Denkst du etwa, ich erzähle meinen Eltern nichts von uns, weil ich es nicht ernst mit dir meine?«

»Das habe ich nicht gesagt.«

Die Warteschlange rückte ein kleines bisschen vor.

»Das ist nicht der Grund«, sagte sie leise. »Nur … ich mag uns so wie jetzt, ich mag uns, wie wir sind. Ich will sie nicht dabeihaben, nicht mal in der Nähe.«

»Du meinst, du willst nicht, dass sie es kaputt machen?«

»Nein, ich will nur …«

»Das ist okay. Ich versuche dir zu sagen, dass ich keine Erwartungen habe.«

»Ach, warum nicht?« Die Bemerkung wühlte sie auf, nun war sie streitlustig. »Und wenn ich aber will, dass du Erwartungen hast?«

»Willst du das?«

»Will ich, dass du welche hast, oder habe ich die?«

»Beides, vermutlich. Was du lieber beantworten willst.«

»Nun …« Sie räusperte sich. »Ich will, dass du Erwartungen hast.«

»Welche soll ich denn haben? Große Erwartungen?«

»Tu nicht so«, murrte sie und funkelte ihn an. Sein schiefer Mund verriet, dass er insgeheim lachte. »Ich will nur nicht, dass du denkst, ich meinte es nicht ernst, Aldo. Mir ist es ernst.«

»Okay.«

»So richtig ernst.«

»Selbst wenn es nicht so wäre, Regan, fände ich das in Ordnung.«

»Warum?«, wollte sie, wieder defensiv, wissen. »Weil ich einfach in dein Leben hinein- und wieder hinausflattern kann, ohne dass es einen Unterschied macht?«

Einen Moment lang blieb er stumm.

»Was soll ich sagen?«, fragte er sie.

Er fragte sie aufrichtig, nicht wie Marc. Nicht Marc, der sie neulich Abend angetextet hatte, sodass sie sich wieder billig vorgekommen war, als hätte sie einen Rückfall. Aldo war nicht Marc. Er war auch nicht wie ihre Freunde, die sie das Gleiche gefragt hätten, allerdings in sarkastischem Ton. Er war wie keiner der Menschen, die sie bisher gekannt hatte, nicht wie all jene, die ein bestimmtes Verhalten von ihr erwarteten. Nicht wie all die Menschen, gegen die sie ihn abschirmte, nicht um seinet-, sondern um ihretwillen, aus Angst, er könnte dahinterkommen, was für ein Mensch sie wirklich war, was sie jahrelang gewesen war, was sie immer gewesen war. Aus Angst, immer ängstlich, dass das hier immer noch eine Splitterversion reinen Vormachens war, dass sie nur eine neue Version für ihn erschuf, wo sie doch glauben wollte, dass sie wirklich sie selbst war. Voller Angst, nun Aldos Regan zu sein, was bedeutete, dass Aldos Regan in der Dunkelheit verschwinden könnte; dass ihre Ehrlichkeit ihm gegenüber nur eine andere Version einer Lüge war.

»Ich will, dass du etwas erwartest ... nein, ich will, dass du etwas *verlangst*«, verbesserte sie sich selbst. »Das wünsche ich mir. Du sollst mich auffordern, an dieser Beziehung zu arbeiten, mich notfalls auch zwingen. Ich will, dass du auf mich setzt, Aldo. Du sollst investieren, denn ich will deine Zukunft.« Die letzten Worte waren ihr einfach so herausgerutscht. »Ich will deine Zukunft, Aldo. Ich will sie für mich.«

Sein Blick drückte irgendetwas zwischen Überraschung und Verständnis aus. Etwas, das wie Belustigung aussah, aber in Wahrheit Zufriedenheit war.

»Okay«, sagte er.

Dann strich er ihr einmal sanft übers Haar, und sie dachte: Rinaldo Damiani weiß, wie man mich liebt, und ich habe nicht einmal daran gedacht, es mit auf die Liste zu setzen.

———

Aldo störte sich nie an Langeweile, an dem qualvollen Verlassen des Flughafens von Los Angeles, dem endlosen Herumlatschen, der Monotonie, dem Verkehr, wenn er das allein durchmachte. Jetzt, mit Regan an seiner Seite, entschuldigte er sich andauernd, er überschlug sich, um sie zu beruhigen – Ich bin sicher, unser Gepäck kommt gleich, tut mir leid, dass die Taxi-Warteschlange so lang ist, geht es dir gut, hast du Hunger? Mein Dad macht uns etwas zu essen, sicher wird er nicht einmal atmen, bevor er dir nicht etwas zu essen vorsetzt, probier das mal, oder das hier –, aber glücklicherweise war sie in guter Stimmung und lächelte. Versicherte ihm: Es macht mir nichts aus zu warten. Ihr Blick schweifte aus dem Fenster über die fremden Straßen, und sie war ungewohnt still, aber ihre Finger glitten suchend über die Rückbank, fanden und drückten seine Hand.

»Bist du …?«

»Ich bin glücklich, Aldo, alles ist super, mach dir keine Sorgen um mich. Denk nicht so viel nach«, und ein Kuss auf seine Schläfe, bevor sie den Blick erneut aus dem Fenster wandte.

Die Fahrt schien länger, die Entfernung größer, der Verkehr lauter. Alle hupten, und es tat Aldo in den Ohren weh. Häufig überprüfte er Regans Gesichtsausdruck, eigentlich andauernd, und war erleichtert, ein heiteres, nachdenkliches Lächeln in ihrem Gesicht zu finden, während sie staunend aus dem Seitenfenster blickte, aber dann sah er wieder hin, nur um sicher zu sein, dass es ihm nicht entging, sollte das Lächeln verschwinden. Nur um sich zu vergewissern, dass er es wieder herbeizaubern konnte, sobald ihr ein unangenehmer Gedanke durch den Kopf gegangen war, was nicht passierte, aber nur für den Fall ließ er sie nicht aus den Augen. Sie musste seinen Blick gespürt haben, denn sie drehte sich um und küsste ihn zweimal, dann schob sie sein Gesicht fort.

»Worum machst du dir solche Sorgen?«

»Um dich«, antwortete er.

»Na dann, hör auf damit.«

Er hatte auch gar keinen Grund dazu. Zuerst fuhren sie zu seinem Haus, das, so befürchtete er, beengt und winzig klein im Vergleich zu ihrem Elternhaus sein würde, aber sie war von der intimen Atmosphäre begeistert. Wie gemütlich, Aldo, ich finde es toll, wahnsinnig toll. Du bist wirklich hier aufgewachsen, nur du und dein Dad? Ja, Masso und ich, und meine Nonna war auch oft hier. Reizend, Aldo, wirklich reizend, es gefällt mir, noch ein Kuss auf seine Wange, auf seinen Mund, ich war schon die ganze Zeit so brav, vier volle Stunden im Flugzeug lang habe ich dich nicht angefasst. Sie zog ihn in sein Bett, das Bett aus seiner Schulzeit. Hast du hier mit irgendjemandem geschlafen? Ja, ich war nicht der perfekte Sohn, und ich hab mich nicht immer hinter die Tribüne verzogen. Die Sonne schien herein, blendete ihn ein wenig, als sie ihr Oberteil abstreifte und ihre Hände hinter den Rücken schob, um ihren BH zu öffnen. Sie setzte sich auf ihn, drückte seine Schultern nach unten und flüsterte ihm zu: »Ich werde diese Erinnerungen ersetzen, Aldo. Und zwar durch mich.«

Es war schnell, hastig, wie das Kratzen einer juckenden Stelle. Er hatte seinem Vater versprochen, zum Mittagessen im Restaurant zu sein, und sie zogen sich eilig wieder an, er richtete ihre

Haare, und sie rückte seinen Kragen zurecht und trug wieder Lippenstift auf. Bist du sicher, dass Masso mich mögen wird? Masso wird dich lieben, komm her.

Sein Vater war erwartungsgemäß vollkommen verzückt, sie zu sehen, lief, beinahe laut rufend, umher: Erinnert ihr euch an meinen Sohn, ich habe euch doch von meinem Sohn Rinaldo, dem Mathematiker, erzählt? Oh, dem Genie, korrigierte Regan ihn mit einem Lachen, und Masso strahlte vor Freude. Ich bin froh, dass er eine kluge Freundin hat, endlich mal jemand, der mit ihm mithalten kann. Woher willst du wissen, dass ich klug bin? Ach, das weiß ich, das erkenne ich, man sieht es dir an.

»Aldo, man *sieht* es mir an«, echote Regan und ergriff geschmeichelt seine Hand.

Ja, ich weiß, ich habe es als Erster gesehen. »Dad«, sagte Aldo seufzend, »du wirst sie verhätscheln, nicht wahr?«

»Regan, magst du Pilze? Trüffel?«

»Ja, mag ich alles, ich werde alles essen …«

»Das wird sie nicht, Dad, sie lügt, sei nachsichtig mit ihr …«

»Sei still, Rinaldo, die Erwachsenen unterhalten sich.«

Fast eine Stunde lang war Aldo vor Erleichterung vollkommen still, so hingerissen und mit Zufriedenheit erfüllt, dass er kaum ein Wort hervorbrachte. Im Gegensatz dazu war Regan überschwänglich und zum Plaudern aufgelegt, wedelte mit ihrer Gabel durch die Luft, erzählte Masso dies und das und jenes.

»Er ist wirklich das schlimmste Modell, das ich kenne, er bewegt sich die ganze Zeit …«

»So war er schon als Junge, immer in Bewegung, unmöglich, ihn zum Stillsitzen zu kriegen.«

»Genau! Aber sieh ihn an.« Ihr Lächeln war strahlend, neckisch. »Ich kann nicht dagegen an, ich muss ihn aufs Papier bringen, nur um sicherzugehen, dass er wirklich echt ist.«

Sie trennten sich, als Masso sich für die Abendschicht bereit machte. Er versprach, noch mehr von den Käsesorten mit nach Hause zu bringen, die Regan beim Mittagessen so gut geschmeckt hatten, und erklärte ihr, wo sie den guten Wein fand. Lass nicht Aldo den Wein auswählen, sein Geschmack ist zu süßlich, und er soll auch für dich kochen, oder geh mit ihr ins Restaurant, sie soll bloß keinen Finger rühren. Aldo, der protestierte, dass er sie selbstverständlich niemals arbeiten lassen würde, wurde mit großer Heiterkeit ignoriert.

Draußen vor dem Lokal funkelten Regans Augen energiegeladen. »Es ist so warm hier, nicht mal richtig Winter.«

»Dann können wir ja zu Fuß gehen.«

»Ist es ein kurzes Stück?«

»Nein, ungefähr zwei Meilen, aber es ist ein schöner Spaziergang.«

»Ach, das ist kurz genug.«

Beim Gehen hielt sie seine Hand. Er fuhr mit seinem Daumen über ihre Fingerknöchel, zeigte auf dies und das und jenes. Die Bäume gefielen ihr, sagte sie, wie warm die Sonne ist, im Schatten fühlt es sich ganz anders an. Wie warmherzig ist doch dein Vater. Und die Mitarbeiter im Restaurant sind so nett, sie lieben dich wirklich.

»Ich habe lange Zeit im Restaurant gearbeitet«, erzählte Aldo. »Sie kennen mich.«

»Wie lange ist lange Zeit?«

»Früher bin ich direkt nach der Schule ins Restaurant gegangen und habe meine Hausaufgaben in der Küche gemacht, später habe ich beim Bedienen geholfen. Als ich eine Zeit lang nicht im College war, habe ich dort erst als Kellner, dann als Barmann gearbeitet.«

»Dann ist es für dich wie ein Zuhause.«

»Ja, irgendwie schon.«

»Ich bin froh, dass ich mit dir hierhergekommen bin.«

»Ich auch.«

Sein Vater kam spät nach Hause, so wie immer, aber Regan war nicht müde, sie wollte unbedingt aufbleiben. Zeig mir Fotos, Videos, ich will alles sehen. Das musste sie Masso nicht zweimal sagen. Er kramte seine Fotoalben hervor und zeigte sie Regan. Siehst du, hier ist Rinaldos erstes Fahrrad, hier sein erster Mathewettbewerb, er war immer so gut, ich hatte keine Ahnung. Ich nahm an, dass alle Kinder so wären, ich Dummkopf, ich habe ihm nie geholfen, ich wusste es nicht. Darüber schien Masso traurig zu sein, und Regan beugte sich vor, legte ihm einen Arm auf die Schulter: Du hast so einen guten Menschen großgezogen, Masso, flüsterte sie ihm zu, und Aldo war bedrückt, ihm war zum Weinen zumute, nur Masso drehte sich um und lächelte. Danke dir, Regan, das war nur Zufall, er war schon immer so.

In dieser Nacht berührte Regan ihn, wie sie ihn noch nie zuvor berührt hatte, langsam, liebevoll und lustvoll in ihren Liebkosungen. Sie verweilte, beharrlich, nahm sich Zeit. Zeit, davon hatten sie hier so viel, und das schien sie zu spüren, schien entschlossen, dass auch er das fühlen sollte. Sein Bett war so klein, das ganze Zimmer so klein, aber auch ihre Bedürfnisse waren klein, nur sie beide. Er öffnete das Fenster, und sie blickten versonnen nach draußen zum Mond.

»Wie war das für dich, dass deine Mutter nicht da war?«

»Normal, schätze ich. Ich denke nicht viel darüber nach.«

»Hast du jemals den Wunsch gehabt, sie zu finden?«

»Nein, nicht wirklich. Sie hat meinen Vater traurig gemacht, und meine Großmutter mochte sie nicht. Vielleicht habe ich ein- oder zweimal mit dem Gedanken gespielt, ich weiß nicht, aber dann dachte ich … sie könnte mich finden, wenn sie das wollte.

Sie kannte meinen Namen und den meines Vaters. Wir waren ja nie umgezogen oder so.«

»Oh«, sagte Regan leise.

Er drehte sich ein Stück zur Seite und zog seinen Arm weg, um das Foto von seinem Vater und seiner Mutter aus der Nachttischschublade zu holen. »Ich habe das hier«, sagte er und reichte es Regan, die sich aufsetzte und es entgegennahm, als wäre es etwas Zerbrechliches, das in ihren Händen kaputtgehen könnte. »Es war nicht so, dass ich nicht von ihr gewusst hätte.«

Seine Mutter war schön, dunkelhäutig und entzückend, ihre Haare waren genau, wie Aldos wären, wenn er sie wachsen lassen würde. Er sah sie gern auf diese Weise, für immer jung und in seinen Vater verliebt, das war für jeden ersichtlich. Das, erklärte Aldo Regan, war die einzige Version seiner Mutter, die er benötigte.

Regan gab ihm das Foto zurück, und er legte es wieder in die Schublade.

»Ich möchte dir etwas erzählen«, sagte Regan, »aber das ist total bescheuert.«

»Ich rede die ganze Zeit über bescheuerte Sachen.«

»Nein, du sprichst über interessante Dinge, sie sind nur schräg. Das hier aber, es ist einfach nur … es ist einfach nur so lächerlich. Ich sollte mir gar nicht erst die Mühe machen.«

»Nein, erzähl schon.« Ich will, dass du alles sagst, egal was, ich will deine Gedanken haben, sie in Flaschen abfüllen und sie sicher in meiner Nachttischschublade aufbewahren.

»Okay.« Sie legte ihren Kopf auf seine Schulter, dann richtete sie sich wieder auf. »Nein, warte, ich glaube, ich sollte dich dabei ansehen.« Das helle Mondlicht war wie ein Glorienschein, und sie trug sein T-Shirt. Sie setzte sich zwischen seine Beine und sah in todernst an. »Aldo«, sagte sie und hielt inne.

»Regan?«

»Nein, schon gut, es ist bescheuert.«

Er lachte, streckte den Arm aus, und sein Daumen strich über ihre Wange, als sie ihr Gesicht feierlich in seine Handfläche schmiegte.

»Regan«, sagte er nach einem Moment. »Ich liebe dich.«

Sie schloss die Augen und atmete tief aus.

»Warum klingt es nicht bescheuert, wenn du es sagst?«, murmelte sie, schüttelte mit einem verärgerten Seufzer den Kopf, und dann kuschelte sie sich wieder in seine Arme und schmiegte sich an seinen Oberkörper.

»Wahrscheinlich, weil ich die ganze Zeit über bescheuerte Sachen sage«, erwiderte er. »Du bist daran gewöhnt.«

Er spürte ihr zuckendes Lächeln.

»Bist du jetzt so, weil ich keine Mutter habe?«, fragte er und täuschte feierlichen Ernst vor.

»Ja, ich fühle mein weiches Herz, als ob ich dich aufziehen müsste.«

»Ich bin vollständig großgezogen, Regan, ich brauche keine Pflege.«

»Wirklich nicht?«

Er begriff, dass sie es ernst meinte.

»Warum hast du es getan?«, fragte sie und wich zurück, um ihn ansehen zu können. »Warum hast du versucht, dir etwas anzutun?«

»Das war kein Versuch.«

»War es nicht?«

Auch diese Frage war ernst.

Er seufzte. »Ich weiß nicht. Vielleicht.«

»Warum?«

»Ich bin einfach …« Er dachte an Massos Worte. »So war ich

281

schon immer, glaube ich. Es ist nichts passiert, ich war nicht traurig oder durcheinander wegen irgendwas, ich war nur …«

Einen Moment lang verstummte er, erwog, wie heikel das Thema war, und zog es vor zu schweigen, aber sie klopfte sanft auf seine Brust.

»Erzähl es mir«, sagte sie.

Er hob eine Augenbraue und wandte sich zu ihr. »Es ist bescheuert«, sagte er trocken, und sie seufzte.

»Na schön, also, ich wollte dir sagen, dass ich dich liebe«, sagte sie schroff. »Nun bring deinen Gedanken zu Ende.«

In seinem Brustkorb blähte sich etwas auf und brach seine Rippen. Er fühlte, wie sich die gebrochenen Stellen füllten, wie emporgehoben, und da es eine Gabe gewesen war, nahm er sie schließlich an.

»Manchmal habe ich das Gefühl, auf etwas zu warten, das nie passieren wird«, begann er. »Als ob ich nur von Tag zu Tag lebe, aber es niemals wirklich eine Bedeutung haben wird. Morgens stehe ich auf, weil das meine Pflicht ist, weil ich etwas tun muss, sonst verschwende ich nur Platz, oder weil mein Dad allein wäre, wenn ich nicht ans Handy gehe. Aber es ist mühsam, es kostet mich Kraft. Jeden Tag muss ich mich dazu ermahnen aufzustehen. Steh auf, mach dies, beweg dich so, sprich mit den Menschen, sei normal, versuch, entgegenkommend, nett, geduldig zu sein. Im Inneren fühle ich einfach, ich weiß nicht, gar nichts. Als wäre ich nur ein Algorithmus, den irgendjemand eingerichtet hat.«

Regan schwieg.

»Außer«, gestand Aldo, »wenn ich mich diesen … Süchten überlasse. Obsessionen sagt mein Vater dazu.«

Leise räusperte sie sich. »Wie die Zeit?«

»Ja, wie die Zeit. Oder …« Er brach ab. »Oder du.«

Einen Moment lang sagte sie nichts, und augenblicklich, noch vor ihrem Schweigen, wollte er seine Worte am liebsten zurücknehmen.

»Damit meine ich nicht, dass du eine Obsession bist, entschuldige, das klang verrückt, ich meinte nur …«

»Nein, ich verstehe das«, unterbrach sie ihn. »Ich kapier's, wirklich. Vielleicht mag das ungesund sein, aber scheiß drauf, ich weiß nicht, wer darf darüber entscheiden, was gesund ist und was nicht?«

Sie klang selbstbewusst, nach überlegener Ehrfurchtslosigkeit. »Wir verstehen die Zeit nicht, wie sollen wir also Gesundheit verstehen können, ein Konzept, das wir selbst erfunden haben? Ich empfinde nicht nur anders für dich – ich empfinde *mehr*, sehr viel mehr. Als ob du etwas in mir zum Leben erweckt hättest, das nicht still sein will. Es weigert sich, Ruhe zu geben, und warum sollte es auch? Es ist nicht wie ›Oh, du machst mich so glücklich‹, keines von diesen Klischees. Du gibst mir das Gefühl, dass ich aus einem bestimmten Grund am Leben bin. Dass ich ausnahmsweise nicht einfach nur eine verdammte Zeitverschwendung bin.«

Sie hielt inne, leicht atemlos, und blickte zu ihm.

»Auch wenn es ungesund, obsessiv oder sonst was ist, wen kümmert das schon?«, fragte sie. »Du wirst mir nicht wehtun, oder? Wir tun niemandem weh, wir sind einfach – egal, wir sind verliebt. Scheiß drauf, wir sind verliebt, warum sollten wir das irgendjemandem erklären müssen?«

Sie klang erregt, beinahe zornig. »Du lässt mich ich selbst sein, und ich mag es, wenn du du selbst bist. Warum ist das etwas Schlechtes??«

»Es ist nichts Schlechtes«, erwiderte er.

»Richtig, also entschuldige dich nicht.«

Ihre Tirade war so schnell vorüber, wie sie begonnen hatte. Sie rutschte wieder an seine Brust, schmiegte sich an ihn und sagte mit heiterer Gelassenheit: »Übrigens, ich habe gesagt, dass ich dich liebe. Hast du das gehört?«

In diesen Momenten war sie am gefährlichsten, wenn sie ganz harmlos war.

»Ja«, antwortete er und strich ihr übers Haar. »Ich habe es gehört.«

»Das war die bescheuerte Sache.«

»Ja, das habe ich begriffen.«

»Meine Güte, wir sind schon verkorkst, oder nicht?«

Ja, wahrscheinlich. »Wen kümmert's.«

»Genau.« Sie klang eingebildet. »Außerdem, wenn wir es versauen, kannst du einfach in der Zeit zurückreisen und es in Ordnung bringen, ja? Versprich mir das, Aldo. Wenn wir es versauen und es schlecht ausgeht, dann okay, gut, du reist in der Zeit zurück und sorgst dafür, dass wir uns niemals begegnen. Einverstanden?«

Er nickte.

»Einverstanden«, sagte er, und endlich schien sie zufrieden.

»Einverstanden«, sagte sie noch einmal, und er lehnte seine Wange an ihre Stirn und lauschte ihrer Atmung, während sie langsamer wurde und dann regelmäßig.

Als sie aufwachten, hatte Masso das Haus schon verlassen. Er hatte ihnen eine Nachricht dagelassen, dass er sie abends zur Jahresfeier des Restaurants sehen würde. Während Aldo eine *strata* zubereitete, saß Regan auf der Küchentheke und beobachtete ihn mit ihren dunklen Augen, und während die *strata* im Ofen backte, schob er das T-Shirt ihre Beine hinauf, und sie vögelten leise, wobei ihre Finger seine Haare zerzausten.

Sie küsste seinen Hals, während er die Teller abwusch, sagte zu ihm: Du brauchst wieder einen Haarschnitt. Ihre Zunge fuhr über sein Ohrläppchen, und er seufzte: Hör auf, ich bin nur ein normaler Mann, du wirst bis später warten müssen.

»Okay, okay. Was machen wir heute?«

Er wusste es nicht. Über Logistik hatte er sich noch nie den Kopf zerbrochen, wie zum Beispiel, was man mit dem Tag anfangen sollte, bis er sie kennenlernte.

»Nichts, nehme ich an.«

Sie lächelte, leckte Nutella von ihrem Finger und zog damit langsam seine Lippen nach.

»Perfekt«, erwiderte sie, und er glaubte ihr.

Fünfter Teil

Die
Variablen

Jedes Jahr richtete Aldos Vater Masso für seine Angestellten im Restaurant eine Feier aus und lud sie und ihre Familien zu einem geselligen Abend ein, während er kochte und sie sich unterhielten, als wären sie alle seine Familie. Er begrüßte die Gäste persönlich, sprach ausführlich mit jedem Einzelnen; er öffnete die guten Weinflaschen, brachte einen langen Toast über das vergangene erfolgreiche Jahr aus und forderte alle auf, so viel zu essen und zu trinken, wie sie mochten. Masso war ein liebenswürdiger, warmherziger, gastfreundlicher Mensch, der für Aldo Vater und Mutter gewesen war. Er war in jeder erdenklichen Hinsicht vollkommen anders als sein Sohn, dennoch war für Regan offensichtlich, woher Aldo sein Herz, seine aufmerksamen Augen, seine Gutmütigkeit hatte.

Masso zu beobachten war für Regan, wie sich noch einmal, Stück für Stück, in Aldo zu verlieben. Sie sah Aldos Hände, seine Gesten, wie er stehen blieb und einen Moment lang in die Luft starrte, wenn er nach den richtigen Worten suchte. Die Pausen, die Masso einlegte, waren kürzer, seine Stimme sanfter – er war es deutlich mehr gewohnt, sich zu unterhalten, und er schien eine unendliche Geduld für seine Mitmenschen zu besitzen, wo Aldo dazu neigte, lapidar, reserviert, gehetzt zu sein – und dennoch konnte Regan, inmitten dieser Atmosphäre voller Zuneigung, die vertrauten Züge an dem Mann neben sich erkennen, den das Lob seines Vaters verlegen gemacht hatte. So konnte sie sich von Neuem in ihn verlieben; immer und immer wieder.

Masso nannte Aldo stets bei seinem vollen Namen, Rinaldo, und er sprach von ihm als einem Mann, nicht einem Kind. Als wären sie immer nur zwei Freunde gewesen, die zusammen durchs Leben getaumelt waren, einer mit einer Vorliebe für Essen und der andere mit einer Vorliebe für Mathematik. »Mein Sohn«, sagte Masso, »er war immer schon in seinem Kopf gefangen, klüger, als für ihn gut war, niemand konnte ihn je verstehen. Stellt euch also meine Überraschung vor, als er eine junge Frau mit nach Hause bringt – ja, ich weiß, eine *junge Frau*, und auch noch eine sehr hübsche, wer hätte das gedacht? –, und sie ist hergekommen, um mit uns zu feiern, ist das nicht wunderbar?«

Regan, angeheitert von Wein und Aufmerksamkeit und dem aufreizenden Kitzel von Aldos Hand in ihrer, sprach schnell, die Worte sprudelten aus ihr heraus und ergossen sich in den Strom unbekümmerter Unterhaltung, oder ganz im Gegenteil, Gedanken tauchten blitzartig auf und rasten in ihrem Kopf umher. Aldo sprach wenig, stellte sie nur verschiedenen Gästen vor und beantwortete knapp deren Fragen: »Ja, ich bin gern an der Uni.« – »Wir haben uns im Kunstmuseum kennengelernt.« – »Ja, mein Job gefällt mir.« – »Sie ist Künstlerin, auch wenn sie das immer abstreitet, sie ist sehr gut, du solltest ihre Arbeiten sehen.« Wenn Aldo von Regan sprach, veränderte sich seine Stimme ein wenig, ein Leuchten erhellte sein Gesicht. »Du solltest ihre Arbeiten sehen«, sagte er auf die gleiche Weise, wie jemand anderes hätte sagen können: Komm nach draußen, und sieh dir die Sterne an.

Als sie schließlich bis zum Platzen gefüllt war, zog Regan Aldo an seiner Krawatte (»*Seine Krawatte*! Stellt euch das vor«, hatte Masso, stolz lächelnd, in seinem Toast nachdrücklich betont) in den hinteren Flur des Restaurants und weiter in die Toilette, wo es nach Basilikum roch und wie in Sorrent aussah und wo man das Gefühl hatte, nahe am Meer zu sein.

»Was machst du?«

Als Antwort zog sie ihn an sich und spürte sein Lächeln auf ihren Lippen.

»Hier?«, fragte er.

Regan, die stets für jeden Anlass angemessen gekleidet war, schob seine Hand unter ihr Kleid und spürte sein Schaudern.

»Ah«, sagte er benommen, und während er sie heftig küsste, bekam er diesen schläfrigen Blick des Nachgebens. Diese Augen verrieten ihr, dass er nicht Nein sagen würde (dieser Blick bedeutete, dass er nicht Nein sagen wollte und es daher nicht tun würde), und sie dachte: Diese Empfindung, diese Schmetterlinge im Bauch, dieses Gefühl der Schwerelosigkeit und dieses Rauschen in meinem Blut muss heißen, dass ich glücklich bin. So muss sich Glück anfühlen.

Wie viele Möglichkeiten gab es, Sex zu empfinden, ihn zu erleben, ihn zu beschreiben? Sie dachte an die Notiz in ihrem Handy, die mit flüchtigen erotischen Momenten gefüllt war, und lachte. Wie traurig diese Regan doch gewesen war. Wie bemitleidenswert der Gedanke, sie könnte einfach eine Bildergalerie der Intimitäten anschauen und diese dann in ihrer Fantasie zu ihrer Erregung angleichen. Schon komisch, wie das Verlangen in ihrem Kopf mit Nähe verschmolz; wie sie reine Körperlichkeit mit dem Gefühl von Ganzheit verwechselt hatte. Wie absolut lächerlich ihr das jetzt, da sie so weit gekommen war, doch erschien.

Sie fühlte sich nicht ganz, wenn Aldo in ihr war. Stattdessen fühlte sie sich zersplittert; als würde sie, in seinen Händen, zu unzähligen kleinen Bruchstücken, als würde sie selbst zu einer ganzen Unendlichkeit. Als wären sie und die Ewigkeit und die Allmächtigkeit das Gleiche, oder als könnte die Allmächtigkeit mit seinem keuchenden Atem in ihrem Ohr gleichgesetzt werden. Sie wollte, dass er sie durcheinanderbrachte, sie auszehrte, sie an etwas Niedrigeres, etwas Grundlegenderes übergab. An etwas, das weniger zu rationalem Denken neigte und sich stattdessen auf reine Empfindungen reduzierte.

Sie dachte an das letzte Mal, als sie so im Badezimmer neben dem Waschbecken gesessen hatte. Damals hatte ein Gedanke sie beherrscht: Ich frage mich, ob ich jemals wieder etwas fühlen werde, und sieh sie jetzt einer an – jetzt fühlte sie alles. War das Wachstum? Natürlich war das Wachstum, sie war jetzt nicht zu bändigen. Sie hatte ihre Hülle gesprengt, und ja, sie lebte immer noch in ihrem Körper, und zeitweise auch er, aber sie beide waren mehr als das. Das hier war unermessliche Weite – und war das er? War sie es? Oder sie beide? Vielleicht war es alles zusammen, vielleicht war es alles, vielleicht waren er und sie ein kleiner Sprenkel von allem, wenn sie sich auf diese Weise berührten, an winzige Teilchen in der Luft gebunden. An Dinge, die die Wissenschaft erst noch herausfinden oder benennen oder erkennen müsste.

In diesen Momenten war sie kolossal, das ungeheure Ausmaß ihres Seins war jetzt gleichbleibend unbezähmbar, überschäumend, weil sie in seinen Armen lag; Küss mich noch einmal, bitte, hör nicht auf, o mein Gott, hör nicht auf. Das würde er niemals, er würde es nicht tun, aber dennoch, bitte hör nicht auf, wir werden wieder auf Menschengröße zusammenschrumpfen, wenn wir fertig sind, aber vorerst bleib so mit mir; erkenne die Bedeutung des Daseins, sieh die Existenz durch meine Augen; blinzele nicht, sonst könntest du es verpassen. Ich verblasse neben der Glückseligkeit in diesem Zimmer, Aldo, sie hat mich überwältigt. Sie hat mir das Gefühl gegeben, so unendlich klein zu sein; du musst mir helfen, mich wieder an das Gefühl ungeheurer Größe zu erinnern.

Schließlich machte er seinen Hosenschlitz zu, sie richtete ihre Haare, er küsste sie in den Nacken und schlüpfte aus der Tür, nachdem sie ihren Lippenstift von seiner Wange gewischt und gesagt hatte: Bis gleich.

Sie sah ihn aus der Toilette gehen, dann wandte sie sich ihrer Eitelkeit, ihrem Spiegelbild über dem Waschbecken zu. Sie starrte sich im Spiegel an und dachte: Meine Augen sind zu groß, jeder wird wissen, dass ich alles gesehen habe, sie werden wissen, dass ich in das Universum selbst vorgestoßen bin. Sie werden mich ansehen und denken: Dieses arme Mädchen, sie weiß zu viel, sie kann nicht mehr zurück.

»Ich kann nicht mehr zurück«, flüsterte sie zu sich selbst und frischte eine Locke auf, indem sie sie um ihren Finger wickelte.

Okay, sagten ihre großen Augen, okay, gut.

Dann mach einen Schritt nach vorn.

»Rinaldo«, sagte Masso mit einem leichten Lächeln, als Aldo auf ihn zukam. »Wo bist du gewesen?«

Dad, das kannst du dir unmöglich denken. Ich war überall und alles, in ihr drin, außerhalb ihres Körpers, und endlich habe ich begriffen, wie es ist, außerhalb meines eigenen Verstands zu existieren.

»Toilette«, antwortete Aldo und rückte seine Krawatte zurecht, woraufhin Massos Lächeln ein wenig verblasste und seine Finger fester das Weinglas in seiner Hand umklammerten, als hätte die ungewisse Freude, die er noch einen Moment zuvor empfunden hatte, ihn nun ernüchtert und wäre wie ein schützender Umhang von seinen Schultern gerutscht.

»Rinaldo.« Masso wandte sich ab und blickte aus dem Fenster, und Aldo konnte die silbergrauen Strähnen im Haar seines Vaters sehen. Tommaso Damiani war jetzt Mitte fünfzig, und er gewann mit den Jahren, wie erlesener Wein. Diesen Witz hatte

Aldo in jede Geburtstagskarte für ihn geschrieben, aber es war die Wahrheit. Masso hatte sich gut gehalten, ein edler Tropfen.

Damiani war ein seltener Spitzenwein, und Aldo hatte ihn immer bewundert. Genau aus diesem Grund hatte er jetzt ein Engegefühl in der Brust, als sein Vater sagte: »Bist du dir sicher?«

»Worüber sicher?«

»Über, ich weiß nicht, alles.«

Aldo, der es auf dem Gebiet des Wunderns mit äußerst minimaler Aussicht auf Gewissheit zum Meister gebracht hatte, schüttelte den Kopf. »Ich weiß nicht, wovon du sprichst, Dad.«

»Entschuldige, ich weiß, ich …« Masso kratzte sich mit einer Hand die Wange. »Ich weiß es auch nicht.«

»Na, dann versuch's mal«, schlug Aldo vor. »Du kannst besser mit Worten umgehen als ich.«

Masso verzog kopfschüttelnd den Mund. »Ich mache mir Sorgen um dich, Rinaldo.«

»Du machst dir immer Sorgen um mich. Auch wenn ich dir immerzu sage, dass das nicht nötig ist.«

»Ja, aber jetzt … sieht meine Sorge um dich anders aus.«

Aldo steckte eine Hand in seine Hosentasche. Er verstand das Konzept von Veränderung, von Variablen. Es gab einen offensichtlichen, nicht zu übersehenden Unterschied zwischen damals und heute.

»Ich dachte, du würdest sie mögen«, sagte er leise, und Masso nickte.

»So ist es auch. Ich mag sie sehr, sie ist toll.«

»Aber?«

»Sie ist«, begann Masso und hielt dann inne, drehte sich um, damit er Aldo offen ansah. »Sie ist zu schnell für dich.«

Ganz offenkundig war Sex in der Toilette nicht die beste Idee, was er sich hätte denken können. »Dad, wir leben nicht mehr in den Fünfzigern …«

»Nein, ich meine nicht … so meinte ich das nicht.« Masso zog eine Grimasse. »Ihr Verstand, ihr Charakter, was sie ist. Sie ist, ich weiß nicht.« Er zuckte die Achseln. »Sie bewegt sich viel schneller als du.«

»Aber du hast doch gesagt, dass ich endlich jemanden gefunden habe, der mit mir mithalten kann.«

»Ja, schon klar, und in vielerlei Hinsicht tut sie das auch, aber sie bewegt sich auch zu schnell für dich. Ich mache mir Sorgen.« Masso atmete widerwillig aus, als wollte er nicht derjenige sein, der die Botschaft überbrachte, aber Pech, es war nun mal kein anderer da. »Ich mache mir Sorgen, dass du – wenn du versuchst, mit ihr mitzuhalten – ausbrennst, Rinaldo.«

»Das verstehe ich nicht.«

Jetzt schien es Aldo, dass sein Puls zu schnell ging, sein Mund zu trocken war, und Masso sah ihm ernst ins Gesicht.

»Rinaldo, wir beide wissen, dass du nicht wie jeder andere bist«, sagte Masso sanft. »Auch wenn wir nicht oft darüber sprechen, wissen wir es doch, oder? Du bist, wie soll ich sagen, fragiler«, sagte er und zuckte leicht zusammen. Plötzlich fühlte Aldo sich starr, als würden seine Knochen zersplittern, wenn er sich in Bewegung setzte. »Du brauchst Stabilität. Jemanden, auf den du dich verlassen kannst, bei dem du weißt, wie er reagieren wird. Regan hingegen ist impulsiv.«

Ja, Dad, das weiß ich. Wenn sie ein kleines bisschen weniger impulsiv wäre, dann wäre sie nicht mit mir zusammen, und ich hätte nie erfahren, was sie ist oder wie es sich anfühlt, sie in den Armen zu halten. Ich hätte niemals erfahren, wie es ist, ausnahmsweise wichtig zu sein, zum ersten und zum einzigen Mal für mich überhaupt.

»Vielleicht brauche ich jemand Impulsives«, sagte Aldo.

Masso schüttelte den Kopf. »Nicht diese Art von Impulsivität.«

»Das kannst du nicht wissen.«

»Nein, vielleicht nicht, da könntest du recht haben.« Massos Stimme klang bitter. »Ich weiß nur, dass ich früher einmal eine Frau wie Regan geliebt habe, die die Welt wie sie gesehen hat: wie eine Flamme, die sie nicht zwischen den Fingern halten kann. Ich weiß nur, dass eine solche Frau keine Angst hat zu brennen. Sie wird dich da mit hineinziehen und selbst wieder lachend herauskommen, aber du nicht. Ich weiß nur, dass ich nicht weiß, was ich tun werde, Rinaldo, wenn du irgendwie verletzt wirst …«

»Dad, das ist … Das kannst du nicht ernst meinen.«

Doch Masso war immer ernst. »Wird sie sich irgendwo niederlassen, Rinaldo?«, bestürmte er ihn. »Ein geordnetes Leben, eine Familie, Stabilität – will sie irgendetwas davon?«

»Keine Ahnung, Dad. Das kann ich unmöglich wissen.«

»Aber irgendjemand muss es für dich wissen, irgendjemand muss für dich diese Fragen stellen.« Er packte Aldo am Arm und zog ihn ein Stück entfernt in eine Ecke. »Wo sind wir in der Zeit, Rinaldo?«

»Ich …« Für einen Moment war ihm schwindelig. »Dad, ich dachte …«

»Wir sind im *Jetzt*, Rinaldo.« Ganz entgegen seiner Art ließ sein Vater nicht locker. »Sieh dich um, orientiere dich. Du bist ein erwachsener Mann, sie ist eine erwachsene Frau, und du musst dich beschützen, denn sie wird das nicht tun. Sie ist klug, sie ist schön, sie ist talentiert, ja. Sie ist intuitiv und liebenswürdig, wunderbar. Deine Mutter war auch so, und Regan ist so ruhelos wie sie. Das sehe ich an der Art, wie sie sich bewegt, wie sie dich ansieht, es kommt mir sehr vertraut vor.«

Augenblicklich fing Aldo an zu rationalisieren, zu unterteilen

und Dinge in Schubladen von *ähnlich* und *unähnlich* zu packen.
»Regan ist nicht Mom.«

»Natürlich nicht, keine zwei Menschen sind gleich. Aber ich erinnere mich, wie es war, alles auf einmal zu spüren, deshalb muss ich dir das sagen«, erklärte er drängend, »und ich habe die Bruchstücke meines Ichs nie wieder ganz zusammenkleistern können. Und jetzt weiß ich einfach nicht. Ich weiß nicht, ob ich mit ansehen kann, wie du das Gleiche tust.«

Irgendwo im Restaurant rief jemand Massos Namen, und schallendes Gelächter prallte von der Stelle ab, wo sie beide standen. Aldo blickte über die Schulter und erhaschte Regans Silhouette; sie hatte ebenfalls die Toilette verlassen und lächelte, als jemand ihre Hand nahm und sie bewunderte, wahrscheinlich mit den Worten: Wie hübsch du bist, und wahrscheinlich antwortete Regan: Oh, nein, nicht solchen Unsinn, als hätte sie nicht genau das jeden Tag, jede Stunde, jede Minute ihres Lebens gehört.

Sie hob den Kopf, begegnete seinem Blick, lächelte. Sie zeigte auf ihn, ihre Lippen öffneten sich, um etwas zu sagen wie: Dort ist er.

Dort ist sie, dachte Aldo.

Masso räusperte sich und folgte dem Blick seines Sohns. »Rinaldo, hör zu …«

»Du irrst dich, was Regan angeht«, sagte Aldo, als er sich wieder zu seinem Vater wandte.

»Sicher, du hast recht, sie ist impulsiv«, aber das ist eine einfache Schlussfolgerung, zu einfach, es ist nicht die Summe aller ihrer Teile, »aber sie ist nicht wie Mom.«

Er sagte in heiterem Ton: Mach dir keine Sorgen, Dad, ich habe dich gehört, aber das hier ist anders.

Doch er dachte mit unumstößlicher Gewissheit: Ich bin schon mein Leben lang auf Probleme gestoßen, die meinem Wesen geschadet haben, Dad, aber bis jetzt hat mich noch nichts davon zerstört. Wenn ich immer noch hier bin, dann ist es sicherlich für irgendetwas gut.

Wenn ich immer noch hier bin, Dad, dann, bitte. Lass zu, dass es für etwas gut war.

»Ich mag sie, Rinaldo, wirklich, ich denke nur …«

»Du machst dir Sorgen, ich weiß«, erwiderte Aldo und winkte Regan von Weitem herbei. »Aber lass es einfach.«

Sie gesellte sich zu ihnen; er schlang einen Arm um ihre Taille; sie lächelte, und er küsste sie auf die Wange.

»Worüber unterhaltet ihr zwei euch?«

Wenn es sich so anfühlt zu verbrennen, dachte er, dann werde ich als zerstreute Asche mehr wert sein als irgendeines meiner unversehrten Einzelteile.

»Über dich«, antwortete er, und sie lächelte, lehnte sich an seine Schulter, als wollte sie sagen: Okay.

Okay, dann lass uns das machen.

———

Da Regan befürchtete, länger zu bleiben, als sie willkommen war, kehrte sie eine Woche vor Aldo nach Chicago zurück. Sie würde wieder in der Normalität leben, etwa ihre Kleidung waschen, Lebensmittel einkaufen, allerlei Besorgungen erledigen. Einen Termin für den jährlichen Kontrolltermin bei der Frauenärztin ausmachen. Sie würde ihre Führungen im Art Institute wieder aufnehmen. Vielleicht würde sie sich bei Marc zurückmelden, wenn auch widerwillig. Möglicherweise würde sie auch ihre Mutter anrufen, gleichmütig. Alle Tätigkeiten, die für eine Annäherung an ein normales Leben erforderlich waren, würde sie verantwortungsvoll erfüllen.

Letztlich erledigte sie nur eine dieser Aufgaben. Die Anrufe blieben unerwidert, und auch der Pap-Abstrich würde warten müssen. Ohne Aldo verspürte Regan Unruhe, Rastlosigkeit, ja beinahe so etwas wie Waghalsigkeit oder vielleicht noch weit mehr. Ein pulsierendes Gefühl der Leere beherrschte sie, wie die flimmernde Anzeige eines Neonschildes. Geschlossen, geöffnet, Zimmer frei, Zimmer belegt. Sie fühlte sich wie eine Tür, die auf- und wieder zuschwang, die Dinge kamen und gingen, und sie war nur die Telefonistin, die sagte: Bitte bleiben Sie dran. Mit ihren wenigen Besitztümern saß sie auf dem Fußboden ihres Ateliers und dachte: Ich sollte in ein Flugzeug steigen, ich kann nicht mehr ohne ihn sein, wenn ich ihn lieb darum bitte, wird er Ja sagen.

Ein Teil von ihr war von der Idee eines *Notfalls* begeistert. Ja, ein Notfall, dachte sie, der würde ihn zweifellos nach Hause bringen. Sie dachte an eine Lungenentzündung, damit könnte sie sich leicht infizieren. Es genügte, nach draußen zu gehen und einige Minuten lang in Schnee und Eis stehen zu bleiben, bis sie am ganzen Körper blau wurde. Sie stellte sich vor, wie man sie fand, bewusstlos, und die Notrufnummer gewählt wurde. Armes Mädchen, Aldo saß mit seinem Vater zusammen, wenn er den Anruf erhielt, das Handy fiel ihm aus der Hand, und er schrie seinen Vater an: Ich muss gehen, auf jeden Fall, sie braucht mich, und ich brauche sie!

Selbstverständlich wollte Regan nicht *sterben* – keine *dermaßen* akute Gefahr. Sie wünschte sich nur einen einigermaßen zwingenden Grund, der ihn darüber nachdenken ließe, wie kostbar die Zeit war und dass jeder Moment an ihrer Seite verbracht werden sollte, sie beide zusammen. Irgendwann kehrte allerdings ihre Fähigkeit zum rationalen Denken zurück, und sie erinnerte sich daran, dass sich in den Verkehr zu stürzen und von einem Auto angefahren zu werden (»MASSO, ICH MUSS GEHEN, SIE LIEGT IM KRANKENHAUS, UND WENN ICH SIE JETZT VERLIERE, WAS SOLL ICH DANN TUN, WAS

SOLL AUS MIR WERDEN?«), eine sehr unangenehme Erfahrung und wahrscheinlich die Sache nicht wert wäre. Nein, vielleicht wäre es die Sache wert, aber welchen Sex konnte man mit einem gebrochenen Bein haben? Warte einfach, ermahnte sie sich selbst, warte einfach.

Von ihren ganzen Vorsätzen schien die Rückkehr ins Art Institute der einzige zu sein, den sie umsetzen konnte, hauptsächlich weil sie dachte, sie könnte in die Waffensammlung gehen und dort Aldo sehen, wenn sie ein Hologramm von ihm aus ihrem Gedächtnis auf den leeren Fußboden projizierte. Verzeihung, aber du kannst hier nicht sitzen, würde sie in Gedanken sagen, und er würde sich umdrehen und erwidern: Das ist nicht erlaubt?, und sie würde sagen: Bitte, das hier ist ein Museum, und er würde sie in ihre Arme schließen, und ohne zu zögern, würde er sie im Stehen nehmen, während er sie an die Wand gedrückt hielt. Er würde sie langsam vögeln, quälend, den Blick immer fest auf sie gerichtet. Er würde sagen: Ich bin hergekommen, um mir Kunst anzusehen, um etwas zu bewundern, du bist hier, also werde ich staunen.

Zu ihrem Missvergnügen ließ ihr die Realität wenig Zeit für Fantasien. Etliche ihrer ehrenamtlichen Kolleginnen und Kollegen waren zur gleichen Zeit wie die Touristen im Urlaub, weshalb Regan größere Gruppen und mehr Führungen hatte und gezwungen war, endlos über dieses oder jenes Gemälde zu sprechen. Es war monoton, und das war es immer gewesen; genau aus dem Grund hatte sie diese Aufgabe gewählt: um Monotonie heraufzubeschwören. Früher einmal hatte das beruhigend auf sie gewirkt, doch jetzt war es mit der bizarren und irrigen Hoffnung infiziert, dass sie inmitten der Menge Aldo entdecken würde, der verwundert die Stirn runzelte. Bei den Führungen begann sie, so zu sprechen, als *würde* er wirklich dort stehen, und gab Antworten auf

Fragen, die er vielleicht gestellt hätte. Was ist auf diesem Gemälde dargestellt, wie soll man sich dabei fühlen, was macht dieses Bild zu einem Meisterwerk, warum hat es genau diese Größe, warum wurde es auf diese Art ausgeleuchtet, warum dieser Rahmen gewählt? Sie merkte, wie sie ihrer – größtenteils desinteressierten Zuhörerschaft – technische Einzelheiten einbläute. Die Teilnehmer wünschten sich Gossip, Pikanterien, postkartengroße Fakten, die sie Freunden und Familie weitererzählen konnten, wie zum Beispiel: Wusstest du, dass dieser Künstler *monatelang* nichts anderes als Heuhaufen gemalt hat? Karen, hast du gewusst, dass dieser Künstler *drogenabhängig* war? Wirklich, Jennifer, Kunst ist für die Verrückten.

Währenddessen konnte Regan nur an Aldo denken, an die Dinge, die nur er sehen und nur er verpassen würde, die vielen Einzelheiten, die sie ihm so gern zeigen wollte. Nein, nein, Monet hat die Alltäglichkeit nicht einfach um ihrer selbst willen gemalt, Aldo, er wollte damit die *Flüchtigkeit des Lichts* zeigen, siehst du das nicht? Er malte Wunder, er malte … Scheiße, Aldo, er hat die ZEIT gemalt! Am liebsten hätte sie es laut herausgeschrien, ihn augenblicklich angerufen: Monet, auch er ist besessen von der Zeit, nur denkt er an sie als Licht, als Farbe. Sieh dir diese verdammten Heuhaufen an, Aldo! Wer würde so etwas tun??! Wer würde so etwas tun, außer diese Künstler, die wie du versuchten, die Weise zu begreifen, in der die Zeit vergeht, die nach Ausdrucksformen suchten, die sie sich ein Leben lang zu verstehen bemühten?

Seinetwegen fühlte sie sich anders, enorm verändert, und daher frustrierte es sie, dass ihre Reflexe immer noch die gleichen waren. Es machte sie wütend, dass sie weiterhin beobachtete, wer in der Menge attraktiv war oder wessen Schwanz es höchstwahrscheinlich wert war, zeitweilig in Erwägung gezogen zu werden. Hin und wieder fiel ihr quälend auf, wie sie überlegte, ob der Mann, der nicht besonders verstohlen über den Gang mit den Weinen in ihre Richtung starrte, ein akzeptabler Zeitvertreib wäre, ob er den ständigen Widerhall in ihrem Kopf beruhigen könnte. Immer noch beherrschten sie die Bilder, wie sie einen namenlosen Mann in eine dunkle Ecke zog, nur dass sie ihm jetzt zuflüsterte: Sorg dafür, dass das hier gut wird, enttäusch mich bloß nicht, du hast keine Ahnung, was es mich gekostet hat.

Jetzt, in ihren Nach-Aldo-Fantasien war sie der raue, ungalante Part. Diesen Männern sagte sie rundheraus: Sieh zu, dass du mich zum Höhepunkt bringst, sonst ist das hier Zeitverschwendung. Dann stürmte Aldo herbei, zeigte voller Abscheu mit dem Finger auf sie und sagte: Ich hab's gewusst, ich wusste, was du warst, wie konntest du nur, Regan? Und sie jagte ihm hinterher, klammerte sich an ihn und bettelte um Vergebung. Er stieß sie erbarmungslos fort, und selbst das genoss sie perverserweise. Wieder stieß er sie zurück und floh, und sie gierte, wie ein ausgezehrter Junkie, nur umso mehr nach ihm.

Nach einer Woche begannen ihre grotesken Fantasien sich darum zu drehen, dass er sie verließ. Regan, wie konntest du das tun? Aldo, bitte, bitte, es tut mir so leid. Regan, du widerst mich an. Aldo, das kannst du doch nicht wirklich meinen! Regan, du bist toxisch, du machst mich krank. Aldo, Aldo, wenn du weggehst, was passiert dann mit mir?

Sie wollte weinen, musste zwanghaft leiden. Meine Güte, dachte sie, du hast wirklich ein Scheißproblem, und daher ließ sie ihre ganze Verrücktheit beiseite, wenn sie mit Aldo telefonierte. Bei ihm versuchte sie, allen ihren Wörtern einen schönen, sinnlichen Klang zu geben, als malte sie mit ihrer Stimme für ihn. Kein Wort von ihren verderbten Fantasien oder der Abscheu, die sie dagegen und gegen sich selbst empfand.

»Ich vermisse dich«, sagte sie, als ob Vermissen sexy wäre. Sie spann ihre Stimme in das Bild von ihr, wie sie sich, die Beine einladend gespreizt, auf Satinbettlaken rekelte. Ihr Gefühl des Vermissens formte sie zu etwas sehr viel weniger Hässlichem, als es in Wahrheit war. (Sie war einsam, bedürftig, tieftraurig. Das war nicht wirklich süß.)

»Ich vermisse dich auch. Bald bin ich wieder zu Hause.« Sein Vermissen war warmherzig, wie ein Golden Retriever. *Bald bin ich wieder zu Hause.* Sobald er das gesagt hatte, konnte sie sich endlich entspannen und sich aufrecht setzen, den imaginären seidenen Morgenrock auszuziehen, den sie sich mit der Stimme umgelegt hatte und zu sich selbst in ihren Yogapants, ihrem Kaschmirpulli zurückkehren, und den dicken Socken, denn verdammt noch mal, Chicago war kalt im Winter.

Ihre kleine Astralreise beendete sie mit einer widerwilligen Rückkehr zur Körperlichkeit, und dann sagte sie: »Aldo, schick mir nur ein Foto von deinem Schwanz oder so«, und er lachte.

»Regan, allmählich fühle ich mich ein wenig benutzt«, erwiderte er, und sie lächelte und sehnte sich nach ihm und stellte sich vor, wie er ihr eine banale Haushaltsschere ins Herz stach.

Silvester ging sie aus, hauptsächlich aus Langeweile, und traf zufällig Marc. Wenn man so lange Zeit den gleichen Bereich der Stadt geteilt hatte, blieben keine Orte mehr, die einem ausschließlich allein gehörten. Erst nutzte man sie gemeinsam, und dann vergaß man, sie untereinander aufzuteilen, nachdem alles zu Ende war. Sie wusste die Dinge, die er wusste, und umgekehrt, daher war er natürlich in derselben Bar, warum hatte sie's überhaupt versucht.

Als er sie erblickte, zog er eine verdammte Line Koks direkt in ihre Richtung.

»Wie ich sehe, bist du allein hier.«

»Ja, aber im Grunde nicht.«

»Du fickst also wirklich diesen Mathe-Nerd?«

»Ich ficke ihn nicht, Marc, ich bin mit ihm zusammen.«

»Und wo ist er dann?«

»In Los Angeles bei seinem Vater.«

»Er hat dich an Silvester allein gelassen?«

»Manchmal sind andere Dinge wichtiger als Sex an Neujahr.«

»Da bin ich anderer Meinung.«

»Schön, fick dich.«

»Möchtest du gern?«

»Mein Gott.«

»Gib's zu, Regan. Er kann dir nicht geben, was ich dir geben kann.«

»Du glaubst, dein Schwanz sei etwas Besonderes, Marcus? Denn das ist er nicht, es ist nur ein Schwanz.«

Wenn Aldo hier wäre, dachte Regan, würde er etwas darüber sagen, dass Sex eine simple Formel sei. Es war nicht einmal komplexe Mathematik, dieser verrückte Kram mit den Funktionen. Es war nur Penetration und Klitorisstimulation, easy. Nichts war leichter. Marc verdiente seinen Lebensunterhalt als Babysitter für reiche Ärsche. Aldo löste die Geheimnisse des Universums. Wo zum Teufel war da der Vergleich?

»Ich dachte, du wolltest die Beziehung friedlich beenden? Hast du nicht gesagt, wir sollten Freunde sein?«

»Das sagt man halt so, Marc. In meinem ganzen Leben war ich noch nie friedlich.«

»Sieh mal an, wie sauer du bist, das ist ja entzückend. Bist du bereits wieder unsicher, was deine Beziehung angeht, Regan?«

Großartig. Jetzt psychoanalysierte er sie auch noch.

Sie erwiderte nichts.

»Ich habe es dir gesagt, Regan, er ist nur scheinbar eine gute

Idee. Du magst nur die *Idee* von ihm. Aber irgendwann wird dir wieder einfallen, dass wir nicht nur eine Idee sind, wir sind echt. Irgendwann wirst du es satt sein, dich so sehr für dieses Wunschbild zu verausgaben, das der Herr Professor von dir hat.«

»Ich muss nicht seinen Wünschen entsprechen.«

»Ah, sicher.« Marc lachte. »Er liebt dich so, wie du bist, natürlich. Weil er, verdammt noch mal, nicht weiß, was du bist.«

»Und was bin ich?«

»Keine Ahnung, das weiß keiner, aber er weiß es verdammt noch mal sicher nicht.«

Ein Zorn packte sie, den sie nicht verstand; eine Wut, die sie nicht richtig lenken konnte.

»Warte nur, Regan, bis er aus dir schlau geworden ist. Anfangs bist du kompliziert, aufregend, aber irgendwann bist du nur noch ein Muster. Du fühlst etwas, du schlägst wild um dich. Du wirst wieder sanft, denn du willst nicht allein sein, und dann bist du wieder völlig das Traumgirl. Du glaubst, du willst Sex? Den *willst* du nicht, Regan, du *brauchst* ihn. Du brauchst ihn als Erinnerung daran, dass dich jemand liebt, und das kannst du nur glauben, wenn Sex im Spiel ist. Das ist alles, das ist es, was dich ausmacht, oder? Du brauchst das Gefühl, geliebt zu werden, du brauchst jemanden, der dich für perfekt hält, du hasst es, an deine Fehler erinnert zu werden. Ich habe es schon herausgefunden, deshalb hast du jemand anderen gebraucht. Jemand Neuen. Und wenn *er* dich durchschaut hat, wirst du einfach den Nächsten finden. Du bist geil auf den Betrug, Regan. Du liebst den Betrug, aber das beruht nicht auf Gegenseitigkeit, du bist nicht gut genug im Betrügen. Dein Spiel ist nicht mehr so amüsant, wenn es immer wieder der gleiche Scheiß ist.«

Das alles sagte Marc, oder sie dachte, dass er es sagen würde. Die Worte drangen in ihren Kopf und wieder heraus, und als er fort war, hatte sie immer noch nichts erwidert. Sie ging vor die Tür, suchte nach ihrem Handy und rief Aldo an.

»Ich bin kein Spiel«, erklärte sie ihm.

»Ich weiß, dass du kein Spiel bist«, erwiderte er verwirrt und fragte dann: »Wo bist du?«

Sie hatte einen Notfall heraufbeschworen, erkannte sie, plötzlich schamerfüllt. Sie hatte ihn inszeniert, aufgeführt, genau wie es ihre Absicht gewesen war. Scheiße, sie war wirklich leicht auszumachen.

»Ich bin auf dem Weg nach Hause«, antwortete sie. »Mir geht's gut, wirklich gut. Ich wollte nur deine Stimme hören.«

Sie hatte die Krisensituation entschärft. Gut gemacht, Regan. Lass ihm noch einen Tag im Glauben, du wärst beinahe normal.

»Ich liebe dich«, sagte Aldo.

Das hat Marc auch immer gesagt, dachte sie.

»Ich liebe dich. Komm bald nach Hause.«

»Ich komme morgen, wenn du das willst. Meinem Dad geht es gut, und außerdem hat er eh viel mit dem Restaurant zu tun.«

»Nein, ich … mir geht's gut, Aldo, schon in Ordnung.«

Aldo, ich weine, wenn es regnet, manchmal breche ich Streit vom Zaun und weiß nicht, warum. Ich blicke zum Himmel und fühle diese unerklärliche Furcht. Ich habe Angst, dass alles zu Ende geht; hast du auch je solche Ängste? Nein, du ängstigst dich nie, du hast Zahlen und Gedanken und dein Genie, um dich warm zu halten. Du brauchst mich nicht, aber ich brauche dich, und so wird es immer sein zwischen uns, so ungleich. In Dankbarkeit werde ich mich an dich klammern, und du wirst immer liebenswürdig sein, so bist du einfach. Du wirst mich gewähren lassen, aber irgendwann werde ich dich unglücklich machen, und dann wird es an mir sein fortzugehen, denn du bist viel zu gut, um mir das Ende zu bescheren, das ich, wie wir beide wissen, verdient habe.

»Kann ich vielleicht zu dir zurückkommen?«, fragte sie ein klein wenig schüchtern, und er lachte.

»Natürlich. Fehlt dir Masso?«

»Ja, Masso fehlt mir.« Er fühlt sich mehr nach zu Hause an als mein Elternhaus, er ist freundlicher als mein Vater. »Ich will Käse.«

»Ich kann Käse für dich auswählen.«

»Ich könnte jetzt sofort ins Flugzeug steigen.«

»Könntest du, aber es ist spät. Bist du sicher, dass du okay bist?«

Einen Moment lang war sie still.

»Ich glaube, im Grunde möchte ich nicht wieder nach Los Angeles kommen«, sagte sie. »Ich möchte nur zu der letzten Woche zurückkehren.«

»Aha.« Er dachte darüber nach. »Okay, dann sind wir in der letzten Woche.«

»Zusammen?«

»Natürlich. Es ist doch letzte Woche, oder nicht?«

»Welcher Moment in der letzten Woche?«

»Sag du's mir.«

»Okay. Okay.« Sie fummelte, spielte mit den Perlen an ihrem Kleid herum. Draußen war es kalt, und sie fing an, hin und her zu laufen, denn an Silvester in River North ein Taxi zu bekommen, war schlichtweg unmöglich.

»Wir haben diesen Tag, als du mit mir zum Strand gefahren bist«, sagte sie. Der Pazifik war nicht sehr nah an Pasadena; es war eine tagesfüllende Angelegenheit, hin- und wieder zurückzukommen, und das Wasser war nicht besonders warm. Gewiss nicht warm genug, um zu baden, aber sie ging trotzdem hinein, mehr oder weniger. »Ich stehe mit den Füßen im Meer, und du grinst mich an wie ein Vollidiot.«

»So habe ich nicht gegrinst.«

»Doch, Rinaldo, das hast du.«

»Nein, ich meinte – ich habe nur versucht, dich dort zu behalten, den Moment in meinem Kopf zu verlängern. Vermutlich war mir gar nicht bewusst, dass ich gelächelt habe.«

Die Vorstellung, dass er das Glück nicht erkannte, selbst wenn er es fühlte, fand sie irgendwie beruhigend. Es war trostreich zu wissen, dass er ebenso dumm und ein hoffnungsloser Fall war wie sie selbst.

»Du willst wissen, was ich gedacht habe?«, fragte sie.

»Erzähl's mir.«

»Ich habe gedacht, dass Sex am Strand wahrscheinlich überbewertet wird.«

Er lachte. »Ja?«

»Ja, überall kommt nur Sand rein, und außerdem war es das erste Mal, dass ich keinen Sex mit dir wollte.«

»Autsch.«

»Nein, ich meine … nicht so.« Sie zog den Mantel fester um ihren Körper. »Ich dachte gerade an das Gefühl, als das Wasser gegen meine Fußknöchel schlug, wie es mich fortreißen könnte. Ich dachte daran, wie leicht man verschwinden, in die Wellen gerissen und für immer verloren sein könnte, aber du standest genau dort, und ich dachte … ich muss nur den Arm ausstrecken.«

Sie konnte sein Schweigen spüren. In ihrer Vorstellung zog er den Schatten von etwas Fremden und Unverständlichen auf ihrer Haut nach, alte Schriftzeichen, die für alte Konzepte standen.

»Ich versuche, morgen einen Flug zu ergattern«, sagte er.

Jäh stieß sie Atem aus, wie einen Schluchzer.

»Das musst du nicht tun.«

»Also, keiner weiß, ob's mir gelingen wird, aber dennoch würde ich's gern machen. Du fehlst mir.« Jedes Wort, jeder Satz aus dem Mund von Rinaldo Damiani war ein Fakt, und mit der gleichen faktischen Autorität sagte er nun: »Bleib bei mir am Handy, bis du zu Hause bist.«

Bleib, bleib, bleib.

Regan trat auf die Straße und beobachtete das Licht der Straßenlaternen, das auf dem feuchten Asphalt schimmerte. An dem Tag hatte es plötzlich heftig geschneit, und nun waren nur Straßenglätte und Salz geblieben. Jede Bar hatte schmutzig-nasse Fußböden, Vorsichtsschilder, Schneematsch und verschüttete Drinks unterhalb des Lärms lautstarker Stimmen. Der dunstige Glanz von Rot, Gelb, Grün zu ihren Füßen blinkte und blitzte, die sich widerspiegelnden Scheinwerfer, die sie für einen Moment dort, wo sie stand, blendeten.

»Aldo«, sagte Regan, »was ist der Äther?«

»Das, wovon die Menschheit früher angenommen hat, dass das Universum damit gefüllt ist«, erklärte er. »Sie glaubten, das Licht müsse sich durch etwas hindurchbewegen, erst Einstein bewies, dass Licht aus Partikeln bestehen kann, die kein Trägermedium benötigen. Und davor«, fügte er hinzu, »war der Äther die Luft im Reich der Götter. Eine glänzende, flüssige Substanz.«

»Wenn die Leute also sagen, wir sind allein im Äther …«

»… sind wir überall allein. In Zeit und Raum, in der Existenz, in der Religion.«

»Aber«, sagte sie und hielt inne. »Aber die Bienen.«

Sie war sich sicher, sein Lächeln fühlen zu können.

»Ja«, sagte er, »die Bienen«, und sie spürte, wie der Stein auf ihrem Herzen ein wenig leichter wurde, das Meer, das bis zu ihren Knöcheln angestiegen war, schwoll mit der Ebbe ab.

In dieser Nacht, während des Jahreswechsels, nahm Regan einen Pinsel in die Hand, band ihre Hand zusammen und blickte auf die unberührte Leinwand, wobei sie die Leere beobachtete, als wäre auch die ein Objekt. Sie lief im Raum auf und ab, schob das Bett zur Seite, stellte die Utensilien rund um die Leinwand um, die in der Mitte von allem stand.

Okay, sagte sie zu sich selbst, was nun?

(Warte nur, Regan, bis er dich durchschaut hat.)

Sie schloss die Augen.

Ich bin kein Spiel, dachte sie, atmete tief aus und flehte die Zeit an, langsamer zu werden.

Gnädigerweise erfüllte die Nacht ihr diese Bitte.

Gewohnheiten, hatte Aldo immer gedacht, waren die Antithese der linearen Zeit. Zum Beispiel bedeutete ein gewohnheitsmäßiges Leben, die Zeit im Kreis zu erleben, als würde man immerzu seinen eigenen Schwanz jagen, dieses Mal ist das Gleiche wie das Mal, ist das Gleiche wie jenes Mal. Vor Regan waren Aldos Tage genau gleich gewesen, einer so sehr der Durchschlag des anderen, wie es für ihn umsetzbar gewesen war. Montag überlagerte Dienstag überlagerte Mittwoch; Donnerstag war eine abgepauste Zeichnung der anderen Tage und so weiter, mit nur schwachen Verkrümmungen an den Rändern – wo er etwas anderes zum Frühstück aß oder auf dem Nachhauseweg von der Uni eine Ampel überfuhr –, die den Verlauf der Zeit markierten. Durch seine bloße Existenz im Halo der Gewohnheit konnte er in der Zeit vor- und zurückkreisen. Er erlebte jeden Tag immer wieder aufs Neue, mit nur seiner Erinnerung an das morgendliche Aufstehen als Beweis, dass sein Dasein den gleichen Regeln der Fortbewegung gehorchte wie alles andere auch. Er hatte nicht gewusst, dass das Leere war, bis sich sein neues Leben übervoll anfühlte, zum Platzen voll, sein Sinn für Stabilität war im Bemühen, mit ihr Schritt zu halten, verloren gegangen. Wenn sie sich bewegte, dann auch er, und es machte ihn unsicher, raubte ihm manchmal sogar Kraft.

Charlotte Regan, so vermutete Aldo, hatte noch keinen Tag ihres Lebens zweimal gelebt.

Jetzt verstand er, warum sie in sechs Gespräche mit einem Fremden eingewilligt hatte. Sie hatte nicht die gleiche unstillbare Neugier auf ihn verspürt, die sie in ihm geweckt hatte. Tatsächlich war er überhaupt nicht der Grund gewesen. Sie hatte eingewilligt, weil das Leben für sie auf etwas zusteuerte, als Belohnung für – ja, von was? Er war sich nicht ganz sicher – für *etwas*. Er konnte auf sich selbst zurückblicken, in der Retrospektive durch die Zeit reisen und sehen, dass er sich sofort in sie verliebt hatte, auch wenn er es damals anders genannt hatte: Neugier, Interesse, Anziehung. Doch für sie war er nur eine weitere Zäsur in ihren Gewohnheiten gewesen, eine Unterbrechung, und nach diesen Momenten lechzte sie wie nach Nahrung. Sie bewies sich, dass sie am Leben war, indem sie den Beweis vollbrachte, dass dieser Tag noch nie zuvor gelebt, diese Situation noch nie durchlitten oder erfahren oder niemals gewünscht worden war, und da sie jetzt existierte, war alles anders, verändert.

Charlotte Regan, das erkannte Aldo, liebte Veränderung auf eine sehr ungesunde Weise. Sie vergötterte sie, es war wie eine Obsession. Mit der Veränderung hatte sie eine Affäre am Laufen, die vielleicht eine Zeit lang mit Tabletten und Psychotherapie neutralisiert worden war, aber darunter streckte das kleine Monster, das ihre Seele war, die Klauen danach aus, und Aldo hatte es wieder heraufgeholt. Er hatte einen Titanen von der Leine gelassen, er hatte sie befreit, sich in sie verliebt, und obwohl er sich innig gewünscht hatte, dass es sich auf ein erträgliches Maß reduzieren würde, trat das nicht ein.

»Weißt du, was ich denke?«, flüsterte Regan ihm eines Nachts zu. Sie schlief sehr unregelmäßig. Er ebenfalls, aber er gab zumindest vor, geregelte Schlafzeiten zu haben. An die hielt er sich, auch wenn sein Verstand sich weigerte, innerhalb der von ihm vorgeschriebenen Parameter zu ruhen. »Ich glaube, du trägst eine Traurigkeit aus einem anderen Leben mit dir herum«, sagte sie. »Von vor vielen Jahrhunderten.« Mit dem Finger fuhr sie seinen Mund nach, seine Wangen, seine Augen und übte für etwas, das er nie verstehen würde. »Die trägst du schon so lange mit dir herum, dass du sie nicht mehr ablegen kannst, oder? Jetzt gehört sie dir. Du hast die Aufgabe bekommen, auf sie aufzupassen. Du bist wie Atlas«, sagte sie mit einem Lachen. »Aldo, du armer Kerl, was für ein Fluch. Ich frage mich, welchen Gott du erzürnt hast.«

Sein Mund war trocken, nicht nur, weil sie ihre Hand dort hineingesteckt und einen Finger hinter seinen Vorderzähnen verhakt hatte. Solche Dinge tat sie, ihre Liebe war invasiv, sie erforschte ihn wie die Meerestiefen.

»Ich glaube nicht wirklich an Reinkarnation«, sagte er.

»Nun, ich auch nicht, aber es ist eine Hypothese«, erwiderte sie. »Manchmal«, fügte sie in einem düster-überraschenden Moment der Selbstbekenntnis hinzu, »manchmal denke ich, wie sinnlos es doch ist, dass wir nie etwas wissen werden. Nie werden wir etwas *erproben*, weil wir das gar nicht können, wir sind nicht lange genug hier.« Sie summte vor sich hin, eine unkenntliche Tonfolge, wahrscheinlich die melodische Natur ihrer Gedanken; er wünschte, er könnte die gesamte Partitur auf Papier festhalten, um zu sehen, worauf die Geigen hinauswollten, während sie damit beschäftigt war, den Kontrabass zu lenken. »Vermutlich müssen wir einfach das glauben, was sich richtig anfühlt, oder nicht?«

»Dann bin ich also … verflucht?«, fragte er, und sie lachte wieder, war aber sogleich wieder ernüchtert.

»Du musst dir dein Leben zurückholen, Aldo«, sagte sie plötzlich mahnend. »Du kannst nicht einfach in deinen vergangenen Leben verharren.«

»Das war mir gar nicht bewusst.«

»Natürlich ist das so, siehst du das nicht? Wenn du die Flugbahn ein klein wenig verlängerst, wird alles ein klein wenig anders. Glück«, erklärte sie ihm, »vielleicht hast du es dir langsam, über mehrere Lebzeiten hinweg verdient, und jetzt bekommst du es. Dein gesamtes mathematisches Wissen, vielleicht war das früher einmal ein Samenkorn, und jetzt trägt es endlich Früchte. Vielleicht bist du nicht so erschaffen worden, sondern hast dich dazu *entwickelt*«, schloss sie triumphierend, und dann begriff er.

So war ich schon immer, hatte er zu ihr gesagt, und jetzt entließ sie ihn in die Freiheit, indem sie die Fesseln einer eintönigen Realität sprengte. Sie verzauberte sein Leben, ihm zu Gefallen, ohne dass er sie darum gebeten hätte, und jetzt verstand auch er, was sie gemeint hatte: Ich glaube es nicht, aber vielleicht glaube ich es doch. Es ist nicht real, aber vielleicht ist es das doch. Weil sie ihn vielleicht von etwas erlösen musste, aber vielleicht auch nicht. Aber war seine Last nicht so oder so leichter geworden?

Dafür liebte er sie heftig und ungestüm.

Er sah kein Problem darin, sie auf diese Weise zu lieben, mit einer Wildheit, die sich so alt anfühlte wie sein Kummer, bis er erkannte, dass er sich nicht mehr an ein Leben ohne sie erinnern konnte. Es war, als wären die älteren Versionen seines Selbst ausradiert worden und könnten nicht mehr existieren. Er begriff, dass seine Beziehung zur Zeit, ganz gleich, wie sie früher ausgesehen hatte, nun für immer verändert war.

Erinnerungen an seine Großmutter kehrten zurück. Seine Nonna war an einem Schlaganfall gestorben, als er Anfang zwanzig gewesen war. Die ganze Nacht lang hatten sein Vater und er an ihrem Bett gesessen, schweigend, wenn man von den gebotenen Gebeten absah. Ich hoffe, dass sie wieder aufwacht, hatte Masso mit rauer Stimme gesagt, die Augen rot und geschwollen.

Und Aldo, ein Wissenschaftler – ein *Mathematiker* – grübelte, wie er es ihm erklären konnte. Siehst du, Dad, sagte er sanft, sie hat schon so viel Blut verloren, ein irreparabler Schaden, der menschliche Körper ist fragil. Nur eine Minute, eine Sekunde ohne das, was er zum Überleben benötigt, lässt ihn beeinträchtigt zurück, schwach und ungewiss, wie er die gewohnten Funktionen wiederaufnehmen soll. Ja, möglicherweise öffnet sie die Augen, sie könnte wieder beginnen, selbst zu atmen, Wunder geschehen immer wieder. Aber der Körper kann nicht zurückkommen, er kann sich nicht selbst wieder aufbauen. Unmöglich, dass er einen Verlust erleidet und wieder zu dem wird, was er vorher war, nein, so funktioniert das nicht. Wenn sie zurückkommt, erklärte Aldo seinem Vater, wird sie anders sein. Wird sie weniger sein? Wer könnte das sagen (definitiv ja, aber das hier war seine Nonna, und Masso würde das nicht hören wollen), aber wie auch immer, sie wird nicht mehr der Mensch sein, den du in Erinnerung hast. Selbst im Wiedererwachen kann sie nicht der Mensch sein, der sie im Leben war.

Das hatte Regan mit Aldo gemacht: Sie hatte seinem früheren Selbst irreparablen Schaden zugefügt. Regan war Regan, aber sie war auch der Verlust eines früheren Lebens, zu dem er nie mehr zurückkehren könnte. Natürlich wollte er das gar nicht, aber das war nicht der springende Punkt. Dieses Selbst könnte kein zweites Mal existieren. Er ließ sich ihre Worte durch den Kopf gehen – *wenn alles schiefgeht, Aldo, dann geh zurück und radier uns aus, lass es so aussehen, als ob wir nie geschehen wären* –, und er begriff, dass das, obwohl grausam, doch gleichermaßen gütig wäre. Da sein altes Selbst tot war und das, was jetzt von ihm existierte, auch sterben konnte, einen qualvollen Tod, wenn er fähig wäre, ihre Bitte zu erfüllen. Was er jetzt war, die Kleinkindversion eines Mannes, der wieder zu atmen lernte, wäre verschwunden. Sein

Leben vor ihr, sein Leben ohne sie, der Parthenon, sie alle wären nur alte Trümmer. Allein Geschichten würden bleiben, um ihnen Wert zu verleihen. Charlotte Regan hatte ihn einmal getötet, und sie konnte ihn erneut umbringen, das war ein Leichtes. Sie konnte ihn töten, und das hatte Masso gefürchtet, selbst wenn er es nicht wusste. Sie konnte ihn töten, und jetzt verstand Aldo.

So war das also, etwas zu lieben, das man nicht lenken konnte, dachte er. Es fühlte sich genau an wie panische Angst.

Er musterte sie eingehend, das lag in seiner Natur. Für Aldo bedeutete die Liebe zu einer Sache, sich darin zu vertiefen, jeden freien Gedanken darauf zu verwenden, sie zu verstehen. Er wusste, wie man etwas studierte, das machte er schon seit Jahren. Lernen machte viel mehr den Kern seines Wesens aus als Unterrichten. Er erforschte Regan, versuchte, ihre Gesetzmäßigkeiten und Konstanten zu bestimmen, und begann mit ihrem Blick auf Beziehungen.

»Warum magst du den Mann deiner Schwester nicht?«

»Ich weiß nicht, das ist einfach so eine konventionelle Beziehung.«

»Das klingt nach einem hässlichen Wort für normal.«

»Nein, *normal* ist ein nettes Wort für langweilig.«

»Vermutlich kannst du besser mit Worten umgehen als ich.«

»Nun, das gehört dazu, oder? Carter ist überhaupt nicht besonders, Madeline hingegen schon. Es scheint mir eine Verschwendung.«

»Was hat das mit mir und Worten zu tun?«

»Ach, nur dass du so schrecklich schlecht mit Worten bist und so supergut mit Zahlen. Entschuldige, das habe ich wohl nicht erklärt.«

(Regan erklärte sehr wenig. Die Hälfte von dem, was sie mitteilte, bestand aus Schweigemomenten, die Aldo versuchsweise mühevoll interpretierte.)

»Dann bin ich also ganz gewöhnlich?«, fragte er.

»Natürlich nicht.«

»Und du bist auch sicher nicht ganz gewöhnlich.«

»Lieb von dir.«

»Sollen also ganz gewöhnliche Menschen nur ihresgleichen verdienen?«

»Keine Ahnung«, erwiderte sie lustlos. »Ich mag ihn einfach nicht. Madeline mag ihn, also warum muss ich der gleichen Meinung sein?«

»Musst du nicht, ich wollte nur den Grund erfahren.«

Er machte sich Sorgen, dass sie sich ereifern würde, doch sie schien sich stattdessen zu beruhigen.

»Ah«, sagte sie und strich die Falten auf seiner Stirn glatt. »Versuchst du, mich schon wieder wie eine Aufgabe zu lösen?«

»Wie kommst du auf den Gedanken?«

»Ach, einfach nur weil ich dein Gleichungsgesicht inzwischen so gut kenne.«

Er kam sich hoffnungslos desinformiert vor. »Gleichungsgesicht?«

»Nein, du weißt doch, was das ist? Dieses kleine Stöhnen, das du von dir gibst«, sagte sie, als wäre es ein so wenig beachtenswertes Merkmal von ihm wie seine Haarfarbe. »Dieses Geräusch hat ein Gesicht, und dieses Gesicht ähnelt deinem Gleichungen-lösen-Gesicht. Es drückt Frustration und Beherrschtheit aus«, erläuterte sie, nun sicherer geworden, nachdem sie in Fahrt gekommen war, »als würdest du dir die Befriedigung des Endergebnisses wünschen, aber nicht zu schnell, nicht zu leicht. Wenn die Lösung zu leicht ist, lohnt sich die Gleichung nicht. Du weißt, wie gut es sich anfühlen wird, wenn du es herausbekommst, aber das willst du nicht gleich, daher schiebst du es fort von dir.«, sagte sie.

Regan sprach immer mit einer unglaublichen, unfassbaren

Leichtigkeit über Sex. Für Aldo war Sex immer ein wenig schmutzig gewesen, ein kleines Tabu, gewiss nichts, was man offen diskutierte. Sie brachte das Thema problemlos an, ohne mit der Wimper zu zucken. Für sie war Sex ein Teil ihrer Menschlichkeit. Es war ein Teil ihres Erlebens der Welt.

»Ich glaube nicht, dass man einen Menschen richtig kennen kann, wenn man nicht mit ihm geschlafen hat«, hatte sie einmal gesagt, für ihn eine relativ verstörende Aussage. »Ich muss nicht *jeden* Menschen kennen«, sagte sie, während sie die Veränderungen in seinem Gesicht beobachtete und ein wenig in sich hineinlachte. »Nicht jeder ist es wert, vollends gekannt zu werden, ich sage nur, man kennt jemanden nicht, bis man nicht Sex mit ihm hatte. Ich meine, denk mal an die ganzen Macken, die ein Mensch haben kann, wovon sie sich angezogen fühlen, ob sie dabei Liebe spüren müssen oder andersherum genau eben nicht. Ob sie ihn genießen oder nicht. Das alles gibt Aufschluss darüber, wer ein Mensch ist. Kann man jemanden wirklich verstehen, wenn man nicht weiß, was ihm Freude bereitet? Nein, das kann man nicht wirklich, deshalb müssen wir uns damit abfinden, dass wir die meisten Menschen in unserem Leben überhaupt nicht kennenlernen werden.« Dann fügte sie verschwörerisch hinzu: »Aber das heißt nicht, dass ich keine Vermutungen anstellen könnte.«

Ihre Beziehungen mit Männern waren voller Makel, gestand sie ihm – das hatte er schon ohne Detailkenntnis verstanden –, und zwar, weil sie selbst sich immerzu als Sexobjekt betrachtete.

»Ich glaube, so war es einfach von Anfang an«, erzählte sie ihm. »Für Jungen ist Sex ein Teil des Lebens, ein Übergangsritual. Mit zwölf oder dreizehn schauen Jungs Pornos! Jungs dürfen Sex so haben, wie er ist, einfach nur Sex. Mädchen erzählt man Märchen, man lehrt sie das *Glücklich-bis-ans-Ende-ihrer-Tage* und dass Sex eine Konsequenz des Heiratens sei. Versuch mal, die Welt durch diese Brille zu betrachten, als ob Sex kein Recht, sondern eine Stufe auf einer Leiter wäre. Wir müssen ihn zurückhalten, kannst du dir das vorstellen? Weil Sex so hirnlos und simpel ist, dass Männer einfach abhauen, wenn sie ihn zu leicht bekommen. Weil, nun mal ehrlich, inwiefern ist meine Vagina anders als die von anderen Frauen? Nein, was mich anders sein lässt, das steckt woanders, wortwörtlich irgendwo anders, aber ich kann Sex nicht ohne ein gewisses archaisches soziologisches Risiko genießen. Und wenn man darüber nachdenkt, ist es im Grunde noch schlimmer, denn denk mal an die Vagina, Aldo. Sie kann *unzählige* Orgasmen haben. Sie braucht keine Erholungszeit. Sie kann kommen und kommen und immer wieder kommen, und ja, vielleicht wird sie trocken? Nimm ein Gleitgel, easy. Wenn irgendein Sexualorgan allmächtig ist, dann die verdammte Möse, aber nein, die Penisse dürfen über den Wert einer Frau entscheiden. Wer hat das zugelassen? Wirklich, Aldo, wer? Vielleicht ist das der Grund, weshalb Männer die Welt regieren, weil sie schlau genug waren, Frauen davon zu überzeugen, wie kostbar die Jungfräulichkeit ist, dass Sex geheim bleiben sollte, dass *penetriert* zu werden, etwas Sakrosanktes ist. Das ist idiotisch, es ist sogar noch bescheuerter, als es grausam ist, und das ist das Schlimmste daran. Der Gedanke, dass ich Sex weniger will als du, warum gibt es den überhaupt?«

Ihre Beziehungen zu Frauen waren nicht viel besser. Tatsächlich hatte Regan ihm gleich zu Beginn gesagt, dass sie nicht viele Freunde habe, und mit der Zeit hatte Aldo herausgefunden, dass sie recht hatte – oder zumindest ehrlich zu ihm gewesen war. Das war, natürlich, der interessante Teil. Regan hatte nicht viel Zeit oder Energie für die Art Liebe übrig, die Offenheit erforderte, und dadurch erkannte Aldo, dass er bei ihrer Eroberung einen genialen Zug getan hatte, als er sofort ihre vorrangige Wahrheit herausgefunden hatte: Sie fühlte sich am wohlsten, wenn sie ein vollkommen falsches Bild von sich vortäuschte. Ehrlichkeit war für Regan kein Genuss. Sie hasste sie, war davon, und vor allem von ihren eigenen Wahrheiten, abgestoßen. Anderer Leute Wahrheiten sammelte sie bloß wie Glitzerdinger, steckte sie weg oder trug sie mit sich herum, während sie überlegte, wohin damit.

Aldos Wahrheiten hingegen hortete sie. Was dachte er über dieses, warum mochte er diese Sache so gern, warum gefiel ihm Sex am liebsten auf diese Art, warum hatte er sie gewählt? Ihr Wissensdrang war ihm – körperlich, geistig, dem Vorgehen nach – vertraut, aber es war auch ein deutlicher Bruch mit dem, was er von ihr begriffen hatte. Warum war sie mit ihm aufrichtig, anderen gegenüber aber nicht? Warum wünschte sie seine Wahrheiten zu erfahren, wohingegen sie die anderer Menschen in ihrem Leben augenblicklich zurückwies? Sie war überhaupt nicht gleichgültig. Von einer Reihe von Leuten sprach sie in den höchsten Tönen, wollte aber auf keinen Fall reale Kenntnisse ihrer Persönlichkeiten besitzen.

Vielleicht lag es daran, dass die Menschen ganz selbstverständlich ehrlich zu ihr waren. Ihr Aussehen war unschuldig; diese großen Augen waren tückisch. Bei ihr wirkte Aufmerksamkeit wie Interesse, aber der Schein trog. Sie war wie eine Zauberin, auf den Punkt gebracht. Sie bemaß Momente des Schweigens, gab mit dem Körper Einsätze, um das Schweigen zu dem von ihr gewünschten Ausgang zu führen. Nimm eine Karte, irgendeine, nur dass sie einem subtil, wie sie den Kopf neigte oder mit der ausholenden Bewegung ihrer Hände, unterschob: Wähl diese hier. Erzähl mir von deinen Schwächen, deinen Unsicherheiten, deinem Sexleben; ja, erzähl es mir, ist es dir nicht recht, wenn ich davon weiß?

Erst später kam Aldo in den Sinn, warum er anders war.

»Weil ich dich liebe«, sagte sie.

Er hatte mitbekommen, wie sie Anrufe ignorierte, das vibrierende Handy stumm stellte, und sie gefragt, warum es sie nicht interessierte, was ihre Eltern, ihre Schwester und ihre Freunde so machten, sie aber über seinen Tag alles bis ins kleinste Detail wissen wollte. Danach gierte sie, nach diesen unscheinbaren Krumen von ihm. Was hast du heute unterrichtet? Wen von den Studierenden magst du am liebsten? Was hat dein Doktorvater über deine Dissertation gesagt? Hast du heute geboxt, oder bist du gelaufen, oder hast du beides gemacht? Wie lange, wie war es, wo hast du Muskelkater? Was ist das Schönste, was dir heute passiert ist? Warum? Was soll deinem Wunsch nach morgen passieren? Amüsiert beantwortete er alle ihre Fragen, aber er wollte auch verstehen: Warum fragst du mich das, wenn du mich zehn Stunden lang nicht gesehen hast, willst aber nicht wissen, wie deine Mutter die letzten zehn Tage verbracht hat?

»Weil ich dich liebe.«

So schlicht und unkompliziert und völlig unvorstellbar war das.

Ungefähr zu dieser Zeit und in dem Wissen, dass Charlotte Regan eines Mordes fähig war, traf Aldo eine Entscheidung. Er musste sie besitzen, gänzlich, auf eine Weise, wie er gegenwärtig nichts besaß und auch nie irgendetwas zuvor besessen hatte. Er müsste in der Lage sein, alles, was sie war, auf einmal zu sehen, sämtliche Türen in ihrem Inneren zu öffnen, die sie geschlossen hielt, durch dieses Haus zu laufen und alles für sich zu beanspruchen. Wie lange würde das dauern? Sicherlich ewig, Äonen, mehrere verschiedene Lebzeiten, und verdammt noch mal, er musste sehr bald damit anfangen, sofort. Sie hatte recht – oder nicht? –, Menschen waren von Natur aus fehlerhaft, wurden von ihrer geringen Lebenserwartung, von ihrer Sterblichkeit behindert. Nie würde er genügend Zeit haben, aber dennoch, er würde alles, das meiste davon haben müssen. Die Zeit, die er verpasst hatte, konnte er nicht mehr zurückbekommen, aber für wen, wenn nicht für ihn, wäre der ganze Rest?

Irgendwie musste er sie behalten, und das bedeutete, sie zu enträtseln. Das bedeutete, sie zu seinem unlösbaren Problem zu machen. Die Zeitreise interessierte ihn nicht mehr, nur noch Regan und was nötig war, damit sie zum festen Bestandteil seines Lebens wurde. Sie zu kennen, hieße, alles zu kennen, nicht nur ihre Gedanken oder ihre Wahrheiten oder wie sie gern gevögelt werden wollte. Sie zu kennen, hieße, ihre Zukunft zu kennen, die ihm gehören würde. Zu wissen, wie ihre Kinder aussehen würden und wie *sie* eines Tages aussehen würde, wenn die Jugend aus ihrem Gesicht verschwunden und durch etwas anderes ersetzt worden wäre. Aber wodurch? Ein Rätsel. Es war ein verdammtes Rätsel, und Aldo konnte nicht still dabeisitzen, wenn Rätsel im Spiel waren. Ungewissheit war sein ständiger Begleiter, sicher, aber jetzt nicht mehr. Frustration und Beherrschtheit, hatte sie gesagt, als sie seine Liebe für Mathe mit seiner Liebe zu ihr gleichgesetzt hatte.

Ich bin Atlas, dachte er, und stütze das Himmelsgewölbe. Ich werde die Standhaftigkeit sein, ich werde standhalten müssen.

»Worüber denkst du nach?«, fragte sie ihn.

»Ich denke, wir sollten zusammenziehen«, antwortete er.

Sie lächelte.

»Hm«, sagte sie. »Und ich dachte schon, du hättest inzwischen genug von mir.«

———

Anfang Februar spazierten Aldo und Regan Hand in Hand in ihre kleine Atelierwohnung, packten ihre Sachen in Kisten, hielten draußen auf der Straße ein Taxi an und stiegen dann in den Wagen, voll beladen mit Besitztümern, die nach ihrem Parfum rochen. Zwei Stunden lang waren sie damit beschäftigt, Sachen aus Aldos Leben beiseitezuräumen, um Platz für ihre zu schaffen: eine Zahnbürste neben seiner im Bad, ihr Make-up in seinem Spiegelschränkchen, seine Kleider, die neben seinem Anzug im Schrank hingen. Er machte sich kleiner, um ihr Raum zu geben, ihr die Winkel seiner geistigen Gesundheit zu leihen. Sie hatten entspannten Sex in dem Bett, das einmal seins gewesen war, aber nun ihnen beiden gehörte. Sie strich mit der Hand über die Laken und überlegte, einige Dinge zu ändern. Mit der Zeit würde sie sich in Aldo verwurzeln, ob das nun ihre Absicht war oder nicht. Sie würde ihm schönere Laken kaufen, ihm einen Vorgeschmack auf ihre Sanftheit geben, den er nie mehr loswerden könnte. Seinen Kühlschrank würde sie mit ihren Lieblingsnahrungsmitteln füllen, mit den Dingen, die ihr mundeten, sodass sie sagen würde: Komm her und probier das hier, und dann würde er es probieren, und es würde auch ihm schmecken. Er würde ihre Freuden teilen, bis er sie nicht mehr von seinen eigenen trennen könnte, und eines Tages würde er sie, vielleicht auf einer Party oder in einer Textnachricht, fragen: Was ist das noch, was ich so gern mag? Und sie würde die Antwort kennen. Sie würde alles wissen. Irgendwann würde sie sämtliche Antworten auf alles, was er war, in ihren Händen halten.

Wie gefährlich! Was für ein Dummkopf er doch war, wie kurzsichtig, wie unerfahren er doch gewesen war, dass er nicht ihre Angst fühlte, als sie davon gepackt wurde. Für sie war es bewusster Terror, das Wiederbetreten eines Geisterhauses, das erneute Durchspielen eines alten, häufigen Todes. Sie küsste ihn. Tut mir leid, dass du so dumm bist. Sie wollte ihm erklären, ihn lehren: Jedes Mal, wenn du liebst, brechen Stücke von dir ab und werden durch etwas ersetzt, das du jemand anderem stiehlst. Anscheinend hat es die richtige Form, aber es ist jedes Mal ein klein wenig anders, sodass du irgendwann, sehr, sehr leise und im Laufe von vielen, vielen Tagen in etwas Unkenntliches verwandelt sein wirst, und das passiert so langsam, dass du es nicht einmal bemerkst, wie das Abblättern und Nachwachsen von Schuppen.

Er lächelte sie an, als wollte er etwas sagen: Ist das nicht großartig?

Ja, dachte sie gequält. Ja, es ist gefährlich und wunderbar, auf so reizende Weise mit dir zu leiden.

Sie hatte ihn sich als einen nahezu nomadenhaften Menschen mit mäandernden Gewohnheiten vorgestellt, aber das stimmte im Grunde nicht. Er arbeitete schwer, arbeitete sorgfältig, arbeitete häufig. Er ging zur Uni, um zu lernen und zu unterrichten, hatte ständig Treffen mit Professor*innen und Kolleg*innen. Er arbeitete unermüdlich an seiner Dissertation. Seine Arbeit befand sich, im Gegensatz zu ihrer (ihre war das Gegenteil), fast ausschließlich in seinem Kopf. Bald verstand sie, dass er eine Stunde lang relativ stillsitzen und nur ein, zwei Dinge aufschreiben konnte, nachdem er fertig war.

Sie teilte seine Rituale mit ihm, saß neben ihm, ihre Schulter an seine gedrückt, und entlockte ihm seine Gedanken, während er mit einem Joint zwischen den Zähnen spielte.

»Worüber schreibst du deine Dissertation?«

Seine Antwort war eingeübt. »Über die Mathematik hinter der Quantenphysik.«

»Und das ist?«

»Dimensionen, Funktionen der Realität. Zeit. Ungewissheit; die Mathematik hinter Heisenberg, Schrödinger …«

»Die Katze?«

»Das weniger. Aber sicher, auch die Katze.«

»Ist sie tot oder lebendig?«

»Beides.«

»Und das ergibt für dich Sinn?«

»Das ist nur ein Gedankenexperiment. Und es ist mein Job, dass die Dinge Sinn ergeben.«

In neckischem Ton: »Nun, dann machst du keinen sehr guten Job.«

Zustimmung erwidernd: »Wahrscheinlich ist das der Grund, warum sie mir noch keinen Doktortitel verliehen haben.«

»Was hat das alles mit Zeitreisen zu tun?«

»Alles – die meisten Dinge passen in die Parameter der Zeit. Wenn wir verstünden, wie die Zeit funktioniert, dann könnten wir sie vielleicht benutzen.«

»Liebst du es?«

»Ob ich was liebe?«

»Was du tust, was du studierst.«

Er zögerte einen Moment, bevor er antwortete.

»Mathe fällt mir sehr leicht«, sagte er schließlich.

»Und wenn das nicht so wäre, was dann?«

»Was was dann?«

»Was, wenn es dir nicht so leichtfallen würde? Würdest du es dann immer noch machen?«

Erst da schien er die Frage zu begreifen.

»Mathe ist schwierig zu lieben«, sagte er. »Mathe ist präzise und erbarmungslos, Mathe weicht aus und wird mich niemals zurücklieben, aber ich habe eigentlich keine andere Wahl, oder? Das ist die eine Sache, die ich kann, die andere Menschen nicht beherrschen oder für die ihnen die Geduld fehlt. Sind andere Sachen es mehr wert, dass man sich mit ihnen beschäftigt? Gibt es dankbarere Aufgaben? Ja, wahrscheinlich. Aber die kenne ich nicht, sie haben sich mir nie gezeigt. Das hat nur Mathe.«

»Wie unromantisch«, sagte Regan und hatte es als Witz gemeint, aber einen Moment lang glaubte sie es wirklich.

»Nicht vollkommen unromantisch«, erwiderte er, und plötzlich fiel ihr ein, dass, auch wenn er sich fest verankert wähnte, im Grunde Mathe ihm das Leben gerettet hatte. Seine Antwort, die zunächst gar nicht nach einer Beantwortung ausgesehen hatte, lautete, er habe sich der Mathematik verschrieben, weil sie ihn gefunden hatte. Er konnte sich kein anderes Leben für sich vorstellen, weil das für ihn keine Wahl war, es war schlichtweg Schicksal.

Ah, also das Schicksal, dachte Regan. Dann ist es also doch romantisch.

»Charlotte«, sagte die Ärztin, »hörst du mir zu?«

Regan wandte ihre Aufmerksamkeit wieder der Psychiaterin zu, die ihr gegenübersaß.

»Entschuldigung«, sagte sie, und der Gesichtsausdruck der Frau wurde angespannt.

»Dir ist doch klar, dass diese Sitzungen vom Gericht angeordnet wurden«, sagte die Ärztin. »Wenn ich dem Richter mitteile, dass du dich nicht mehr an die Maßnahmen des Urteils hältst …«

»Ich bin doch hier, oder nicht?«

»Du bist nicht hier, wie du es sein solltest«, erwiderte ihr Gegenüber. »Du beteiligst dich nicht an unseren Sitzungen.«

»Was genau wird von mir erwartet?«

»Irgendetwas, Charlotte, aber etwas.«

Regan blickte verstimmt auf ihre Hände.

»Ich bin mit meinem Freund zusammengezogen«, sagte sie.

»Marc? Ich dachte, du würdest bereits mit ihm zusammenwohnen.«

»Nein, nicht Marc. Aldo. Rinaldo.«

Vor Verwunderung zog die Psychiaterin die Stirn kraus. »Der … Mathematiker?«

»Das Genie, ja.«

»Warum nennst du ihn so?«

»Weil er ein Genie ist.«

Und das war er. Den Beweis dafür hatte sie schon ein ums andere Mal gesehen. Sie war sicher, dass er nur so viel Zeit für sie hatte, weil er schneller arbeiten konnte als seine Kolleg*innen. Nur selten musste er etwas zweimal machen, und soweit sie das beurteilen konnte, tat er sich nie schwer. Er war ein Genie, worüber sie, bedauerlicherweise menschlich, regelmäßig in Staunen geriet.

»Was ist mit deiner Malerei?«

»Das mache ich noch.«

Normalerweise war Aldo tagsüber beschäftigt, und sie hatte ihr Atelier behalten. Von einer Wand bis zur anderen war es jetzt mit Malutensilien und Leinwänden vollgestellt, mehrere Arbeiten waren zum Trocknen draußen gelassen worden, während sie zu Hause mit Aldo schlief.

»Ich arbeite an etwas Neuem: einer Kollektion.«

»Und woran arbeitest du?«

»Das weiß ich noch nicht.«

»Charlotte.«

»Ich weiß es noch nicht«, wiederholte sie irritiert. »Ich weigere mich nicht, es zu erzählen oder so, sondern ich weiß es einfach noch nicht.«

Einen Moment lang starrte die Ärztin sie an.

Dann: »Ich habe bei deiner Apotheke angerufen, da ich glaubte, du würdest wieder eine Erlaubnis von mir benötigen, um deine Tabletten ausgehändigt zu bekommen, Charlotte. Man hat mir gesagt, dass du die Tabletten die letzten drei Mal nicht abgeholt hast.«

Regan erwiderte nichts.

»Ich habe dir ein Rezept für sechs Monate ausgestellt«, sagte die Ärztin, »und inzwischen sind neun vergangen.«

Mit Schuld und Unschuld kannte sich Regan gut genug aus, um nicht nervös zu werden.

»Du nimmst deine Tabletten nicht«, schlussfolgerte die Psychiaterin schließlich, und Regan verschränkte verärgert die Arme vor der Brust.

»Nein, nehm ich nicht. Das will ich nicht«, erwiderte sie. »Ich mag die Tabletten nicht, mir gefällt nicht, was sie mit mir machen, und ich kann nicht malen, wenn ich sie nehme. Jetzt bin ich glücklicher.«

»Bist du das?«

»Ja, alles ist anders. Völlig anders.«

»Weil du nicht mehr mit Marc zusammen bist?«

»Weil ich mit jemandem zusammen bin, der besser ist als Marc.«

»Ich dachte, er wäre ein Freund?«

»Ich habe keine Freunde«, erwiderte Regan mit einem Lachen, das selbst in ihren eigenen Ohren hohl klang. »Aldo war nie nur ein Freund. Das wollte ich nur nicht zugeben.«

»Hast du Marc betrogen?«

»Was spielt das für eine Rolle?«

»Ich frage ja nur.«

»Nein, ich habe ihn nicht betrogen. Aldo ist nicht der Bösewicht in dieser Sache. Und Marc ist ganz sicher nicht der Gute.«

»Wer ist es dann? Der Bösewicht, meine ich.«

Wieder lachte Regan. »Vermutlich ich. Ich bin die Kriminelle, oder nicht?«

Sie konnte die roten Warnlampen im Kopf der Psychiaterin aufleuchten sehen; mit Sicherheit war dieser Punkt bei allen psychiatrischen Untersuchungen Thema gewesen. Gewiss hatte diese

Ärztin einmal ein Gremium anerkannter Fachleute davon überzeugt, dass sie dieser Sache gewachsen war. Oh, eine renitente Patientin beschließt, ihre Medikamente nicht mehr zu nehmen, in ihrer Selbstidentität erkennen Sie sich als ein Problem oder gar eine Krankheit, wie gehen Sie vor?

»Die Vorstellung, dass du deine Tabletten nicht nimmst, finde ich nicht schön, Charlotte.«

Spitzenmäßig, erwiderte ein Professor in Regans Vorstellung: sanft, aber taktvoll, streng, aber gerecht. Menschlich, aber nicht übermäßig. Wir wollen doch nicht vergessen, wer welche Rolle in dieser Praxis spielt. Nicht aus den Augen verlieren, worauf wir uns alle eingelassen haben.

»Ich finde es furchtbar, wenn man mich Charlotte nennt«, sagte Regan und spürte plötzlich, wie sie allmählich die Nerven verlor, »und du kennst mich nicht. Du weißt nichts über mich. Du kennst nur meine Rezepte, meine Diagnose, was du dir über mich notiert hast. Warum sollte ich tun, was du für das Beste hältst«, höhnte sie, »nur weil du in Harvard studiert hast? Weil meine Familie will, dass ich still bin, abgestumpft, findest du es deshalb nicht schön, wenn ich keine Tabletten schlucke?«

Einen Moment lang war die Ärztin still. »Wenn ich nichts von dir weiß, dann, weil du mir nie etwas von dir anvertraut hast. Du hast mir nur das Allernötigste und Belangloseste aus deinem Leben berichtet, und ich habe keine Chance zu wissen, wer du bist oder wie du dich fühlst, wenn du es mir nicht erzählst. Wenn du dich in diese Therapie nicht einbringst, dann verschwendest du unser beider Zeit.«

Regans Stimme klang bitter, grob und gehässig. »Dann soll ich also ins Gefängnis gehen? Ist es das, was ich deiner Meinung nach verdient habe?«

»Hast du es denn *deiner* Meinung nach verdient?«, entgegnete die Psychiaterin, und Regan verspürte das dringende Bedürfnis, etwas kaputt zu machen. Ein Fenster, einen Ellbogen, egal was.

»Bevor ich Aldo begegnet bin«, sagte Regan angespannt, »war ich eine Fälscherin.«

»Ja, das weiß ich.«

Nein, dachte Regan, weißt du nicht. »Fälschung ist keine Kunst«, erklärte sie, »es ist Präzision. Es ist mehr ein Arbeitsprozess als ein Kunsthandwerk. Es geht um Interpretation, Übertragung. Aber es ist ein Talent, und ich hatte es. Damals war ich nichts anderes.«

»Das ist nicht nur dein Talent, Char…«

Als sie Regan präventiv zusammenzucken sah, brach die Ärztin mitten im Satz ab.

»Aber jetzt?«, fragte sie stattdessen, und Regan wandte sich mit einer Grimasse ab.

Plötzlich fühlte sie sich vollkommen losgelöst von allem, auch von sich selbst.

»Aldo hat geglaubt, dass ich eine Künstlerin sei, deshalb habe ich es wahr gemacht«, antwortete Regan. »Er glaubte, ich sei ein ehrlicher Mensch, der nur hin und wieder lügt, statt einer Lügnerin, die manchmal die Wahrheit sagt, also war ich das. Er glaubte, ich könnte ihn lieben, also liebte ich ihn, liebe ihn auch jetzt.«

Er hat mich aufgeweckt, wollte sie schreien; er hat mich geweckt, und deshalb werde ich immer auf ihn bauen, ich werde für ihn sein, was er für Mathe ist, begreifst du nicht, wie fragil das ist? Siehst du nicht, wie vage, wie gefahrvoll mein Dasein ist? Kannst du nicht sehen, dass ich – das Ich, das ich jetzt gerade bin, das in diesem Moment hier mit dir sitzt – nur ein Fantasiegebilde von ihm bin? In seinen Träumen hat er mich mit Leben erfüllt. Das kann er jederzeit ändern, mich nicht mehr träumen, nicht mehr an mich glauben. Er kann mir die Maske herunterreißen, und was bleibt dann noch übrig? Werde ich ihn immer so sehr fürchten, wie ich ihn liebe? Werde ich immer nur eine Hälfte seines Ganzen sein? Was sind Seelenverwandte, und bin ich eine oder bin ich nur eine Parasitin, eine Zecke, ein Krebsgeschwür, das sich ausbreitet, sich festsetzt und Spaß daran hat, uns beiden die Luft abzuschnüren?

Die Psychiaterin stellte die übereinandergeschlagenen Beine nebeneinander, dachte nach und legte dann wieder ein Bein über das andere.

»Erklär mir«, sagte sie, »warum du deine Medikamente nicht nehmen solltest. Überzeug mich.«

Regan hob den Kopf und sah argwöhnisch zu der Ärztin.

»Wie wäre es damit«, schlug Regan vor. »Wir führen sechs echte Gespräche. Wenn du anschließend immer noch glaubst, dass ich Tabletten brauche, in Ordnung, dann nehm ich die. Aber wenn nicht, schluck ich sie nie wieder. Wenn du magst, kannst du mich weiter beobachten, und ich komme auch in Zukunft alle zwei Wochen zu den Sitzungen. Aber wenn du mir nach sechs Gesprächen glaubst, dann sind wir mit den Tabletten durch.«

Sie hielt inne und wartete auf eine Reaktion, aber es kam keine.

»Einverstanden?«

»Warum sechs Gespräche?«, fragte die Ärztin.

Regan räusperte sich und erkannte, dass ihre Antwort sehr ausführlich und höchst aufschlussreich sein würde. Der Knacks wäre unübersehbar.

Aber es hatte schon einmal funktioniert, oder nicht?

»Das hat mit«, begann Regan und zögerte kurz. »Mit Bienen zu tun.«

Die Psychiaterin lehnte sich im Stuhl zurück und nickte.

»Na gut«, sagte sie. »Dann erzähl mir von den Bienen.«

Sechster Teil

Die
Wendungen

Aldo war sich nicht sicher, zu welchem Moment er zurückkehren müsste, um alles in Ordnung zu bringen, was schiefgelaufen war.

Für gewöhnlich zählte es zu seinen Fähigkeiten, den Nexus jedes möglichen Ereignisses zu bestimmen. Er konnte fast alles zusammenfügen, sobald er die Sequenzen erkannt hatte, die Reihenfolge, in der die Dinge von gut zu schlecht bis hin zu katastrophal absackten. Trotz oder gerade wegen dieses Könnens fiel es ihm schwer, die Nacht in ihrer zeitlichen Abfolge zusammenzusetzen. Stattdessen erlebte er die Stunden, als würden sie wieder von vorn losgehen, nur alles gleichzeitig in Stückchen und Fragmenten.

Er hörte Marcs Stimme zu ihm sagen: »Du kapierst es wirklich nicht, oder? Und ich dachte, du solltest so 'ne Art Genie sein. Sieh mal, sie sucht sich Leute, die ihre Eltern nicht gutheißen – nur ganz normale Allerweltsproblemchen mit Daddy, da ist nichts Neues oder gar Aufregendes dabei –, und dann verlieren sie ihren Reiz, und plötzlich wird sie geheimnisvoll. Sie fängt an, die ganze Zeit Weiß-der-Geier-Was zu machen, irgendwas mit Selbstfindung oder so 'n Scheiß, und ach, jetzt ist sie also nicht glücklich, aber sie dreht alles um, dreht es irgendwie so hin, dass du schuld bist, und du Idiot glaubst ihr auch noch, aber die Sache ist die: *Sie will nicht glücklich sein.* Du kannst sie nicht glücklich machen, und weißt du auch, warum nicht? Weil manche Menschen wissen, was friedliche Koexistenz bedeutet, aber

Regan nicht, für sie ist das ein No-Go, sie wird nie harmonisch mit jemandem zusammenleben. Ehrlich, mir ist schleierhaft, warum ich hergekommen bin, ich glaube, ich musste mich einfach selbst davon überzeugen. Ich musste sehen, wie sie dasteht und so tut, als wärst du das Tollste, was ihr neuerdings im Leben passiert ist, und weißt du, was? Vielleicht bleibst du länger mit ihr zusammen als ich, denn ihre Eltern hassen dich so sehr, dass sie mich hergebeten haben, dabei können sie mich nicht ausstehen, das weiß ich hundertprozentig. Scheiße«, sagt Marc lachend in Aldos Gedanken, »du armer Irrer, ich kann es dir nicht mal verdenken. Du bist einfach gerade das Neueste, das sie sich krallt, um vorwärtszukommen.«

Danach sind es nur noch Linien, Farben, Strukturen. Eine Party und die erforderlichen Partyschauplätze. Nichts Auffälliges – bis sich seine Augen auf etwas Überraschendes richten. Das ist: ein goldenes Hexagon, winzig in der Ecke eines Gemäldes, mit dem gleichen metallischen Glanz, der durch Klimt berühmt wurde, ein Künstler, von dem er weiß, dass er ihr viel bedeutet. Einmal hat sie ihm erzählt, sie könne sich stundenlang *Der Kuss* ansehen, stundenlang könne sie das Gesicht der Frau betrachten und sich vorstellen, wie es wäre, sie zu sein, so gehalten, so berührt zu werden.

Warum wendet sie ihr Gesicht von ihrem Geliebten ab?, hatte Aldo gefragt. Regan glaubte, Klimt wolle damit den Gesichtsausdruck der Frau zeigen, durch ihr glückselig verdrehtes Gesicht ihre Emotionen einfangen, aber Aldo war anderer Ansicht. Er dachte: Sich etwas plötzlich hinzugeben, war der vollkommene Verlust seiner selbst, und daher bedeutete zu widerstehen den Tausch eines flüchtigen Glücksmoments gegen einen viel heftigeren, stärkeren Schmerz.

In dem Kontext erschien auch Regan. »Nein, nicht hier«, hatte er gesagt und ihre Hände genommen. Sie hatte schon seinen Hosenschlitz geöffnet, ihr Kleid gerafft, aber er hatte das Gesicht abgewandt. »Nicht hier, jetzt nicht«, gefolgt von Schmerz oder Wut, er wusste nicht, was von beidem. Was war zuerst da gewesen, die Entrüstung, als er sie fortstieß, oder die Wut, als ihre Mutter sie im Stich ließ? Hatte Regan ein zwanghaftes Bedürfnis nach Sex verspürt, um sich daran zu erinnern, dass sie geliebt wurde, oder hatte sie sich schlicht nach der Liebe gesehnt, die sie zu Hause von ihren Eltern nie bekommen hatte? Aldo hatte Gedanken über inneren Zwang und heftiges Verlangen, über die Unterschiede zwischen beidem, und jetzt dachte er: Was war er?

War das zwischen ihnen Liebe, oder war es Bedürfnis?

Linien, Farben und Strukturen. Das kleine Hexagon und dann das Gelb-nicht-Gelb von Regans Kleid.

Wo würde er es ungeschehen machen, wenn er es ungeschehen machen könnte?

»Wo ist die echte Regan?«, hatte er sie gefragt, und waren das die Worte, die es geschehen ließen?

(Ungeschehen machten?)

Nein, nicht in dem Moment. Noch nicht. Nah dran, aber noch nicht ganz …

Vollkommen unschuldig murmelte sie: »Was meinst du?«

»Du lügst.« Er hatte bereits Forschungen angestellt. Er hatte sie sofort studiert.

»Aldo, hör zu …«

Warte nur, dachte er, und spielte es wieder durch. Warte, bis das Blut in seinen traurigen, bemitleidenswerten Adern wallt. Warte auf seine Verwirrung, sein Verlustgefühl. Warte, bis sie ihn anblickt und anlügt, wie nur sie lügen kann, und warte, bis er, zum ersten Mal, darüber nachdenkt, dass sie noch nie eine Frage wirklich beantwortet hat. Anfangs war das charmant, nicht wahr?

Eine Exzentrizität, ein künstlerisches Detail, ein kleines goldenes Hexagon, das versinnbildlicht, was sie ist. Es war betörend zu lernen, wie man sie durchschaute, nur ist sie nicht nur eine Aufgabe ohne Lösung, sondern sie ist ein kaputter Loop, der nicht mehr repariert werden kann. Warte, bis er das erkennt, die Dinge in Gedanken kategorisiert, und dann warte, bis er sich fragt, ob sie, während er etwas Besonderes erlebte, überhaupt jemals das Gleiche gefühlt hat.

Warte, bis er denkt: Mein Gott, sie ist eine Fälscherin. Sie ist eine Diebin, sie kopiert Sachen. Warte, bis er zu sich selbst sagt: Ich bin nicht nur das Gleiche wie Marc, sondern Marc ist das Gleiche wie der Mann vor ihm und wie die Männer, die das Gleiche sind wie die Männer noch davor, und vielleicht sind wir alle gefälschte Geldscheine, immer wieder neu erschaffen, während sie unseren Wert herabsetzt, uns unserer Bedeutung beraubt, uns wie schnödes Geld vergeudet und uns fortwirft. Warte, bis er denkt: Das ist zu schnell, alles ist zu schnell – und sicher *glaubt* er das nicht wirklich, aber wie könnte er es nicht glauben, wenn alle Anzeichen vorhanden sind? Er sollte die Muster erkennen. Er nennt die Dinge, die immer wahr sind, beim Namen, er begreift den Unterschied zwischen Konstanten und Variablen, er fügt Logik zu Ausnahmen und Regeln hinzu. Warte, bis er sie ansieht, als hätte er keine Ahnung, wer sie ist oder wer er ist oder was sie beide sind.

Warte, bis ...

»Du hast dich wirklich nicht verändert, oder?«, fragt er sie.

Letztlich wird eine spätere Version von Aldo dieses Detail als das erkennen, was es ist. Das ist es, denkt er, und der Gedanke ist unbefriedigend, aber endgültig.

Das ist es. Das ist der Moment.

Das ist er.

Der Frühling, der diesem bestimmten Abend vorausging, war sowohl üblich als auch unüblich, so wie der Frühling in Chicago immer war. An einem Tag war es Winter, und am nächsten war das Eis geschmolzen, und allmählich wurden Knöpfe an Jacken offen gelassen, oder vielleicht wurden Jacken auf dem Weg zu alltäglichen, unwichtigen Erledigungen um die Ecke ganz vergessen. Lass uns Kaffee trinken, ja, gute Idee, ist es draußen kalt? Überraschenderweise nein, lass uns gehen, und draußen schien die Sonne, daher fragten die Beteiligten: Sonnenbrille?, Ja, Sonnenbrille; und auf diese Weise schlich der Frühling in ihre Konstitution. Die Leute begannen, aus ihren Winterverstecken zu kriechen, bevölkerten wieder die Straßen und erinnerten die restlichen Bewohner der Stadt daran, dass dort *tatsächlich* Menschen lebten. Jedes Jahr war es aufs Neue eine Überraschung, wie lange und wie desolat ein Winter sein konnte, und demzufolge war der Frühling jedes Jahr ein willkommener Vorkämpfer. Es war wie ein allgemeiner Seufzer der Erleichterung, das Ausatmen monochromer Trübseligkeit. Selbst für Aldo und Regan, denen es in diesem Winter wärmer gewesen war, weil sie sich in den Armen gehalten hatten, war die Ankunft des Frühlings die übliche Erinnerung daran, dass alles seine Zeit hat.

Besonders für Aldo war der Frühling so wie immer. Seine Studierenden waren immer besser in der zweiten Hälfte des Studienjahrs; das Herannahen längerer Tage und wärmerer Witterung genügte, um auch die Unentschlossensten zum Lernen zu motivieren. Auch er erbrachte üblicherweise seine beste Leistung im Frühling, da er nun endlich wieder zu seiner gewohnten Routine der Parkbesuche, seiner Vorliebe für Orte im Freien, zurückkehren konnte. Er fuhr mit dem Motorrad, das größtenteils von

Streusalz und Rost gesäubert worden war, in seinen angestammten Park, setzte sich auf die gewohnte Bank und ließ die Sonnenstrahlen, alt, aber neu, wieder über seine Schulter gleiten.

Sein Denken war so ziemlich wie immer. Es war konstant und hektisch und langweilig und stagnierend, so wie seine Gedanken schon immer gewesen waren, und es arbeitete an einem unlösbaren mathematischen Problem, so wie üblich. An diesem bestimmten Tag entnahm er seiner Hosentasche einen frisch gedrehten Joint und ließ ihn zwischen seinen Fingern kreisen, so wie er es oft tat.

Nur in diesem Frühling waren die Dinge ein wenig anders. Erstens waren Aldos Haare, die ihm normalerweise in die Augen fielen, bis er sie achtlos nach hinten strich, frisch geschnitten. Seine Kleidung war sauber, und er roch nicht mehr schwach nach Gras. Stattdessen haftete ihm ein leichter Geruch nach Acrylfarben, nach verschüttetem Wein und Heckenkirschen an. Das T-Shirt, das er trug, war neu, für ihn erworben und dann ohne Aufhebens in seinen Kleiderschrank geschummelt worden.

Auch das mathematische Problem war ein wenig anders als früher.

»Du wirkst ein wenig abgelenkt«, sagte Aldos Doktorvater.

»Gibt es irgendwelche Schwierigkeiten mit meiner Dissertation?«

»Nein, nichts dergleichen, deine Arbeit ist gut, und, na ja, du warst schon immer …«

(In der Regel waren die Leute zu höflich, um diesen Satz zu beenden.)

»Distanziert«, fuhr der Professor fort und räusperte sich. »Aber dennoch, ist alles völlig in Ordnung?«

»Mit mir? Ja, natürlich«, erwiderte Aldo, der, anders als Regan, nur im Einzelfall lügen konnte.

Sein Problem war folgendes: Ende März hatte Regan aufgehört zu schlafen. Ihr Schlafrhythmus war immer unregelmäßig gewesen und häufig leicht unterbrochen, aber da hatte der Unterschied gelegen: die Vorhersagbarkeit ihrer Unvorhersagbarkeit. Im Winter hatte sie gelegentlich nur ungern das Bett verlassen und sich in die Laken gekuschelt, bis Aldo nachmittags vom Unterricht zurückkam, oder sie hatte den Hang, die ganze Nacht aufzubleiben und wilde Hypothesen über das Universum aufzustellen. Regan kochte nicht oft, aber wenn, war es eine Inszenierung, ein Spektakel; sie benutzte jeden Topf und jede Pfanne in den Küchenschränken und bereitete mehrere Gänge von unterschiedlicher Qualität zu. An solchen Tagen entdeckte Aldo gleich nach dem Eintreten die Weingläser und bemerkte, indem er aus seiner seichten, aber zuverlässigen Quelle der Lebenserfahrung schöpfte, dass wieder eine Nacht voller Sex und Gespräche auf ihn zukam.

Seine Tage waren ein Erkennungsprozess zarter Hinweise: War Regan bereitwillig oder widerwillig aus dem Bett aufgestanden? War sie mit einem Satz hinausgesprungen, oder hatte sie sich träge aufgesetzt, mühsam ein Bein nach dem anderen auf den Boden gestellt? Hatte sie etwas gekauft, viele Dinge, und war sie mehrere Stunden unterwegs gewesen, oder hatte sie die Wohnung gar nicht verlassen? Lächelte Regan, weinte sie, brüllte sie? Regans Tränen rührten fast nie von Traurigkeit, sondern, stattdessen, gewöhnlich von Wut oder Enttäuschung her, wovon nur wenig an ihn gerichtet war. Meist führte sie ihren Feldzug gegen etwas ganz anderes; jemanden, den sie an dem Tag getroffen hatte, oder einen Gedanken über Ungerechtigkeit, der ihr vor Kurzem gekommen war. So ziemlich alles entfachte in ihr Begeisterung, und Aldo lernte, die Anzeichen zu erkennen, die Verhaltensmuster: Welche Filme hatte sie gesehen? Sie hatte sich Filme mit

Happy End, traurige Filme, kathartische Streifen reingezogen, und das Gleiche galt für Bücher. Die verschlang sie, las mehrere Bücher gleichzeitig oder überhaupt nicht. Musik konsumierte sie, als wäre sie ein Gespräch mit ihrer Seele. Hast du das gehört, Aldo, hast du hingehört? Wie kannst du so dastehen, als hätte sich nichts geändert, wenn du entweder gar lebendig bist oder alles, was du bist, jetzt unvorstellbar anders ist?

Mit der Zeit gewöhnte er sich an die Turbulenzen, bis sie, plötzlich, stoppten. Der März hielt Einzug, der erste Frühlingstag kam und ging, und im April hatte Regan angefangen, sich der Regelmäßigkeit anzupassen. Wessen Regelmäßigkeit das war, konnte Aldo nicht sagen. Er wusste, wenn er abends nach Hause zurückkehrte, war sie fortgegangen; spät in der Nacht kam sie ins Bett geschlichen, küsste seinen Nacken oder setzte sich auf seinen Schoß und sagte Dinge – typische Regan-Dinge – wie etwa: Aldo, ich habe den ganzen Tag über dich nachgedacht, Rinaldo, ich würde gern meine Finger zwischen deine Rippen schieben, ich möchte meine Zähne nach der Kammlinie deines Magens formen, ich möchte dich auf die Eichel küssen und dich in mir halten, bis wir beide die Sterne sehen.

Er fragte sie nicht, was sie gemacht hatte, denn er hatte schon begriffen, dass sie nicht gern nach irgendetwas gefragt wurde. Sei nicht so neugierig, sagte sie, ich erzähl's dir, wenn ich so weit bin, und er richtete sich danach, weil er ihr vertraute, weil er Angst vor ihr hatte, weil er sie liebte.

»Ich liebe sie«, sagte er zu Masso, der seufzte.

»Ich weiß, ich weiß, dass du sie liebst, Rinaldo, aber das ist alles zu schnell. Erst magst du sie, dann liebst du sie, dann lebst du mit ihr zusammen, und was dann?«

Flammen züngelten an Aldos Gedanken, tanzten in der Gestalt von Regans Hüften.

»Na und? Manchmal entwickeln die Dinge sich halt schnell, Dad. Das passiert.«

Er erzählte Masso nicht, dass er recht gehabt hatte, dass Aldo im Mai zu der Überzeugung gelangt war, Regan sei zu schnell für ihn. Viel zu schnell, und er hatte Mühe, Luft zu holen, denn selbst ein einziger Atemzug, um einen klaren Kopf zu bekommen, bedeutete, dass er ins Schwanken geraten und zurückfallen würde. Aldo berichtete Masso nicht von der panischen Angst, die ihn gepackt hatte, nun, da er verstand, was es hieß, etwas zu lieben. Dass man aus Liebe zu einem Menschen darauf verzichtete, ihm Beschränkungen aufzuerlegen, und daher als Liebender in einer konstanten, lähmenden Bedrohung lebte.

Insgeheim glaubte Aldo, dass Regan sofort fortliefe, wenn er irgendwie langsamer würde. Er würde nichts anderes als ihren Hinterkopf sehen. Vielleicht würde sie einen raschen Blick über die Schulter werfen, ein bedauerndes Lächeln im Stil von »Aldo, o Aldo, danke für deine Zeit, es war schön mit dir« – aber dann würde sie hinausschlüpfen, hinunterfallen, durch seine Finger in die Rillen des Bürgersteigs und in eine verkehrte Welt, wo sie hingehörte und wohin er ihr niemals folgen könnte.

Seine Gedanken über die Zeit dauerten an, obwohl er sich nicht mehr durch sie transportieren wollte, sondern verzweifelt wünschte, sie anzuhalten, sie zum Stillstand zu bringen. Das Hexagon der Zeit würde er an einer Kante aufhängen und sagen: Siehst du, Regan? Siehst du, du bist immer noch am Leben, auch wenn die Dinge nicht wie im Rausch passieren, und vielleicht würde sie ihm dann übers Haar streichen und ihre Fingerkuppen auf seine Wange legen und sagen: Rinaldo, du bist ein Genie.

Die Menschen glaubten, Sucht sei ein heftiges Verlangen. Ständig sagten die Menschen, sie seien süchtig nach Dingen wie Schokolade und Reality-Fernsehen, und als Folge davon fühlte Aldo sich obdachlos, was seinen Wortschatz betraf. Das ist es nicht, wollte er ihnen gegenüber beharren. Er wollte sagen: Ihr versteht das nicht, weil jetzt *er* es verstand. Es gab einen Unterschied zwischen Verlangen und Zwang. Das wusste er wegen der Tabletten, *seiner* Tabletten, die ihm einmal verschrieben worden waren und pflichtgemäß eingenommen wurden. Doch das Problem mit Schmerzen, die im Denken existieren, besteht darin, dass man den Geist leicht austricksen und von so ziemlich allem überzeugen kann – Placebos, Meinungsumfragen, verzerrten Daten; die Liste der Dinge, die man das Gehirn lehren konnte, war endlos – und ebenso wird der Körper alles machen, um nichts zu fühlen. Das von Aldo angestrebte Ausmaß an Betäubung war früher einmal riesig gewesen, und seine verzweifelte Sehnsucht nach Stille kaum kleiner. Welche Allmacht seine Medikamente besessen hatten, bis sie diese verloren; wie gehorsam sein Geist ruhig und leise wurde, bis er die Stille nicht mehr liebte und sich zur Wehr setzte.

Die Menschen glaubten, Sucht sei heftiges Verlangen, aber hierin lag der Unterschied: Verlangen waren Wünsche, die erfüllt werden konnten, aber Zwänge waren Bedürfnisse, die befriedigt werden mussten.

Madeline gegenüber hatte er einmal gesagt, dass Regan unendlich sei, und das war sie. Es gab keine Möglichkeit, zu erkennen, wo sie begann und wo sie endete. Aldo könnte denken: Wo ist sie gewesen? Was hat sie gemacht? Und sie könnte ihm antworten, und er würde immer noch nicht verstehen, weil der Ort, an dem sie sich zu einem gegebenen Zeitpunkt befand, nicht notwendigerweise dem Ort entsprach, wo sie *war*, und was sie gemacht hatte, war noch eine vollkommen andere Frage. Zum Beispiel: Kochte sie oder füllte sie eine Leere? Malte sie oder beschwor sie Dämonen? Schlief sie oder träumte sie, befand sie sich auf dem Weg durchs Reich der Fantasie, was war es?

Was war das alles, und würde er es je verstehen?

Er drehte den Joint zwischen zwei Fingern und schüttelte den Kopf. Warum hatte er die theoretische Seite der Mathematik gewählt? Weil Mathe kein Interesse an den Konsequenzen hatte. Bei Mathe ging es um Erklärung, nicht um Anwendung. Es hatte ihm nie daran gelegen, herauszufinden, ob irgendetwas wirklich funktionierte, sondern nur, ob er es lösen, festnageln, zu etwas Verständlichem machen könnte. Sollte doch jemand anderes die Partikel *erschaffen*; sollten doch andere entdecken, woraus das Universum bestand, und es dann neu erbauen, Leben aus sprichwörtlichem Lehm formen. Sein Wunsch war nur, etwas zu nehmen, das noch niemand gelöst hatte, und es in etwas zu verwandeln, das auf einem Blatt Papier stand, damit irgendjemand irgendwann einmal sagen würde: Oh. Ach, okay, jetzt versteh ich's – und dann würde er mit diesem Wissen tun und lassen, was er wollte, das ging Aldo dann nichts mehr an. Vor Regan hatte er noch nie für etwas die Verantwortung übernommen, und jetzt schien es das Einzige zu sein, was er tun konnte.

Sein Handy summte in seiner Hosentasche. Er zog es heraus und hielt es sich ans Ohr.

»Bereit dafür?«

Er sah auf den Joint hinunter und betrachtete ihn nachdenklich. »Fast.«

»Du bist im Park, nicht wahr?«

»Nun, das Museum ist dein Raum.«

»Deiner auch.« Sie mochte den Gedanken, dass sie Dinge teilten. Das war eine ihrer Tugenden.

»Ja, aber draußen ist es schön.«

»Ja, nicht wahr? Aber du musst jetzt nach Hause kommen, wir müssen los.«

»Okay. Jetzt?«

»Ja, jetzt.« Geduld, hingegen, gehörte nicht dazu. »Man hat mir versichert, dass es nicht schrecklich wird.«

»Madeline war das?«

»Ja, Madeline hat das gesagt.«

»Sie lügt, oder nicht?«

»Ja, das ist fast sicher. Aber wahrscheinlich ist es besser so.«

Ja, dachte er, wahrscheinlich war es das.

»Okay, ich bin auf dem Weg.«

»Es wird sich für dich lohnen, versprochen.«

Dafür sorgte sie immer. »Dafür sorgst du immer.«

»Dann seh ich dich in fünf Minuten?«

»In fünf Minuten.«

Er steckte den Joint zusammen mit seinem Smartphone in die Hosentasche, ließ den Blick über das sprießende Grün des Parks gleiten und hielt den Atem an, flüchtig eine Sekunde in die Länge ziehend.

Dann nahm er seinen Helm in die Hand, fuhr nach Hause und erfüllte das Versprechen, das er gegeben hatte.

————

Letzte Woche hatte Madeline nicht ihre Schwester Charlotte, sondern Aldo angerufen.

»Entschuldige«, sagte sie, »aber ich muss dich um etwas extrem Unangenehmes bitten.«

»Ja?«

»Du musst meine Schwester überzeugen, dass sie zur Geburtstagsfeier meines Vaters nach Hause kommt. Ihr müsst nicht das ganze Wochenende bleiben«, fügte Madeline rasch hinzu, noch bevor er etwas erwidern konnte, »aber kommt zumindest für den Abend, okay? Er wird siebzig. Ein runder Geburtstag.«

»Wie bist du an meine Nummer gekommen?«

»Charlotte hat sie mir für Notfälle gegeben.«

»Hat sie das?«

»Ja.«

»Und das hier ist ein Notfall?«

»Ja. Es ist ein Notfall, weil ich meiner Mutter nicht erklären will, warum meine Schwester nicht kommt.«

»Hast du versucht, sie zu fragen?«

»Aldo«, sagte Madeline spöttisch, »sprechen wir von derselben Charlotte Regan?«

Zu seiner Überraschung hatte Regan rasch eingewilligt. Tatsächlich schien sie beinahe eifrig erpicht, als könnte dieser Besuch bei ihren Eltern in gewisser Weise den letzten wiedergutmachen. Sie hatte eine Krawatte für Aldo ausgesucht und sich selbst ein neues Kleid gekauft. Sie sprach davon wie von einem normalen Ereignis – »Nächste Woche ist die Geburtstagsparty meines Dads, vergiss das nicht« –, und sie schien es nicht mit prophetischem Unbehagen aufzuladen. Obwohl sie eingestand, dass diese Feier (»wie alle Partys, die meine Eltern geben«) wahrscheinlich im Desaster enden würde, tat sie es mit einem leichtfertigen »Du bist ja da« ab.

Im Sinne von: »Es wird alles gut gehen, schließlich bist du ja da.«

Oder: »Ich mache mir keine Sorgen, weil du ja da bist.«

Sie hatte ein Kleid ausgesucht, dessen Gelb so blass war, dass es fast weiß aussah, und ihre offenen Haare fielen romantisch in Wellen über die Schultern. Das war eine ungewöhnliche Entscheidung, denn es wirkte sanft, und Regan neigte gewöhnlich nicht zu Sanftheit. Sie hatte sich als Charlotte verkleidet, und das hatte sie augenscheinlich mit Leichtigkeit vollbracht. Mit einem Lächeln für Aldo fuhr sie durch den Stadtverkehr von Chicago und plauderte auf gewohnte Art mit ihm.

»Ich denke, das ist meine Chance, die Streitigkeiten zu bereinigen«, sagte sie, möglicherweise in dem Versuch, ihn, sich selbst oder sie beide zu überzeugen, »und außerdem sollten sie dich noch einmal treffen.«

Er war sich da weniger sicher. »Wissen sie überhaupt von mir? Von uns, meine ich.«

»Vermutlich hat Madeline es ihnen erzählt«, antwortete sie achselzuckend. »Zumindest wissen sie, dass du auch kommst.«

(Masso war ihm wirklich überhaupt keine Hilfe gewesen: Natürlich mögen sie dich, Rinaldo, warum denn nicht? Dad, das glaube ich nicht. Oh, gut, selbst schuld, macht nichts, dennoch sage ich, dass du falschliegst. Dad, ich glaube, du überschätzt, wie sehr die Menschen mich mögen, meine Studierenden hassen mich und die meisten Kolleg*innen auch. Na ja, was wissen die schon, nur, was du sie lehrst, hm? Zeig ihnen einfach etwas anderes, hatte er gesagt, als ob das so einfach zu bewerkstelligen wäre, aber wahrscheinlich war es das für Masso.)

Während Regan fuhr, schwieg Aldo die meiste Zeit und dachte über andere Dinge nach. Wie ihre Eltern ihn, möglicherweise, wahrscheinlich, hassten und auch nicht hassten und wie er problemlos beides glauben konnte, bis er dort ankam und die Büchse der Pandora öffnete. Gedankenlos streckte sie die Hand mit der Gewissheit häufiger Wiederholung nach ihm aus und verschränkte ihre Finger mit seinen. Er strich mit seinen Lippen über ihre Fingerknöchel und drückte sie einmal. Nach Omen Ausschau haltend, fand er doch keine außer den üblichen.

»Warum hast du mich letztes Mal mitgebracht?«, fragte er.

»Statt Marc, meinst du?«, fragte sie beiläufig, und dann sagte sie: »Weil ich wollte, dass du statt seiner dort bist.«

Er schüttelte den Kopf. Das hatte sie falsch in Erinnerung. »Es war, weil sie Marc nicht mögen«, rief er ihr ins Gedächtnis und meinte damit: *Und jetzt mögen sie mich nicht.*

Ein Kreislauf. Ein Muster. (Du solltest wissen, was als Nächstes kommt, sagte sein lästiges Gehirn.)

Kurz blickte sie zu ihm.

»Das war nur eine Ausrede«, sagte sie.

Das stimmte, dachte er, und wiederum auch nicht. Eine Lüge und eine Wahrheit, paradoxerweise in einer immer noch geschlossenen Box, die Regan vielleicht gar kein Interesse hatte zu öffnen.

»Es ist mir egal, ob sie dich mögen oder nicht«, teilte sie ihm mit.

Einen Augenblick lang raste sein Herz, und sein Magen schnürte sich zusammen. Sein momentaner Atemverlust war gestochen scharf, alles war plötzlich zu schnell.

»Okay«, erwiderte Aldo und entschied sich, es nicht unter *ANZEICHEN* abzulegen.

———

»Du hast dich wirklich nicht verändert, oder?«, hatte Aldo in seinem typisch nüchternen Ton gefragt.

Später spielte Regan den Abend in Gedanken durch, rannte durch die Zeit zurück, um ihre Fehler zu erkennen, aber in diesem bestimmten Moment fühlte sie sich gefangen, war unfähig, sich zu bewegen.

Sie sah nur Aldo, der ihr den Rücken zugewandt und seine grünen Augen auf das Bild gerichtet hatte.

»Wo ist das echte Bild?«, fragte er steif.

Ihr erster Gedanke: Er war wirklich ein Genie. Sie hatte die Originalsignatur des Künstlers belassen, sie perfekt gefälscht, aber aus Unbesonnenheit – vielleicht aus Hybris oder irgendeinem noch nicht diagnostizierten Drang, ihren Stempel aufzudrücken, irgendwas, nur um zu beweisen, dass sie auf eine kleine, unbedeutende Weise, die ihr Vater niemals bemerken würde, Teil dieses

Kunstwerks war – hatte sie eine winzige Verschönerung hinzugefügt. Ein beinahe unsichtbares Zeichen; ein kleiner Makel, nur um ihre Existenz in der Welt zu beweisen. Sich selbst ihre Verortung in der Zeit, in der Konsequenz zu beweisen.

Und Aldo hatte es gesehen.

Die Wahrheit zu erzählen, schien sie zu verwundbar zu machen; alte Gewohnheiten. »Was meinst du?«, hatte sie gefragt, in der Hoffnung, er werde das Thema fallen lassen, doch sie war nicht überrascht, als er dranblieb.

»Du lügst«, sagte er, nur dass es diesmal, zum ersten Mal, eine Anschuldigung und nicht nur eine Beobachtung war.

»Aldo, hör zu …«

»Du hast dich wirklich nicht verändert, oder?«

Es schmerzte sie zu wissen, was er meinte, noch bevor er die Worte ausgesprochen hatte. »Was soll das heißen?«

»Das hier, dieses Bild, es ist eine Fälschung. Du hast dich selbst eine Diebin genannt, als wir uns kennengelernt haben«, rief er ihr in Erinnerung, und sie hatte das Gefühl, von etwas gepackt zu werden.

Vielleicht von Panik. Vielleicht von dem Gefühl der Angst, auf das sie so lange gewartet hatte.

(Er kann mich jederzeit nicht mehr träumen, nicht mehr an mich glauben …)

»Warum hast du das getan?«, fragte er, und sie schüttelte den Kopf.

»Ich habe es dir doch gesagt, ich weiß es nicht. Weil ich gut darin war, weil mir die Idee nicht mehr aus dem Kopf ging, weil …«

»Weil du es tun musstest?«

Plötzlich war sie zu erschöpft, um mit ihm zu streiten oder etwas zu erklären, was ihre Mutter sie unzählige Male gefragt hatte; wonach der Richter sich erkundigt hatte; ihre Psychiaterin, was alle sie gefragt und nie geklärt hatten, dem aber Aldo, nur Aldo, immer bereitwillig vertraut hatte.

»Ja«, sagte sie und erkannte im Moment, dass das die Antwort war, die er schon die ganze Zeit befürchtet hatte.

»Und du musst das immer noch tun?«

Diese Frage war ein klein wenig anders, aber im Grunde war es die gleiche.

»Nein, Aldo«, erwiderte sie und seufzte, »ich war nur …«

»Du bist nicht okay, Regan«, sagte er, plötzlich erregt, und sie blinzelte. »Das ist nicht normal.«

»Was ist nicht normal?«

»Nichts davon.« Er rieb sich die Schläfe, als wäre sie ein Kopfschmerz, eine Formel, die sich nicht fügen wollte, und es schmerzte sie. Sie hatte ihn wie seine Gedanken ausgelaugt, und die schmerzliche Erkenntnis gärte in ihrer Brust.

Es erschien unfair, ungerecht, dass die Dinge, die sie beide so mühelos geteilt hatten – Ich bin strange, nein, ich bin strange, okay, wir sind beide strange, niemand, außer wir selbst, versteht uns – nun allein auf ihren Schultern lasteten.

»*Ich bin* nicht okay?«

Er sah sie ausdruckslos an.

»Du warst noch *nie* okay«, schleuderte sie ihm ins Gesicht, und Aldo wandte, weder überrascht noch nicht überrascht von ihrem Ton, den Kopf ab, was die Situation unendlich viel schlimmer machte. »Du glaubst, du hast dich geheilt, Aldo?«, fuhr sie ihn an, als sie verzweifelt versuchte, Überlegenheit zu erlangen und sich dabei nur immer kleiner fühlte. »Hast du nicht, Aldo. Als ich dich traf, warst du leer, nicht geheilt. Du hast versucht, im Nichts einen Sinn zu sehen!«

»Glaubst du etwa, ich wüsste nicht, dass etwas nicht mit mir stimmt?« Er blickte seltsam ernüchtert, als wäre er aus einer Illusion erwacht. *(Er kann mich jederzeit nicht mehr träumen, nicht mehr an mich glauben.)* »Das sagt mein Vater mir die ganze Zeit, Regan. Mein Gehirn ist kaputt«, sagte Aldo roboterhaft, »und dein Gehirn ist kaputt, aber wir können nicht beide kaputt sein. Einer von uns muss heilbar sein – nein, einer von uns muss *geheilt* sein, sonst –«

»Sonst was?« Es klang gefährlich eskaliert. »Was passiert, Aldo, wenn du mich nicht heil machen kannst?«

Lange Zeit sah er sie an, ohne zu antworten.

»Ich bin keine Überdosis, die du mit einer Doktorarbeit ungeschehen machen kannst. Ich dachte, das hättest du verstanden.«

»Das habe ich. Ich versteh das.«

»Na ja, anscheinend ja nicht. Anscheinend hast du Bedingungen, um mit mir zusammen zu sein.«

»Das … das nicht. Es sind keine Bedingungen.«

Ihr Puls schwankte. »Aber irgendetwas ist es doch.«

»Ich weiß einfach nicht«, sagte er, und es klang, als würde er noch mehr sagen, aber dann spreizte er nur hilflos die Hände. »Ich weiß einfach nicht.«

Stumm starrte sie ihn an. Sie spürte, wie die Dielen unter ihren Füßen nachgaben wie feiner Sand, wie ein Gezeitenwechsel in der Ferne.

»Ich hatte diese Theorie, dass ich mich mithilfe der Zeit retten könnte«, erklärte Aldo. »Ich würde sie lösen, und dann würde ich eines Tages um eine Ecke biegen, und alles wäre anders. Um einhundertzwanzig Grad anders als zuvor.« Er machte eine Pause. »Jetzt erkenne ich natürlich«, murmelte er, mehr zu sich selbst, »dass ich gar nichts retten kann.«

Tränen brannten ihr in den Augen. »Warum? Nur weil ich ein Bild gefälscht habe?«

Es schien ihm leidzutun, aber das sagte er nicht.

»Weil«, brachte er müde hervor. »Weil ich glaube, dass du mich mehr brauchst, als du mich willst, Regan, und ich denke, vielleicht …«

Ein dumpfes Summen in ihren Ohren, das sie vorübergehend taub werden ließ.

»… ich denke, vielleicht heißt das, dass ich gehen sollte.«

Reaktion überflutete sie in Wellen, in hohen Wogen.

Zuerst wie eine elektrische Steckdose, in die sie sich selbst geschubst hatte, vor Panik, Verärgerung und Verlust sprühte sie Funken, ohne zu wissen, worunter sie am meisten litt. Vor lauter Wut fühlte sie sich verzweifelt, hohl und leer. Dann übergossen, klatschnass, untergetaucht. In einer Flut von Verzweiflung, die sie bis zum Zittern abkühlte, wollte sie auf die Knie fallen und seine Knöchel umklammern. Sie wollte seine Füße küssen, ihm eine Ohrfeige verpassen.

Anschließend war es Gewalt. Am liebsten hätte sie die Worte genommen und sie zurück in seinen Mund gezwungen – dessen Form sie so gut kannte wie den Gott, an den sie nie geglaubt hatte – und sie weiter bis zu seiner Leber reingestopft. Sie wollte ihn abstechen und sich selbst erstechen und ihre Mutter ins Herz stechen und ganz besonders Marc niederstechen; sie konnte die Bilder von sich nicht aufhalten, wie sie zustieß und zustieß und zustieß, bis ihre Hände voller Blut und Tränen waren.

All das würde sie tun, dachte sie, und das Blutbad dann nutzen, um etwas Neues, etwas Brillantes zu malen, vor allem mit Aldos Blut – aus den Gefäßen seiner hübschen Wunden – würde sie einen Himmel malen, mit Gold gemischt, gesprenkelt mit Sternenkonstellationen. Dann würde sie sagen: Siehst du, was ich geschaffen habe? Sie würde ihm ein Versprechen geben, während sie jedes seiner leblosen Augen ehrerbietig küsste, und das Versprechen wäre folgendes: Jetzt werden du und ich ewig leben.

Doch nach der Gewalt kam die Taubheit, die gefühllose Ruhe.

»Dann solltest du wohl besser gehen«, sagte sie teilnahmslos, und Aldo erstarrte und zögerte einen Moment.

Dann nickte er, steckte die Hände in die Hosentaschen und ging zur Tür.

———

Noch lange Zeit danach grübelte Regan darüber, was schiefgelaufen war, drehte und wendete es in ihrem Kopf. Sie wurde das Gefühl nicht los, dass sie etwas im Gesamtgefüge fehlinterpretiert hatte, irgendwo in der Landschaft von DER STREIT, und dass es vielleicht nicht ihr Werk, sondern das von ihnen beiden gewesen war. Sie hatte gedacht, da ihre Liebe rot gewesen war – sie war glühend und leidenschaftlich und unbändig gewesen, magnetisch und zerstörerisch –, müsste auch DER STREIT rot sein, doch je länger sie darüber nachdachte, desto klarer wurde, dass sie – keiner von ihnen – wirklich wusste, was es hieß, für etwas zu streiten. Sie hätten nur in Blau streiten können, in seinen melancholischen Tönen, weil Beziehungen für sie beide blau waren. Für Regan war das Leben ein Kreislauf aus Ankommen und Fortgehen, wobei sie eine Drehtür durchschritt. Wenn sie fortging, was sie immer tat, ging sie leise; nicht mal ein Windstoß, sondern nur eine sanfte Brise, fast überhaupt keine Störung. Aldo hatte ihr selbst erzählt, dass er ein Meister im Überdauern seiner Freundschaften war, durchhielt, bis nichts mehr da war, und dann verschwand er einfach. Hätte sie schreien, hätte sie Forderungen stellen sollen? Ja, wahrscheinlich, aber sie war außer Übung, untrainiert. Zu viele Menschen hatten sich geweigert, als sie sich gewünscht hatte, sie würden sie bitten zu bleiben, und jetzt hatte sie Aldo ihretwegen so leichtfertig ziehen lassen, als sie den Griff all ihrer Finger auf einmal lockerte.

»Also«, hatte die Ärztin in der vorherigen Woche gesagt, »wie läuft's denn so?«

»Tatsächlich läuft's wirklich gut«, sagte Regan.

»Auch die Kurse an der Kunsthochschule?«

»Ja, die auch, sehr sogar. Meine Arbeiten wurden für die Ausstellung der Studierenden ausgewählt, habe ich das schon erzählt?«

»Davon hast du nichts gesagt! Aber das überrascht mich nicht, du hast viel Talent.«

Regan erwiderte spöttisch. »Dabei hast du gerade mal ein Bild von mir gesehen.«

»Nimm es als Kompliment«, schlug die Psychiaterin vor. »Es ist für uns beide besser, wenn du es annimmst.«

»Ist das eine ärztliche Anordnung?«

»Nenn es eine professionelle Einschätzung«, antwortete die Ärztin, obwohl sie schnell zum nächsten Thema überging. »Wie sind deine Stimmungen?«

»Gut, meistens jedenfalls. Ich habe viel gearbeitet, um mein Werk für die Ausstellung fertig zu bekommen.«

»Dann ist dein Schlafrhythmus …«

»Ich kriege nicht viel Schlaf. Aber das ist meine Entscheidung«, erklärte Regan rasch. »Nur bis meine Arbeit fertiggestellt ist. Das ist sie schon, beinahe.«

»Aha, verstehe. Und was ist mit der Geburtstagsparty für deinen Vater? Hast du da irgendwelche Bedenken?«

»Nichts Neues«, erwiderte Regan mit einem Schaudern. »Ich versuche ehrlich, das positiv zu sehen, schon damit Aldo ruhig bleibt. Außerdem«, fügte sie hinzu und zog sich einen lässigen Optimismus über, wie einen Mantel, der zu ihrer Bluse passte,

»glaube ich, dass du recht hast. Es wird mir helfen, wenn er auch da ist.«

»Und warum, meinst du, ist das so?«

Regan hatte Monate gebraucht, um sich an diese Fragen zu gewöhnen, und fand sie jetzt nicht mehr so aufdringlich.

»Nun, wenn er da ist, fühle ich mich … mehr wie ich selbst, vermute ich. Endlich habe ich etwas, worauf ich stolz sein kann. Ich bin in einen Menschen verliebt, von dem ich eine hohe Meinung habe, und meine Arbeit wird in einer aktuellen Kunstausstellung zu sehen sein. Eine echte Ausstellung, keine, die mein Vater mir mit Geld gekauft hat.« Sie atmete hörbar aus. »Es fühlt sich neu an, denke ich. Auf eine gute Weise.«

Die Psychiaterin lächelte leicht. »Magst du neue Dinge?«

»Ja, fast immer, aber nicht so. Das jetzt fühlt sich neu und alt zugleich an.«

»Oh? Erklär das mal.«

»Also, es ist nicht auf *schockierende* Weise neu. Ergibt das einen Sinn? Ich glaube, früher habe ich mich nach Neuem gesehnt – Nein, warte«, sie verbesserte sich kopfschüttelnd selbst, »nein, nicht gesehnt. Aldo sagt, es gibt einen Unterschied zwischen Verlangen und Zwängen, und ich glaube, er hat recht. Früher hatte ich diesen Zwang nach Neuem«, erklärte sie, und die Ärztin nickte, »aber dieses spezielle Neue ist langsamer, beständiger. Ich habe tatsächlich an meiner Technik gefeilt, weißt du?« Ein Schulterzucken. »Ich habe etwas geschaffen, worauf ich stolz bin. Ich bin mit jemandem zusammen, der mir das Gefühl gibt, ich weiß nicht. Ein gutes Gefühl.«

»Das ergibt Sinn«, sagte die Ärztin. »Wann findet die Party statt?«

»Nächste Woche.«

»Oh, so bald. Und die Kunstausstellung ist …«

»Am darauffolgenden Montag.«

»Und hast du Aldo schon davon erzählt?«

»Nein, noch nicht. Ich möchte ihn überraschen.« Einen Moment lang legte Regan sanft lächelnd eine Pause ein und sagte: »Weißt du, jetzt fühle ich mich zum ersten Mal in meinem Leben wie eine Künstlerin.«

»Ach?«, fragte die Ärztin.

»Ja, ich meine, Aldo sagt mir das zwar die ganze Zeit«, erzählte sie mit einem Lachen, »aber es heißt ja nichts, wenn er das sagt. Also, nein«, beeilte sie sich zu berichtigen, »das ist nicht wahr. Ich glaube nicht, dass ich überhaupt angefangen hätte, wenn er das nicht gesagt hätte.«

»Warum soll es dann ein Geheimnis bleiben?«

»Na ja, weil …« Sie zog eine Grimasse. »Ehrlich gesagt weiß ich nicht, ob ich schon bereit bin, ihm davon zu erzählen. Denn solange ich ein Geheimnis daraus mache, ist es meine Sache, verstehst du? Meine Sache, ob ich etwas zustande bringe oder scheitere.«

»Und hast du Angst zu scheitern?«

»Ich … nicht unbedingt. Ich denke …«

Sie hielt einen Moment lang inne.

»Ich denke, es ist die Vorstellung von einem Ende«, sagte Regan. »Die meiste Zeit meines Lebens bin ich im Kreis gegangen und habe einfach immer die gleichen Muster wiederholt. Jetzt empfinde ich zum ersten Mal anders, und es ist nicht so, dass ich wirklich *Angst* hätte, aber ich habe keine Ahnung, wie es sein wird. So etwas habe ich noch nie zuvor gemacht«, gab sie zu, »und es ist vermutlich unheimlich, aber ich habe keine Angst.«

»Glaubst du, dass Aldo das weiß?«

Regan dachte mehrere lange Augenblicke darüber nach.

»Vielleicht«, antwortete sie schließlich.

Sie würde sich an ihre Antwort erinnern, denn es war die einzige Lüge, die sie an diesem Tag erzählte. In dieser Zeit benutzte sie ihre Lügen nur spärlich. Sie fand, dass sie wie alte Bewältigungsmechanismen waren, wie das alte Paar Krücken, das sie mit acht Jahren gebraucht hatte; etwas, das sie weiter behielt, nur für den Fall, bis ihre Mutter den Keller aufgeräumt und beschlossen hatte, sie wegzuwerfen.

————

Regans Mutter hatte Marc zur Geburtstagsparty ihres Vaters eingeladen, und das war ein typischer Zug für Helen. Je länger Regan darüber nachdachte, desto deutlicher erkannte sie, dass sie es hätte wissen müssen. Sie hätte Aldo gar nicht erst zu dem Essen mitbringen sollen. Je länger sie ihre Wahlmöglichkeiten erneut durchspielte, desto selbstsüchtiger kam ihr diese Entscheidung vor. Zum Beispiel war ihr klar, dass Aldo keine Menschenansammlungen mochte. Seine Introvertiertheit war intensiver als ihre Extrovertiertheit, was sie schnell erkannt hatte und daher theoretisch durchblicken sollte. Er mochte keine Konflikte und keine Konfrontationen, natürlich nicht, schließlich war er von *Masso*, einem sanftmütigen, liebenswürdigen Menschen der leisen Töne, aufgezogen worden. Regan fragte sich, ob irgendjemand Aldo einmal angeschrien oder auch nur die Stimme gegen ihn erhoben hatte. Sie bezweifelte es, und das war, wie alles andere auch, etwas, das sie hätte wissen müssen.

Sie wusste auch, dass Aldo wegen irgendetwas besorgt gewesen war. Er war unglaublich leicht zu durchschauen, und inzwischen verstand sie, dass er, wenn er nachdachte – *wirklich* nachdachte –, das so schnell tat, dass sich seine Gedanken rascher bewegten als seine Lippen. Wenn Aldo still war, dann, weil etwas im Inneren seines Gehirns Druck ausübte, wie ein Tumor, der ihn innerlich zerfraß. Regan bemerkte, wie einfach es war, die Kunstausstellung geheim zu halten, weil Aldo, wenn sie ihm nicht alle Informationen mitteilte, sie nicht mit weiteren Fragen belästigte. Er schien nur erleichtert, wenn sie die Wohnung betrat. Dann fragte sie ihn nach seiner Arbeit – wie lief es mit der Dissertation, wie war das Unterrichten, war alles in Ordnung? –, und er antwortete immer nüchtern und sachlich. Ja, es läuft gut, und nein, es gibt keine Probleme. Sie brauchte länger als nötig, um zu erkennen, dass sie wahrscheinlich die falschen Fragen stellte.

Nie hätte sie zulassen dürfen, dass Marc sich mit ihm unterhielt. Gerissen, wie er war, setzte er sich in den Köpfen der Menschen fest. Seine Fähigkeiten unterschieden sich deutlich von Aldos, so war er etwa überzeugend, eigennützig auf eine Weise, die wie Selbstverwirklichung schien, vielleicht anfangs sogar freundlich. Nie schien er mit seiner Obsession für unbequeme Wahrheiten eine Absicht zu verfolgen, nur dass genau das der Fall war. Um Aldo den Schock zu ersparen, hatte Regan ihm nichts von den Dingen erzählt, die Marc seit ihrer Trennung zu ihr gesagt hatte, all die Gemeinheiten und Grobheiten, die sich während ihrer gemeinsamen Zeit wie Ehrlichkeit und sogar Liebe angefühlt hatten. Sie hatte nicht gedacht, dass Aldo das würde erfahren wollen, aber sie hatte auch nicht daran gedacht, ihn davor zu beschützen.

»Was hast du gemacht?«, fauchte sie Marc an, nachdem sie die beiden miteinander sprechen gesehen hatte, aber er zuckte nur mit den Achseln.

»Nichts, was du nicht irgendwann allein ruiniert hättest«, gab er zurück.

Sie beschloss, dass sie beide nie wieder ein Wort wechseln würden, und so war es auch.

Mit verblüffender Regelmäßigkeit vergaß Regan auch, dass

Aldo Sex zwar genoss, aber nicht viel daran dachte, wenn er keinen hatte. Manchmal schien er sogar so weit zu gehen, dass er sie damit besänftigte, indem er ihren Wunsch erfüllte, so mühelos, als hätte sie um ein Glas Wasser gebeten oder er bei Tisch um den Salzstreuer. Nachdem sie ihre Mutter angebrüllt hatte, hatte sie Aldo ins Badezimmer gezerrt und seine Finger so geführt, dass sie an ihrem nahtlosen Stringtanga zuppelten, aber er war lustlos, ungerührt, sogar widerspenstig gewesen. Die Zurückweisung, die sie aufgrund seines Desinteresses spürte, war alt, gehörte mehr ihr als ihm, mit der Stimme ihrer Mutter unverbraucht in ihrem Kopf: Siehst du, Charlotte? Niemand will dich, niemand hat dich je gewollt, du gehst verantwortungslos mit der Liebe der anderen um, und daher verlieren sie das Interesse an dir, so wird es immer sein.

Es war ein Fehler, den sie erst in der Rückschau erkannte, als sie die Dinge klarer sah, nachdem die Stimme ihrer Mutter aus ihren Gedanken verschwunden war.

»Wo ist er?«, hatte Regan ihre Schwester flehentlich gefragt, als sie Madeline aufgestöbert hatte, die eine zappelnde Carissa festhielt. »Ich muss ihn um Verzeihung bitten«, sagte sie und setzte widerwillig hinzu: »Ich habe etwas echt Dummes gemacht.«

»Ja, du musst dich wirklich entschuldigen«, pflichtete Madeline ihr bei, die sich nach dem Versuch, ihre Tochter zu beruhigen, wieder aufrichtete. »Char, sieh mal, ich weiß nicht, was Mom sich dabei gedacht hat ...«

»Sie hat gedacht, dass es sie einen Dreck angeht, ob ich glücklich bin oder nicht«, murmelte Regan. »Nicht, dass sie das je zuvor gekümmert hätte.«

»Na ja, ich weiß zwar nicht, ob das wahr ist, aber ...« Madeline seufzte. »Tatsache ist, Aldo ist wirklich durcheinander.« Carissa hatte sich aus dem Griff ihrer Mutter befreit, schenkte Regan ein strahlendes, Mäusezähnchen-Grinsen, und Madeline schüttelte den Kopf, bevor sie weitersprach: »Ich habe ihn in Dads Arbeitszimmer geschickt.«

Regan blickte erstaunt. »Dads Arbeitszimmer. Wieso?«

»Keine Ahnung, weil's dort ruhig ist? Er wollte allein sein, glaube ich.«

Die Vorstellung jagte Regan vor Besorgnis einen Schauder über den Rücken. »Ich will nicht, dass er allein ist. Ich mache mir Sorgen.« Seit Monaten schon mache ich mir Sorgen um ihn, das sprach sie nicht laut aus, aber für Madeline schien das auch nicht nötig zu sein.

»Dann geh zu ihm.«

Regan war die Treppe hinaufgestürzt und hatte die Tür angelehnt vorgefunden. Drinnen stand Aldo, eine Hand traurig vor dem Mund, während seine grünen Augen auf ihr Gemälde starrten.

———

War es vorbei? Es war nicht nicht vorbei, und für Regan war es typisch, dass die Dinge so zu Ende gingen. Es war nicht entzweigegangen, aber es hatte einen Riss des Schmerzes, einen Spalt, der sie verschlingen konnte, wenn sie nicht achtgaben. Sie war nicht überrascht, dass er fortgegangen war – gewöhnlich respektierte er ihre Wünsche, und es war ihr Vorschlag gewesen –, aber war das dann das Ende von ihnen beiden? Angenommen, sie käme am nächsten Tag nicht nach Hause oder auch nicht am Montag. Angenommen, Aldo verließ die Wohnung, um in die Uni zu fahren, so wie immer; sollte er bei seiner Rückkehr ihre Seite des Schranks leer vorfinden, war dort eine Leerstelle geblieben, die er füllen müsste? Er könnte denken: Wenn ich morgen nach Hause komme, wird es vielleicht so sein, als hätte sie niemals existiert, und dann werde ich nicht einmal wissen, wo in der Zeit ich mich befinde.

Der Gedanke machte Regan benommen, hielt sie in einem Dämmerzustand, im Halbschlaf fest. Wenn sie alle ihre Sachen wiederhaben wollte – sich in die Wohnung schlich, wie eine Diebin, die sie ja auch war, und das Leben zurückstahl, das sie mit ihm geteilt hatte –, würde Aldo dann beim Aufwachen Erleichterung verspüren? Würde er es als Gefallen anerkennen? Einerseits wollte sie seine ganze Traurigkeit für ihn ertragen, sich doppelten Schmerz zufügen, nur damit er ihn nicht abbekäme, und war das Krankheit oder Liebe? War sie wirklich innerlich so zerbrochen, dass sie leiden wollte, um ihn zu schonen, und wenn das wahr war, hatte er dann schon die ganze Zeit über recht gehabt? Wünschte sie, dass er vergaß (wollte *sie* vergessen?), oder hatte sie sich seinen Schmerz verdient, war sie es wert, einfach nur, weil sie da war? War es fairer für ihn, wenn er zu einer Leere nach Hause zurückkehrte, die er nachfahren konnte wie die Narben auf seiner Schulter? Sollte ihr Echo noch über den Schmerz hinaus bei ihm verweilen?

Etwas Neues, das sie kuratieren konnte, dachte Regan: die Möglichkeit, dass sie ihn heimsuchen oder ihn befreien könnte und dass es ganz allein ihre Entscheidung wäre, ob sie das in die Tat umsetzte oder es ließ. Das immense Ausmaß dieser Vorstellung war lähmend. Die Verantwortung für das Geschick zweier Menschen zu tragen, die verletzt und blutig waren, war nichts, was sie je zuvor versucht hätte, und jetzt fühlte sie sich angesichts dieser Perspektive schwach. Sie hatte ihm Pfeile ausgehändigt, und er hatte geschossen, und nun waren Teile von ihr klaffende Löcher, gehäutet und filetiert und als offene Wunden zurückgelassen. Warum war sie ihm nicht nachgelaufen, warum hatte sie ihn nicht aufgehalten, warum hatte sie ihm nicht die Wahrheit gesagt? Warum war er fortgegangen, warum hatte er diesmal nicht zu ihr gesagt: »Ich liebe deinen Verstand, auch wenn er mir

Angst macht«, warum, warum, warum nur? Die quälende Selbst-befragung fühlte sich wie die einsamste Sache der Welt an, und das darauffolgende Schweigen war ohrenbetäubend.

Regan stellte sich vor, wie sie die Bruchstücke ihres kaputten Hirns in den Händen hielt und sie ansah, sie zusammenfügte und dann wie eine Magic-8-Wahrsagerkugel schüttelte. *Frag später noch einmal*, lautete die Antwort, und gehorsam schüttelte sie von Neuem. Habe ich dieses kleine flügge werdende Ding, das ich versuchte großzuziehen, schon zerstört? *Es ist gewiss. Vage Antwort, versuch's noch mal. Würde er möglicherweise zu ihr zurück-kommen? Das ist sicher so. Aussichten nicht so gut.* Sollte sie sich vielleicht auf die Suche nach ihm machen? *Darauf kannst du dich verlassen. Sehr zweifelhaft.*

Wie sie herausstellte, war Wahrsagerei nutzlos. Die Zukunft war ungewiss, und die Vergangenheit war eine Reihe von Kreisläufen, die sie erst sehen konnte, wenn sie sie durchlaufen hatte. Sie dachte an Aldo, an die Zeit und dass es nicht die Zeit war, die nicht in Ordnung gebracht werden konnte, sondern *sie beide* – es war die Menschheit im Allgemeinen –, weil die Zeit den Dingen Gestalt verlieh. Sie konnten sich nicht sehen, sofern sie nicht außerhalb ihrer selbst existieren könnten, ipso facto, ohne dass Zeit verging, könnten sie niemals wirklich wissen, was sie gewesen waren.

Es ist unmöglich, das Multiversum zu begreifen, hatte Aldo einmal gesagt, denn wir können nicht wissen, wo wir uns darin befinden – und wenn wir nicht wissen, wo wir sind, was ist dann unsere Basis für das Verständnis von allem anderen?

Du hast recht, Rinaldo, dachte Regan, die rückblickend von sei-nem Gedanken beruhigt wurde, von einem vergangenen Aldo, der ihr etwas hinterlassen hatte, womit sie sich jetzt trösten konnte.

Gib dem Ganzen Zeit, sagte sie sich selbst. Lass es Atem schöp-fen, den Raum einnehmen, um die Konturen zu entdecken.

Ein Ende ist nur dann ein Ende, dachte sie, wenn beide Beteiligten zustimmen, dass sie am Ende angelangt sind.

———

Kurz nach ihrem Streit fiel Aldo auf, dass Regan ihm etwas dagelassen hatte. Er konnte nicht sagen, ob das eine neuere Regan gewesen war, die während seiner Abwesenheit in die Wohnung gekommen war, oder ob eine vergangene Regan es dort deponiert hatte, damit der zukünftige Aldo es finden oder nicht finden möge. Wie auch immer, er bemerkte eines ihrer Kleider in seinem Schrank, als wäre es absichtlich in sein Blickfeld hingehängt worden, ein klein wenig von den anderen Kleidungstücken abgerückt, damit es ihm ins Auge fiel. Es war die Art Kleid, die sie gewöhnlich zur Arbeit trug, und es erinnerte ihn an diese heilige Schnittmenge in ihrem Mengendiagramm der Existenz: das Museum.

Aldo hatte bereits die Möglichkeit in Betracht gezogen, dass sie vielleicht das Richtige getan hatten, dass es am klügsten, am besten so war. In gewisser Weise war er sich absolut sicher, sie beide seien so sicherer, besser geschützt. Er war frei, um sich etwas anderem voller Inbrunst zu widmen, um eine neue, weniger fragile Überlebenstheologie zu finden. Darin lag eine Leichtigkeit, eine Schlichtheit, und besaß eine solche Stabilität nicht einen gewissen Wert? Sie könnten problemlos zu alten Kulturen ihrer selbst zurückkehren, ohne eine Last, und ihre gedankenlose Verehrung der Sterne wiederaufnehmen.

Das Art Institute war ziemlich genau wie immer, ruhig an einem Montag, mit Ausnahme einer Ausstellung, die Aldo normalerweise abgestoßen hätte, weil sie von einer Menschenmenge umgeben war. Er hatte nicht die Absicht, sich das näher anzuschauen, denn das Geplauder zeigte ihm, dass hier andere Leute angesprochen waren, dennoch blieb er widerwillig stehen, als ihm etwas ins Auge fiel.

Es war ein Anblick, der sowohl vertraut als auch unvertraut war. Es war neu, weil er es noch nie zuvor gesehen hatte, aber es war auch wiedererkennbar, da es schon vorher in seinem Kopf existiert zu haben schien. Die Farben, dachte er, sahen wie etwas aus, das er schon ein- oder zweimal in dem Stoff seiner Grübeleien erblickt hatte, und daher strebte er darauf zu, schlüpfte zwischen den Menschen hindurch.

Aus der Entfernung war es ein Gemälde gewesen, aber bei näherer Betrachtung konnte er sehen, dass es im Grunde ein Triptychon war, drei einzelne Segmente, die zusammen eine weite Landschaft bildeten, die kleiner war, wenn man sich näherte. Aus nächster Nähe konnte Aldo die winzigen hexagonalen Linien ausmachen, goldene Fissuren, so fein, dass das Gemälde aussah, als hätte es Schuppen, die seinen Inhalt in kleinere Stücke aufsplitterten.

Zunächst schien das Bild kein Thema zu haben. Nichts darin war eindeutig identifizierbar, weder als Szenerie noch als Objekt, nur Aldo hatte das eindringliche Gefühl, als ob er durch Raum und Zeit bewegt worden wäre. Er befand sich nicht mehr in einem hellen weißen Museum und betrachtete ein Gemälde, sondern stattdessen auf dem Dach seines Hauses und blickte in den Himmel.

»Ich denke, es ist unglaublich menschlich, was du tust«, hatte Regan gesagt und ihm den Kopf zugewandt. (Er hatte geraucht und etwas über den euklidischen Raum gemurmelt.)

»Findest du?«, fragte er zweifelnd. »Denn soweit ich weiß, scheinen andere Menschen nicht dieser Meinung zu sein.«

Sie machte ein Geräusch, das sie häufig vernehmen ließ, normalerweise, um darauf hinzuweisen, dass er lächerlich war, sei still, hör auf. »Du suchst nach Erklärungen«, sagte sie. »Es ist Teil unseres fundamentalen Kodex, uns Fragen zu stellen, meinst du nicht? Das haben die Babylonier getan, und du tust das auch.«

»Ja, und doch«, Aldo stieß Rauch aus, »sind die Erlebnisse von Zeus eher Allgemeinwissen als die Mathematik der Babylonier.«

»Also, auch Sex ist menschlich«, sagte Regan. »Dennoch sind beide Wege und Möglichkeiten, Geschichten über das Leben zu erzählen. Du benutzt nur zufällig eine Sprache, die nur du und …« Sie hielt inne, um es abzuschätzen. »Vielleicht noch zehn andere Menschen verstehen.«

»Was ist mit Kunst?«, entgegnete er. »Ist das nicht auch Geschichten erzählen?«

»Nein, eigentlich nicht.« Sie beugte sie zu ihm und nahm einen Zug von dem Joint, den er in den Fingern hielt. »In der Kunst geht es nicht darum, irgendeinen Scheiß zu erklären«, sagte sie und musste einmal husten. »Es geht darum, etwas zu teilen – Erfahrungen, Gefühle. Kunst machen wir, um uns menschlich zu *fühlen*, nicht, weil wir es sind.«

»Fühlst du dich menschlich?«

»Auf eine Weise des Miteinander-verbunden-Seins, als ob ich Teil einer weit verbreiteten Spezies wäre? Nicht oft. Und du?«

»Fast nie.«

»Nun, das war einen Versuch wert.«

Nachdem sie noch einen Zug genommen und ihre Wange an seine Schulter gelegt hatte, war ihm plötzlich mit Funken sprühender Klarheit ein Gedanke gekommen: Was auch immer das ist, woraus du geschaffen bist, Charlotte Regan, auch ich bin daraus gemacht.

»Wofür benutzt man das?«, fragte ihn später jemand im Unterricht. Das war eine Variante der Fragestellung, die er zu dem Zeitpunkt mehr als satt hatte, die er sich aber an diesem Tag herabließ zu beantworten, es ging um lineare partielle Differenzialgleichungen. Vielleicht weil er müde war und seine Abwehrmechanismen schwach; oder vielleicht weil er in der vorherigen Nacht seinen Kopf neben eine Frau gelegt hatte, deren Gedanken und Substanz er verzweifelt erfahren wollte und die, wenn sie dort gewesen wäre, ihm eine Variation dieser Frage gestellt hätte.

Aldo, was ist DIE WAHRHEIT?

Die einfache Antwort, und die er gegeben hätte, wäre er nicht müde oder verliebt gewesen, war schlichtweg, dass lineare partielle Differenzialgleichungen zur Beschreibung von Veränderungen über einen Zeitraum innerhalb des Anwendungsbereichs der Quantenmechanik benutzt wurden. Die Antwort, die er nun gab, war jedoch etwas in der Art von:

»Wir bilden Dinge ab«, sagte er, »und wir stellen sie grafisch dar, wir beobachten und modellieren und treffen Vorhersagen, weil wir keine andere Wahl haben und das die Sprache ist, auf die wir uns, gemeinsam, geeinigt haben. Weil wir uns, gemeinsam, geeinigt haben, dass ein Weitermachen ohne Kenntnis oder Verständnis einer dummen Mutprobe gleichkommt, einer impulsiven Blindheit, dass aber allein zu sein, ohne Staunen und Neugier, bedeuten würde, jeden möglichen Wert abzusplittern, den wir an unserer Existenz entdecken könnten.«

Die Studierende, die diese Frage gestellt hatte, war später die Einzige, die seinem Kurs eine Fünf-Sterne-Bewertung gab, in der stand: »Die meiste Zeit verstehe ich nicht, worüber Damiani spricht, aber ich habe das Gefühl, dass er wirklich für Mathe brennt, und das finde ich ziemlich cool. Niemand interessiert sich mehr für irgendwas. Egal, wahrscheinlich habe ich diesen Kurs nicht bestanden, aber irgendwie mochte ich ihn. So wie man Differenzialgleichungen halt mögen kann.«

In der Gegenwart nahm Aldo ein Klopfen auf seiner Schulter wahr; jemand wollte an ihm vorbei, um sich ein anderes Gemälde anzusehen. Schlagartig war er wieder aufmerksam, nickte rasch und trat noch einen Schritt näher, um das Schild unter dem Triptychon zu lesen.

Allein mit dir in der Unendlichkeit, stand da, gefolgt von: *Öl und Acryl*.

Darunter, in kleineren Buchstaben: *C. Regan*.

»Oh, das ist hübsch«, bemerkte jemand neben ihm, der auf Regans Werk deutete, und Aldo wandte, plötzlich verärgert, den Kopf.

Es ist nicht hübsch, wollte er sagen, es ist einsam, trostlos, es ist ein Porträt der unermesslichen Weite, das den Betrachter schaudern lässt. Wie ignorant muss man sein, dass man auf dieses Gemälde blickt und es herabwürdigt wie irgendeinen Schund, sind Sie tot? Das ist die Conditio humana! Das ist das ganze Universum! Das sind die Tiefen der Raumzeit, Sie Vollblutbanause, und wie können Sie es wagen, wie zum Teufel können Sie es *wagen*, dort zu stehen und nicht zu weinen? Welche traurige, langweilige Leere hat Sie so abgestumpft werden lassen, dass Sie Zeuge der Großartigkeit ihrer Existenz werden können und nicht sofort auf die Knie fallen, weil es Ihnen entgangen ist, weil Sie es die ganze Zeit über missverstanden haben? Hübsch, das ist Ihre Meinung dazu? Sie glauben, das sei alles, wozu sie fähig ist? Sie Dummkopf, sie hat das Unmögliche vollbracht. Sie hat alles, was es über die Welt zu wissen gibt, in weniger Zeit erklärt, als Sie brauchten, um sich vollkommen auf dieses Bild zu konzentrieren, und ist Ihnen klar, dass ich mein Leben lang versuchen werde, das Gleiche zu tun, und nie auch nur in ihre Nähe kommen werde? Das ist ein Meisterwerk!, das ist ein Triumph!, das ist der Sinn des Lebens, und Sie denken, die Antwort wäre eine Satire, aber das stimmt nicht, es ist DIE WAHRHEIT. Sie hat DIE WAHRHEIT erzählt, so wie Sie nur davon träumen könnten, sie zu erzählen, und ich bedauere Sie, dass Sie ins Innere Ihrer eigenen Seele blicken und es derart niedermachen konnten, so gedankenlos. Mit der geistlosen Unvollkommenheit von:

Oh, das ist hübsch.

Doch das sagte Aldo nicht, und auch nichts anderes. Stattdessen nickte er und drehte sich um, holte sein Handy aus der Hosentasche und ging eilig nach draußen, immer schneller und schneller, je näher er den Türen kam.

»Dad«, sagte er in dem Moment, in dem sich Masso meldete. Am liebsten hätte er gebrüllt, einen Urschrei, oder sich an den Haaren gezogen, hysterisch vor lauter Verstehen. »Sie ist überhaupt nicht wie Mom.«

»Rinaldo, ich habe seit zwei Tagen nichts von dir gehört, wo bist du ge…«

»Du irrst dich, und du hast recht«, sprach jetzt wieder Aldo, der auf den Stufen vor dem Museum auf und ab lief. »Sie verbrennt mich, sie entzündet mich, da hast du recht. Aber es ist anders, sie sind vollkommen verschieden.« Er dachte mehr, als er sagte, unsicher, was überhaupt aus seinem Mund kam. »Wissenschaft ohne Vertrauen ist lahm, Masso, und Leben ohne Vertrauen ist seelenlos. Sie ist meine Hoffnung, und daher ist sie gefährlich, zweifellos, aber sie ist auch lebendig, uneingeschränkt. Ich habe so lange gebraucht, um das endlich zu begreifen.«

Masso blieb einen langen Moment still.

»Was willst du dann tun, Rinaldo?«

Aldo lachte, womit er den Fremden erschreckte, der friedlich auf den Stufen saß und unwissentlich Zeuge von ein wenig existenziellem Verfall wurde. Im Moment sind es nur du und ich, Fremder!, wollte Aldo zu ihm sagen. Nur du und ich allein im Äther, und du weißt es noch nicht einmal, es kümmert dich nicht, dennoch bist du daran gefesselt, und an mich, und so soll es sein, wirklich.

So soll es sein. Darin liegt die Bedeutung des Lebens.

»Ich werde tun, was immer sie will«, sagte Aldo zu seinem Vater, der am anderen Ende der Verbindung drei Takte Schweigen lang darüber sinnierte.

»Okay, Rinaldo«, sagte Masso. »Klingt nach einem Plan.«

———

Aldo hatte, allein, mehr als fünfzehn Minuten lang, ihre Gemälde betrachtet.

In dieser Zeit hatte Regan imaginäre Szenarios erdacht, was als Nächstes kommen würde. Anfangs war es sehr einfach, vielleicht sogar langweilig, ein wenig im Voraus festgelegt. Während der ersten Minute oder so sah sie sich auf ihn zugehen, ihm auf die Schulter klopfen und beiläufig sagen: Woher hast du das gewusst?

Zwischen den Minuten drei und fünf gingen ihre Projektionen ein wenig weiter. Sie stellte sich vor, wie sie sich bei ihm entschuldigte und dabei sagte: Ich hätte dich aufhalten sollen, ich hätte dich nicht gehen lassen dürfen, das hier ist mein Liebesbrief für dich, und ich hoffe, er gefällt dir, jetzt leb wohl, wenn es das ist, was du willst. Das wäre reizend von ihr, und auch masochistisch und großzügig. Wahrscheinlich könnte sie mit sich leben, wenn sie das sagte.

Aber Regan hatte sich noch nie zuvor mit Anmut zur Märtyrerin gemacht, also würde sie ungefähr um Minute sechs herum – die sich borderlinemäßig schrecklich anfühlte – sauer werden. Du siehst doch, dass das meine Arbeit ist!, wollte sie ihn anschreien. Warum schaust du immer noch hin, komm mich suchen! In Minute zehn war sie wütend und überlegte, ihn gegen das Schienbein zu treten und dann fortzustürmen, ohne ein Wort zu sagen. Würde ihm das nicht recht geschehen? Er konnte nicht einfach dastehen und sich mit diesem starren Blick ein Urteil über ihre Arbeit bilden. Wann hatte er sich je so verletzbar gemacht? Wahrscheinlich noch nie, und nun sieh ihn an, steht einfach dort und starrt. Er hatte weder bemerkt, wie viel Menschen ihn angerempelt hatten, noch war ihm das Mädchen aus Regans anatomischem Figurenzeichnungskurs aufgefallen, deren Werk direkt unter ihrem Bild hing, wohin das Mädchen und sein Großvater in diesem Moment nur mit Mühe sahen, weil Aldo ihnen im Weg stand und sich nicht bewegt hatte.

In der zwölften Minute hatte Regan ihre scheinheilige Haltung aufgegeben und begann zu denken: Aldo, oh, Rinaldo, du fehlst mir; nur du würdest so lange und so genau mein Bild anschauen; nur du würdest versuchen zu sehen, was die anderen sehen. Sie wollte sich von hinten an ihn heranschleichen, ihre Brust an seine Schulterblätter drücken und ihre Lippen auf seinen Nacken: Danke. Deinetwegen, würde sie ihm ins Ohr flüstern, habe ich mein allererstes richtiges Kunstwerk geschaffen, kannst du das glauben? Zum ersten Mal bin ich Künstlerin – ja, eine Künstlerin, ich habe es ausgesprochen, du hast mich gehört! –, und das nur, weil ich die Welt so gemalt habe, wie du sie gesehen hast, also war es Diebstahl, gewissermaßen, aber nein, das war es nicht, weil wir es zusammen geschaffen haben. Das ist unsere Liebe, erkennst du das? So sieht es aus, dich zu lieben; es sieht aus wie ein Abgrund, aber das ist es nicht, verstehst du? Jeder Sturz birgt Gefahr, Aldo, aber für uns nicht. Für uns nicht, denn wir schweben.

In Minute vierzehn wollte sie ihn in eine stille Ecke ziehen. Sie brannte vor dem Bedürfnis, ihn nah bei sich zu spüren, sich verbunden zu fühlen, selig vulgär und einträchtig obszön. Allein *mit dir*, würde sie keuchen, wenn sie kam, verstehst du, warum ich es so genannt habe, was es bedeutet? Denn du und ich, wir sind so verschieden, oder nicht, und doch sind wir einander ähnlicher, als der Rest der Welt uns ähnlich ist, und dafür preise ich dich, ich verdamme dich, ich huldige dir, ich unterstütze dich. Dieses Gemälde, Aldo, handelt von Gott. Man kann es nicht in den Louvre hängen, man wird es im Vatikan zeigen müssen, denn was wir sind, ist heilig, und das hier, du und ich zusammen als eins, ist Transsubstantiation höchsten Grades. Das hier sind du und ich, die zur Weihe des Wir werden; amen, vor allem anderen glaube ich.

Bei Minute fünfzehn begann sie, aufblitzende Schnipsel ihrer beider Leben zu sehen, getrennt voneinander und zusammen, die wie ein Film nebeneinander abliefen. Eine Hochzeit, vielleicht, wahrscheinlich. Aldo würde keine wollen, aber Masso höchstwahrscheinlich schon, und Regan würde glücklich Madeline einladen, und weniger glücklich ihre Eltern. Doch sie könnten dort sein, denn sie hatte ihnen die Fähigkeit genommen, Macht über ihr Glück auszuüben (na ja, es war eine fortlaufende Anstrengung, aber sie hatte damit begonnen, und das zählte was), und sie könnten zuschauen, wenn sie zu Aldo sagte: Ich will. In einem anderen Bild trennen sie sich, und sie zieht nach Italien oder so was in der Art. Sie vögelt eine Reihe immer jüngerer und noch jüngerer Zwanzigjähriger, bis sie sie auspowern, und dann kommt sie zurück, ihr Leben ist zerbrochen, und sie muss feststellen, dass Professor Damiani beschäftigt ist, möchten Sie eine Nachricht hinterlassen? Und sie lehnt ab: Nein, nein, schon gut, das war ein Versehen. In wieder einem anderen Bild wendet sie sich zu Aldo und sagt: Weißt du, eine der kleinen Macken meines menschlichen Gefängnisses sieht so aus, dass es andere Menschen erschaffen kann, wenn man das will, und er lächelt auf eine Art, die besagt: Ja. In noch einem anderen Bild beobachtet sie, wie er sie auf einem Loop zurücklässt, immer wieder, und ihre

Füße sind an Ort und Stelle gefangen, als wäre es ein Albtraum – und das ist es, oder nicht? –, daher denkt sie: Nein, dieses nicht, das nächste. Im nächsten Bild schläft sie neben ihm; das ist alles, sie schläft nur. Er beugt sich über sie und küsst sie auf die Stirn, während sie weiterschlummert, unwissend und dümmlich friedvoll. Es ist vollkommen frei von Zeit, gehört zu keiner speziellen Stunde. Das hier, denkt sie, das ist es.

Irgendwo im Universum explodierte ein Stern, oder ein Mensch wurde geboren oder jemand starb oder die Zeit verstrich, während Regan dort stand und ihn vermisste, während sie um ihn trauerte, und dann dachte sie mit einer ebenso stillen Heftigkeit: Vielleicht muss ich es nicht allein machen.

Am Ende von Minute fünfzehn war er schließlich gegangen, hatte sich jäh umgewandt und war halb rennend auf den Ausgang zugesteuert, und in seiner Abwesenheit leerte sich Regan, während sie beobachtete, wie ihre ganzen alternativen Leben verwelkten. Sie beklagte sie wie ihre Kinder, drückte sich ihre leblosen Körper an die Brust, und dann waren sie allmählich vergessen, jedes verschwand, ohne eine Spur zu hinterlassen, bis sie nichts mehr in den Armen hielt.

Schließlich blickte sie auf ihre leeren Hände und dachte: Verdammt noch mal.

Verdammt noch mal, ich liebe ihn.

Dann, nachdem der Rauch fortgezogen war, konnte sie nichts anderes sehen.

DAS PASSIERT ALS NÄCHSTES.

Beim zweiten Klingeln meldet er sich; er hatte nicht gedacht, dass sie anrufen würde.

Das hatte sie nicht beabsichtigt, aber dann war es so gekommen.

(Schweigen.)

Man könnte zu bedenken geben, dass er auf ihren Anruf gehofft hatte. Andererseits gehört Hoffen genau genommen nicht zu seinen Fähigkeiten.

Sie ist nicht einverstanden. Sein Beruf ist auf Hoffnung gebaut, oder nicht?

Merkwürdig, dass sie das sagt. Er hatte gerade zu glauben begonnen, sie könnte recht haben.

(Schweigen.)

Nun, egal, sie müssen nicht wieder damit anfangen. Noch nicht.

Noch?

Nein. Genau genommen hat sie ihn angerufen, um ihm etwas zu erzählen.

Ach?

Also, genauer gesagt hat sie angerufen, um mit ihm über etwas zu reden. Sie wünscht sich (und in diesem Moment ein weiterer Atemzug des Zögerns): EIN GESPRÄCH.

Okay. (Lächelt er? Ja, tut er.) Okay, er ist frei, er kann reden. Worüber möchte sie sprechen?

Sie möchte über die Zeit sprechen.

Zeit?

Ja, Zeit.

Er dachte, die Zeit wäre sein Ding.

Na ja, es geht um seine Gedanken über die Zeit, also ja, sein Ding.

Okay, erzähl's ihm.

Also, sie hat über etwas nachgedacht, das er gesagt hat; darüber, wie er um eine Ecke biegen und in eine andere Situation eintreten könnte, die beinahe die gleiche wie zuvor war, nur anders. Was genau hat er damit gemeint?

(Eine Pause.)

Nun, er denkt, dass die Zeit eine Art Kreislauf oder Loop ist, ja? Aber da sie wahrscheinlich eher ein Hexagon als ein Kreis ist, aufgrund der Natur etc. etc., muss die Zeit wohl Ecken haben. Daher könnte sie um eine Ecke biegen und würde enden als … ja, als was eigentlich?

Sie wäre immer noch sie selbst, nur dass sie sie selbst wäre, wie sie es in der Richtung gewesen wäre, in die die Zeit sich *in diesem Moment* bewegte.

Okay, sagen wir mal, sie bog um eine Ecke und war … vielleicht achtzehn oder so, aber angenommen, sie hätte eine vage Erinnerung an den Menschen, der sie vorher gewesen war. Könnte sie das tun?

Sie kann alles tun, was sie möchte. (Er klingt, als würde er es ernst meinen.)

Okay, cool, also biegt sie um eine Ecke, sie ist achtzehn, es ist eine Vergangenheit, die nicht ihre *tatsächliche* Vergangenheit ist, daher ist sie in ihn verliebt, weiß es aber noch nicht.

Wenn sie achtzehn ist, dann kennen sie sich überhaupt noch nicht.

Richtig – *noch* nicht, aber vielleicht begegnen sie sich diesmal auf eine andere Weise. Zum Beispiel lernen sie sich auf einer Party kennen.

Eine Party? (Er ist skeptisch.)

Ja, das weiß sie, er soll einfach mit ihr mitgehen …

In Ordnung, wenn sie meint …

Mit einem Bier in der Hand blickt sie sich um wie – So 'ne Scheiße – und natürlich sieht er sie.

Weil sie eine Energie hat?

Ja, genau, weil sie eine Energie hat und er das erkennt. Das hat er schon früher gesehen.

In der Vergangenheit, die auch die Zukunft ist, meinst du?

Korrekt.

Okay, was kommt als Nächstes?

Na ja, das ist die Sache. Er sieht sie, und jetzt muss sie etwas sagen, damit sie weiß, dass er es wirklich ist.

Wie eine Zeit-Loop-Situation?

Aber sicher.

Aber wie kann sie überhaupt wissen, dass er es ist?

Sie wird es einfach wissen. Aber das ist nicht der Punkt, sondern sie will, dass er etwas ganz Bestimmtes sagt.

Okay, was zum Beispiel?

Vielleicht möchte sie, dass er sagt: Er hat schon lange Zeit auf sie gewartet.

Aber das wird sie verabscheuen. Das wird sie für ein Filmzitat halten.

Nein, nein, sie wird wissen, er meint es ernst. Sie kennt ihn, schon vergessen?

Aber sie kennt ihn nicht.

Aber sie kennt ihn doch.

Wie denn?

Das ist einfach so. Wie auch immer, er wird es sagen, und sie wird wissen, dass er es nicht einfach so dahinsagt. Solche Dinge sagt er nicht einfach so.

Das ist wirklich nicht seine Art, aber dennoch. Wirkt ein bisschen kitschig, oder nicht?

Okay, schon gut. Dann sollte er wahrscheinlich auch Bienen zur Sprache bringen.

Bienen? Gleich als Erstes?

Natürlich. Schon vergessen? Sie besitzt schon Kenntnisse über Bienen, obwohl sie die eigentlich nicht hat.

Das wird allmählich kompliziert, denkt er.

Nein, das ist es nicht, es ist … Scheiße, sie weiß, was es ist. Es ist ein verdammt perfekter Kreis.

Es gibt keine perfekten Kreise, Regan.

Doch, einen gibt es, und das ist dieser hier: Sie verlieben sich, weil sie immer ineinander verliebt sind.

Das ist kreisförmig, aber kein Kreis.

Er kann glauben, was er will; sie weiß, dass es ein perfekter Kreis ist.

Okay, aber dennoch. Angenommen, er akzeptiert ihre Prämisse – was bedeutet das eigentlich?

(Triumphierend:) Es bedeutet, dass sie beide, so wie sie jetzt sind, *die Vergangenheiten ihrer vielen zukünftigen Selbst* sein können.

(Eine Pause.)

Er ist komplett verloren.

Okay, sieh mal. Sie will sagen, dass eine ältere Version von ihnen beiden vielleicht *bereits* um eine Ecke gebogen ist, und daher haben sie sich in der Waffensammlung des Art Institute wiedergetroffen, wissend und doch unwissend, dass der Moment ihrer Begegnung schon vorher geschehen war. Ergibt das Sinn?

(Er macht ein summendes Geräusch, wie etwa: Vielleicht.)

Wie viele Male?

Was?

Wie oft haben sie das schon zuvor gemacht?

Das kann sie unmöglich wissen, Aldo, und außerdem, das ist nicht der Punkt. Es geht darum, dass es vielleicht funktioniert und vielleicht auch nicht, aber sie versuchen es weiter und probieren es aufs Neue, bis es klappt. Richtig?

Das klingt nach einer Menge Ungewissheit.

Natürlich ist das! *Alles* ist ungewiss, das wissen er und sie inzwischen, aber innerhalb der ganzen Ungewissheit existiert eine kleinere Gewissheit, und das ist: DIE WAHRHEIT.

Und was, fragt er, ist DIE WAHRHEIT?

Dass sie immer wieder um Ecken biegt, bis sie ihn findet.

(Einen Moment lang schweigt er, bevor er sagt:) Okay.

Okay was?

Okay, er akzeptiert ihre Prämisse.

Und?

Und was?

Und was meint er dazu?

Er ist froh, dass sie das gesagt hat. Sie hat es besser erklärt, als er es könnte. Er hätte versucht, es aufzuzeichnen.

Zur Erinnerung: Wenn er es aufzeichnet, wird es einfach nur ein perfekter Kreis sein.

Kreislauf.

Es ist ein Kreis, Aldo.

Okay, gut, sie hat genügend Löcher in seine Theorien für einen Tag gebohrt, er akzeptiert.

Er gibt nach, einfach so?

Er *akzeptiert*, ja. Einfach so.

Okay, schön, sie ist sowieso zu müde, um es noch weiter zu erklären. Es war ein langer Tag.

War es das? Für ihn auch. Oh, und übrigens hat er ihr Kunstwerk gesehen.

Was denkt er darüber?

Er denkt, er hat schon immer gewusst, dass sie eine Künstlerin ist.

(Stöhnen. Aber liebevoll.) Zunächst einmal ist sie nur eine Künstlerin, weil er das gesagt hat.

Heißt das, er ist ein Genie, weil sie das über ihn gesagt hat?

Sieh mal, was auch immer sie sind, es ist unumkehrbar. Sie ist seinetwegen diese Version von sich selbst und umgekehrt. Das kann man jetzt nicht mehr ändern.

Echt?

Echt.

Bist du sicher?

Ja.

Okay, in Ordnung.

Wirklich?

Ja.

(Schweigen.)

(Im Hintergrund pfeift der Wind, während ein Autofahrer einen Passanten anbrüllt. Die Chicago Cubs haben gewonnen, und die L-Hochbahn ist verspätet, die Rote Linie vollgestopft wie eine Sardinenbüchse; eine Stadt, der gerade der Schweiß ausbricht, blickt nach oben zur Sonne und freut sich.)

Schön und gut, hat sie Hunger?

Mein Gott, ja, sie stirbt fast vor Hunger. Geht er jetzt nach Hause?

Ja, er geht jetzt nach Hause, sieht er sie dann dort?

(Sie wartet eine Sekunde, einen halben Herzschlag lang ab; die benötigte Zeit, um ein Lächeln über ihre Lippen huschen zu lassen.)

Ja. Sie sieht ihn dann zu Hause.

DIE ERZÄHLERIN, DIE AUTORIN: Aldo und Regan beenden das Gespräch im selben Moment, ohne sich voneinander zu verabschieden, denn das müssen sie nicht tun. Beide haben sie an diesem Tag eine Tür zu einer Geheimkammer geöffnet, und obgleich ihre sich von seiner unterscheidet und umgekehrt, sind die Inhalte einer nicht weniger wertvoll als der andere.

Bedauerlicherweise muss erwähnt werden, dass er auch weiterhin kein besonders guter Lehrer ist. Kurze Zeit später wird er sich entschließen, seine Forschung in einen Bereich mit mehr Mathe und weniger Menschen zu verlagern. Ihr ausgestelltes Triptychon, zuletzt rezensiert als »optisch ansprechend, wenn es auch ein wenig narrative Klarheit oder Gehalt vermissen lässt«, ist nicht annähernd so gut oder so wertvoll, wie jeder von ihnen glauben möchte. Ihre affektive Störung verschwindet nicht, weil das nicht geht, und *gesund* wird für beide immer ein relativer Begriff sein. Es bleiben noch Rechnungen, die beglichen, und Dinge, die ausgesprochen werden müssen, und morgen schon werden sie sich in vielen Schattierungen von Violett streiten, aber sie sind jetzt anders, verändert. Nachdem sie ihr Gespräch beendet haben und er sich eine frühsommerliche Schweißperle von der Stirn wischt, während sie den leicht klebrigen Gurt ihrer Schultertasche zurechtrückt, wird er rechts in die Harrison Street einbiegen, wohingegen sie linker Hand die Michigan Avenue nimmt, und beide werden sich dafür entscheiden, zügig zu gehen, als müssten sie an einem bestimmten Ort sein, was auch der Fall ist.

Denn wenn sie sich aufmachen, werden sie beide um eine Ecke gebogen sein.

Und alles wird so sein, wie es war, nur ein klein wenig anders.

DANK

Zu Beginn möchte ich festhalten, dass ich diese Geschichte über eine Frau mit einer affektiven Störung, die lernt, ohne Medikamente zu leben, nicht in der Absicht geschrieben habe, irgendjemandem irgendwelche Vorschriften zu machen. Da ich selbst eine affektive Störung habe, kann ich glaubhaft versichern, dass ich ohne Medikamente weder über die Stabilität verfügt hätte, um einen »normalen« Job zu bewältigen, noch bin ich heute ohne regelmäßige Therapiestunden in der Lage, im Alltag zu funktionieren. Das ist kein Roman darüber, wie schlecht Tabletten sind, sondern über die Suche nach der Akzeptanz, die wir brauchen, um uns gesund und lebendig zu fühlen.

Die Diagnose »Bipolare Störung« erhielt ich im ersten Monat meines Jurastudiums; ich hatte schon seit meiner Teenagerzeit gewusst, dass etwas nicht mit mir stimmte, aber als eine Überlebensmethode hatte ich beschlossen, die Augen davor zu verschließen. Jeder hatte schlechte Tage, sagte ich mir. Dann begegnete ich dem Mann, der später mein Ehemann wurde und der meine schlechten Tage nicht verdiente, und plötzlich musste mein gestörtes Gehirn das Problem eines anderen werden. Ich machte es zu meinem eigenen, aber nur an der Oberfläche: Gebt mir einfach ein paar Tabletten, bis ich wieder okay bin. Davor war ich noch nicht in Behandlung gewesen, obwohl meine Symptome seit Langem medizinisch zu erkennen gewesen waren. Ich begann mit Selbstmedikation, um meine wahnsinnige Unruhe zu besänftigen, verließ tagelang wegen Depressionen nicht das Bett und nannte das alles Bewältigung. Doch sobald ich dem Mann begegnet war, der mein Ehemann wurde, war dieses Leben, in dem ich meine eigenen Feuer löschte, nicht mehr genug. Ich brauchte eine Version von mir selbst, die dem Leben mit der restlichen Welt standhalten könnte.

Die unverrückbare Wahrheit über psychische Krankheiten, wie handelbar oder gravierend sie auch sind, lautet, dass es schwierig ist, mit so einem Menschen zusammenzuleben. Ich werde oft gefragt, wie ich unterscheiden kann zwischen dem, was in meinem Kopf ist (zwischen dem, was mir das chemische Ungleichgewicht an einem beliebigen Tag vorlügt), und dem, was real ist, aber in Wahrheit habe ich gar keine Wahl und muss das, was in meinem Kopf ist, als *real* akzeptieren. Der Kummer meiner Klienten war mein Kummer. Der Kummer eines jeden Menschen war meiner, und mir fehlte die Kraft, ihn zu ertragen. Irgendwann gab ich das Jurastudium auf, und aufgrund eines dusseligen administrativen Fehlers hatte ich keine Tabletten mehr. Das würde ich nicht schreiben, wenn ich nicht wüsste, dass weder mein Psychiater mir weitere Tabletten verordnet hatte noch seine Rezeptionistin in der Praxis ans Telefon gegangen war. Panisch starrte ich auf die leeren Tablettendosen. Ich ging ins Bett. Starrte an die Decke. Stieg aus dem Bett. Setzte mich an meinen Schreibtisch und öffnete meinen Computer. Ich schrieb eine Kurzgeschichte und dann noch eine. Vier Nächte lang schlief ich nicht. Ich begann, obsessiv zu schreiben, zwanghaft. Ich schrieb, weil es etwas war, das ich tun konnte, weil die Tabletten weg waren, weil ich nicht schlafen konnte.

Dann passierte etwas. Ich hörte auf, unter heftigen Stimmungsschwankungen zu leiden. Jetzt dachte ich ununterbrochen über Geschichten, Welten, Figuren, Handlungsabläufe nach. Erst schrieb ich acht Stunden am Tag, dann zehn oder zwölf. Ich schrieb, als hinge mein Leben davon ab, und ich glaube, vielleicht war das instinktiv, atavistisch, denn genau so war es. Ich fand eine Therapeutin und trug ihr streng, vielleicht auch ängstlich, auf, mich gut zu beobachten, es mich wissen zu lassen, wenn ich je wieder Tabletten benötigte, und sie willigte ein. Ich entspannte mich ein wenig. Ich schrieb ein Buch nach dem anderen, vier Millionen Wörter Fanfiction, Graphic Novels, Filmdrehbücher, Kurzgeschichtenanthologien. Zum ersten Mal in meinem Leben war ich weder manisch noch depressiv, ich wappnete mich nicht für das nächste Hoch oder Tief, ich erzählte einfach die Wahrheit in Form von Fiktion. Ich benutzte meine Geschichten, um anderen Menschen zu helfen, ihre eigenen zu verstehen.

Irgendwann dachte ich: Ich kann nicht mehr in ein Büro zurückgehen. Ich kann nicht wieder Tabletten nehmen. Vielleicht kann ich stattdessen das hier machen.

Und da so viele von euch meine Geschichten gelesen haben, konnte ich dieses Buch schreiben.

Was natürlich heißt, dass ich Danke sagen will und es noch viele Male tun werde. Ich danke Aurora und Stacie, meinen geliebten Lektorinnen, die die ersten Leserinnen und Unterstützerinnen dieses Manuskripts waren. Und ich danke Mr Blake, der mir erlaubt, unsere Liebesgeschichte ein ums andere Mal zu benutzen, um neue zu schreiben, und der sich meine ausschweifenden Hypothesen zur Quantentheorie angehört hat. (Mein Ehemann ist nicht Aldo, und ich bin nicht Regan – er ist ein unglaublich guter und begnadeter Lehrer, und er ist *auch* der Künstler bei uns zu Hause.)

Ich danke auch Nacho, der mit jedem Buch wichtiger wird, dafür, dass er die richtigen Dinge kritisiert und mich gelegentlich aus meiner Komfortzone hinausdrängt. Ebenso danke ich Elaine und Kidaan, die nicht nur meinen Roman, sondern auch meine Stimme so offen angenommen haben. Und der kleinen Chmura, die meine Geschichten immer auf eine Art zum Leben erweckt, die niemand sonst versteht. Ich danke auch meiner Familie, deren Unterstützung vielleicht nicht überraschend ist, die aber immer genau dann unvermutet auftaucht, um mich aufzuheitern, wenn ich am wenigsten damit rechne. Mein Dank gilt meiner Mom, meinen Schwestern KMS, meiner Schwiegermutter, deren Bücherregale ich füllen darf, und die mir immer das Gefühl geben, dass meine Geschichten einen Platz in ihrem Herzen haben. Für Lobesworte in der Ferne und ermutigende Nachrichten, dafür, dass ihr an mich glaubt, selbst wenn ich mir nicht so sicher bin. Ich danke meiner Therapeutin, die sich nicht gegen mich gestellt hat, als ich sagte: »Ähm, da ist ein Typ in meinem Kopf beim Fake-Rauchen, und er hockt da schon seit ungefähr einer Woche.« Sie hat mir geholfen, meine Gesundheit und auch Aldo zu finden.

Ich danke meinem Ehemann, der heute Geburtstag hat, der mich in einem September in Chicago in sein Leben gelassen hat und mir sagte, ich könne bleiben. Danke, dass du mein Leben verändert hast und dass du mir eines gegeben hast. Danke, dass du mich über die Zeit gelehrt hast, dafür, dass du meinen Verstand liebst, sodass auch ich ihn lieben kann. Wenn ich eines Tages die richtigen Worte gefunden habe, sollst du wissen, dass ich das ohne dich nicht geschafft hätte.

Mein Dank gilt auch meinen Mitmenschen mit einem großartigen kleinen Knacks (oder mehreren): Eure Verrücktheit ist eure Zauberkraft. Eure Wildheit macht euch zu dem, was ihr seid. Resilienz ist euer Talent. Brennt, aber brennt nicht aus. Wie immer war es mir eine Ehre, diese Worte für euch aufzuschreiben. Hoffentlich hat euch die Geschichte gefallen, und vor allem hoffe ich, dass sie euch ein Körnchen Wahrheit gebracht hat.

Eure Olivie Blake